最新通達・ガイドラインを踏まえた

働き方改革関連法・パワハラ対応の企業実務

ロア・ユナイテッド法律事務所　代表パートナー弁護士
岩出　誠【著】

中央経済社

はしがき

働き方改革の総合的かつ継続的な推進のため，また，長時間労働の是正，多様で柔軟な働き方の実現等のために，「働き方改革を推進するための関係法律の整備に関する法律」（以下，「働き方改革法」という）が難産の末，2018年６月29日に成立し，早いものでは，公布日である2018年７月６日から施行されています。同法は，政府の働き方改革実現会議が2017年３月28日に打ち出した働き方改革実行計画に沿って，70年ぶりの大改正と言われる労働基準法改正による36協定の時間外限度基準や特別条項の上限時間を罰則付きで法文化して規制し，これに関連した労働安全衛生法，労働時間等設定改善法の改正のほか，膨張を続ける非正規労働者の処遇改善による少子化対策（結婚も子作りもできない悲惨な非正規労働者の処遇の改善）もあり，雇用形態にかかわらない公正な待遇の確保を目的とし，「同一労働同一賃金ガイドライン」の確定施行に合わせた労働契約法，パート労働法，労働者派遣法，じん肺法の改正を含む８本の法律の一括改正法です。

既に，膨大な政省令・通達・指針・Ｑ＆Ａや厚労省の啓発用パンフも示されています。ただし，公正な待遇の確保関連法令については，企業への衝撃を緩和する一定の経過措置等の施策も入り組んでいて分かり難くなっており，労働者派遣事業業務要領改正版等や今後の厚労省の啓発セミナー等での質問等を踏まえた各法令のQ&Aなどを見なければ不明な点も残っており，各改正法施行後の対応策と運用には専門家を交えた慎重な規程等の整備が必要です。

さらに，2019年通常国会にて，女性活躍推進法，均等法，育休法の改正に加えて，パワハラ防止措置義務等を定めた労総措置法改正を含む女性の職業生活における活躍の推進に関する法律等の一部を改正する法律（以下，「女性活躍推進法等改正法」という）が成立しました。

そこで，働き方改革法，女性活躍推進法等改正法の概要，各企業の同法への実務的対応上留意すべき点を，2019年７月１日現在までの最新情報を反映して解説しようとするものです。

本書が，人事・労務に関係し，あるいは，これに興味ある方々にいささかでもお役に立ち，各企業と従業員全体が，公正かつ規律ある企業文化を形成され，もって，正に，職場での安全，生命と健康という，根源的な問題につき，企業の発展と従業員の福祉を向上させることに寄与できれば筆者の望外の喜びとするところです。

なお本書の企画，刊行全般について中央経済社和田豊様，当法律事務所の担当秘書吉野麻耶氏をはじめとする皆さんに色々とお骨折り頂いたことに御礼申し上げたい。

2019年７月

ロア・ユナイテッド法律事務所

代表パートナー弁護士　**岩出　誠**

※　脱稿後，厚労省より，“令和２年度の「労働者派遣事業の適正な運営の確保及び派遣労働者の保護等に関する法律第30条の４第１項第２号イに定める「同種の業務に従事する一般の労働者の平均的な賃金の額」」等について”（https://www.mhlw.go.jp/content/000526710.pdf）の公表がありました。詳細は，厚労省HP内の『派遣労働者の同一労働同一賃金について』サイト（https://www.mhlw.go.jp/stf/seisakunitsuite/bunya/0000077386_00001.html）をご参照ください。

目　次

資料

凡　例

【法律】 ※単に「法」を略したものは記載していない。

安衛（法）：労働安全衛生法

時間改善法：労働時間等の設定の改善に関する特別措置法

パート（法）：短時間労働者の雇用管理の改善等に関する法律

パート有期（法）：短時間労働者及び有期雇用労働者の雇用管理の改善等に関する法律

派遣（法）：労働者派遣事業の適正な運営の確保及び派遣労働者の保護等に関する法律（2015年改正法）

※改正派遣（法）／改：2018年改正法

働き方改革法：働き方改革を推進するための関係法律の整備に関する法律

民訴（法）：民事訴訟法

労基（法）：労働基準法：2018年改正労働基準法

改正前労基（法）：2018年改正前労働基準法

労契（法）：2018年改正労働契約法

改正前労契（法）：2018年改正前労働契約法

労総施策法（改正雇用対策法）：労働施策の総合的な推進並びに労働者の雇用の安定及び職業生活の充実等に関する法律

【政省令・規則・裁判所規則】

安衛則：労働安全衛生法施行規則

パート則：短時間労働者の雇用管理の改善等に関する法律の施行規則

パート有期則：短時間労働者及び有期雇用労働者の雇用管理の改善等に関する法律の施行規則

派遣則：労働者派遣事業の適正な運営の確保及び派遣労働者の保護等に関する法律施行規則

労基則：労働基準法施行規則

【告示】

改善基準：自動車運転者の労働時間等の改善のための基準（平元労告７，最終改正平９労告４）

過労死新認定基準：「脳血管疾患及び虚血性心疾患等の認定基準について」（平13・12・12基発1063，最終改正平22・５・７基発0507第３）

限度基準：労働基準法第36条第２項の規定に基づき労働基準法第36条第１項の協定で定める労働時間の延長の限度等に関する基準（平10・12・28労省154，最終改正平21・５・29厚労告316）

高プロ指針：労働基準法第41条の２第１項の規定により同項第１号の業務に従事する労働者の適正な労働条件の確保を図るための指針（平30厚労告88）

上限指針：労働基準法第36条第１項の協定で定める労働時間の延長および休日の労働に

ついて留意すべき事項等に関する指針（平30厚労告323）

心身情報指針：心身の状態の情報の取扱い措置指針（2018・9・7公示第1）

同一指針案：2016・12・20「同一労働同一賃金ガイドライン案」

特例基準：労働基準法第14条第1項第1号の規定に基づき厚生労働大臣が定める基準（平15・10・22厚労告356）

パート有期指針：事業主が講ずべき短時間労働者及び有期雇用労働者の雇用管理の改善等に関する措置等についての指針（平19・10・1厚労告326，改正平26・7・24厚労告293，最終改正平30・12・28厚労告429（2019・4・1施行））

派遣先指針：派遣先が講ずべき措置に関する指針（平11労告138，最終改正平30厚労告428）

派遣元指針：派遣元事業主が講ずべき措置に関する指針（平11・11・17労告137，最終改正平30・12・28厚労告427（2019・4・1施行））

不合理指針：短時間・有期雇用労働者及び派遣労働者に対する不合理な待遇の禁止等に関する指針（平30厚労告430）

労災認定基準：心理的負荷による精神障害の労災認定基準（平23·12·26基発1226第1）

労働時間把握指針：労働時間の適正な把握のために使用者が講ずべき措置に関するガイドライン（平29・1・20基発0120第3）

【通達】

高プロ通達：働き方改革を推進するための関係法律の整備に関する法律による改正後の労働基準法及び労働安全衛生法の施行について（新労基法第41条の2及び新安衛法第66条の8の4関係）（平31・3・25基発0325第1）

パート基本通達：短時間労働者の雇用管理の改善等に関する法律の一部を改正する法律の施行について（平26・7・24基発0724第2・職発0724第5・能発0724第1・雇児発0724第1）

パート有期基本通達：短時間労働者及び有期雇用労働者の雇用管理の改善等に関する法律の施行について（平31・1・30基発0130第1・職発0130第6・雇均発0130第1・開発0130第1）

平30安衛法解釈：働き方改革を推進するための関係法律の整備に関する法律による改正後の労働安全衛生法及びじん肺法関係の解釈等について（平30・12・8基発1228第16）

平30安衛法通達：働き方改革を推進するための関係法律の整備に関する法律による改正後の労働安全衛生法及びじん肺法の施行等について（平30・9・7基発0907第2）

平30改善通達：働き方改革を推進するための関係法律の整備に関する法律による改正後の労働時間等の設定の改善に関する特別措置法の施行について（平30・9・7基発0907第12・雇均発0907第2）

平30基本通達：働き方改革を推進するための関係法律の整備に関する法律による改正後の労働基準法の施行について（平30・9・7基発0907第1）

平30労基法解釈：働き方改革を推進するための関係法律の整備に関する法律による改正後の労働基準法関係の解釈について（平30・12・８基発1228第15）

【ガイドライン・報告書など】

業務要領：労働者派遣事業関係業務取扱要領（2018.7.6以降版・厚労省職業安定局）

高プロ解説：「高度プロフェッショナル制度　わかりやすい解説」厚労省HP掲載パンフ

時季指定解説：「年５日の年次有給休暇の確実な取得　わかりやすい解説」厚労省HP掲載パンフ

上限規制解説：「時間外労働の上限規制　わかりやすい解説」厚労省HP掲載パンフ

同一取組手順：パートタイム・有期雇用労働法対応のための取組手順書（厚労省HP）

フレックス解説：「フレックスタイム制のわかりやすい解説＆導入の手引き」厚労省HP掲載パンフ

平30改正派遣法概要：「平成30年労働者派遣法改正の概要＜同一労働同一賃金＞」厚労省HP掲載パンフ

平30労基法Q&A：改正労働基準法に関するＱ＆Ａ（平31・３・15厚労省HP）

【判例集】

判時：判例時報

労ジャ：労働ジャーナル

労経速：労働経済判例速報

労判：労働判例

※引用頁数に示した「ダ」は同誌の「判例（労働審判）ダイジェスト」を示す。

【引用文献】

○定期刊行物

○単行本・論文

荒木：荒木尚志『労働法〔第３版〕』（有斐閣，2016）

岩出・就規３版：岩出誠編著『第３版　労働関係法改正にともなう就業規則変更の実務』（清文社，2018）

岩出・大系：岩出誠『労働法実務大系』（民事法研究会，2015）

岩出・27企業対応：岩出誠『平成27年改正労働法の企業対応―改正派遣法，女性活躍推進法，マイナンバー制度等の実務留意点』（中央経済社，2016）

岩出・働き方：岩出誠編『働き方改革の解説と企業の実務対応』（ロギカ書房，2018）

岩出・論点：岩出誠『労働契約法・改正労基法の個別論点整理と企業の実務対応』（日本法令，2007）

江頭：江頭憲治郎『株式会社法〔第７版〕』（有斐閣，2017）

菅野：菅野和夫『労働法〔第11版補正版〕』（弘文堂，2017）

土田・労契法：土田道夫『労働契約法』（第２版）（有斐閣，2017）
水町：水町勇一郎『労働法〔第７版〕』（有斐閣，2018）
ロア・改正労基法：岩出誠編集代表／ロア・ユナイテッド法律事務所編集『人事労務担当者に答える平成30年改正労働基準法』（第一法規，2019）
ロア・働き方解説：岩出誠編集代表／ロア・ユナイテッド法律事務所編集『最新整理 働き方改革関連法と省令・ガイドラインの解説』」（日本加除出版，2019）

※その他，コンパクト化のため下記のような略語を適宜用いている。
厚労省：厚生労働省
組合：労働組合

第1章

働き方改革法の立法経緯・目的と概要

Ⅰ　働き方改革法の制定経緯

2018年６月29日に成立した働き方改革を推進するための関係法律の整備に関する法律（以下，「働き方改革法」という）は，2015年に提案された労基法改正案を廃案とし，2015年案に罰則付き時間外労働の規制を含む長時間労働是正の強化策を加え，雇用形態にかかわらない公正な待遇の確保を目的としたパート労働法，労契法，労働者派遣法の改正など８つの法改正が一括法案として，上程され，成立したものです。改正雇用対策法（労総施策法）については，公布日2018年７月６日から施行されています。

国会に上程された際の提案理由としては，「労働者がそれぞれの事情に応じた多様な働き方を選択できる社会を実現する働き方改革を推進するため，時間外労働の限度時間の設定，高度な専門的知識等を要する業務に就き，かつ，一定額以上の年収を有する労働者に適用される労働時間制度の創設，短時間・有期雇用労働者及び派遣労働者と通常の労働者との間の不合理な待遇の相違の禁止，国による労働に関する施策の総合的な推進に関する基本的な方針の策定等の措置を講ずる必要がある。これが，この法律案を提出する理由である。」とされています。

Ⅱ　2015年労基法改正案

働き方改革法の目玉の１つである改正労基法の原案であった2015年労基法改正案は，2015年（平成27年）２月13日付け労政審議会「今後の労働時間法制等の在り方について（報告）」（以下，「27年建議」という※）に基づき，**図表１**（17頁）のように，同年の国会に上程以来，後述第３章**Ｖ**の高プロ制度や，2018年改正で法案から削除された企画型裁量労働制の適用範囲の拡大を主な内容としていました（2015年労基法改正案については，岩出・27企業対応213頁以下参照）。

※ 27年建議の内容

今後の労働時間法制等の在り方について（報告）

労審発第777号・平成27・2・13

今後の労働時間法制等の在り方については，労働政策審議会労働条件分科会において，平成25年９月27日以降22回にわたり検討を行い，精力的に議論を深めてきたところである。

我が国の労働時間をめぐる平成25年時点の状況をみると，一般労働者の年間総実労働時間が2000時間を上回る水準で推移する中，雇用者のうち週労働時間60時間以上の者の割合は低下傾向にあるものの8.8％と平成32年時点の政労使目標である５％を上回っており，特に30歳代男性では17.2％となっている。また，年次有給休暇の取得率は48.8％であり，平成32年時点の政労使目標である70％を下回っている状況にある。

こうした中，過労死等防止対策推進法が制定されるなど，労働者の健康確保に向けた一層の取組が求められるとともに，次世代育成支援や女性の活躍推進等の観点からも，長時間労働を抑制し，仕事と生活の調和のとれた働き方を拡げていくことが喫緊の課題となっている。

また，経済のグローバル化の進展等に伴い，企業において創造的な仕事の重要性が高まる中で，時間ではなく成果で評価される働き方の下，高度な専門能力を有する労働者が，その意欲や能力を十分に発揮できるようにしていくことなどが求められており，健康確保措置を前提に，こうした働き方に対応した選択肢を増やしていくことも課題となっている。

このような考え方に基づき，当分科会において労働時間法制等の在り方について検討を行った結果は，下記のとおりである。

この報告を受けて，厚生労働省において，平成28年４月の施行に向けて，通常国会における労働基準法等の改正をはじめ所要の措置を講ずることが適当である。

記

1　働き過ぎ防止のための法制度の整備等

法制度の整備の前提として，過重労働等の撲滅に向けた監督指導の徹底とともに，長時間労働抑制や年次有給休暇取得促進等に向けた労使の自主的取組の促進等に，引き続き積極的に取り組むことが適当である。

その上で，労働者の健康確保を図る観点から，以下の法制度の整備を行うことが適当である。

なお，時間外労働に係る上限規制の導入や，すべての労働者を対象とした休息時間（勤務間インターバル）規制の導入については，結論を得るに至らなかった。

労働者代表委員から，長時間労働の抑止が喫緊の課題となる中，過労死その他長時間労働による労働者の健康被害の予防とワーク・ライフ・バランスの確保を図るため，実効的な労働時間法制を整備すべきであり，とりわけ，すべての労働者を対象に労働時間の量的上限規制及び休息時間（勤務間インターバル）規制を導入すべきとの意見があった。

(1)　長時間労働抑制策

①　中小企業における月60時間超の時間外労働に対する割増賃金率の適用猶予の見直し

- 中小企業において特に長時間労働者比率が高い業種を中心に，関係行政機関や業界団体等との連携の下，長時間労働の抑制に向けた環境整備を進めることが適当である。
- 上記の環境整備を図りつつ，中小企業労働者の長時間労働を抑制し，その健康確保等を図る観点から，月60時間を超える時間外労働の割増賃金率を５

割以上とする労働基準法第37条第１項ただし書きの規定について，中小企業事業主にも適用することが適当である。

- 中小企業の経営環境の現状に照らし，上記改正の施行時期は他の法改正事項の施行の３年後となる平成31年４月とすることが適当である。

② 健康確保のための時間外労働に対する監督指導の強化

- 時間外労働の抑制のため，行政官庁は，時間外限度基準に関する助言指導を行うに当たっては，労働者の健康が確保されるよう配慮する旨を労働基準法に規定し，当該規定に基づき，長時間労働の実態に即した的確な助言及び指導を行うことが適当である。
- 上記の法整備の趣旨を踏まえ，時間外労働の特別条項を労使間で協定する場合の様式を定め，当該様式には告示上の限度時間を超えて労働する場合の特別の臨時的な事情，労使がとる手続，特別延長時間，特別延長を行う回数，限度時間を超えて労働した労働者に講ずる健康確保措置及び割増賃金率を記入することとすることが適当である。
- 併せて，時間外労働の特別条項を労使間で協定する場合，限度時間を超えて労働した労働者に講ずる健康確保措置を定めなければならないことを時間外限度基準告示において規定し，健康確保措置として望ましい内容を通達で示すことが適当である。
- 健康確保措置の確実な履行を図る観点から，使用者は，措置の実施状況等に係る書類を作成し，３年間確実に保存しなければならない旨を時間外限度基準告示に規定することが適当である。

③ 所定外労働の削減に向けた労使の自主的取組の促進

- 労使の自主的な取組を促進する労働時間等設定改善指針に，週60時間以上の長時間労働が恒常的なものにならないようにする等の現行の規定に加え，「脳・心臓疾患の労災認定基準における労働時間の水準も踏まえ，『１か月に100時間』又は『２か月間ないし６か月にわたって，１か月当たり80時間』を超える時間外・休日労働が発生するおそれのある場合，適切な健康確保措置を講じるとともに，業務の在り方等を改善し，特別延長時間の縮減に向けて取り組むことが望ましい」旨を盛り込むことが適当である。
- 上記の内容について，都道府県労働局に配置している働き方・休み方改善コンサルタント等による助言や各種の啓発の取組を通じ，周知徹底していくことが適当である。

⑵　**健康に配慮した休日の確保**

- 週休制の原則等を定める労働基準法第35条が，必ずしも休日を特定すべきことを求めていないことに着目し，月60時間超の時間外労働に対する５割以上の割増賃金率の適用を回避するために休日振替を行うことにより，休日労働の割増賃金率である３割５分以上の適用を推奨する動向については，法制度の趣旨を潜脱するものであり，本分科会として反対する。
- 上記の趣旨について，⑴ ①の割増賃金率の適用猶予の見直しに先立ち，通達に記載し，周知徹底を図ることが適当である。

⑶　**労働時間の客観的な把握**

- 過重労働による脳・心臓疾患等の発症を防止するため労働安全衛生法に規定されている医師による面接指導制度に関し，管理監督者を含む，すべての労働者を対象として，労働時間の把握について，客観的な方法その他適切な方法によらなければならない旨を省令に規定することが適当である。
- 併せて，面接指導制度の運用に当たり，管理監督者について，自らが要件に該当すると判断し申し出た場合に面接指導を実施することとしている現行の取扱いを，客観的な方法その他適切な方法によって把握した在社時間等に基づいて要件の該当の有無を判断し，面接指導を行うものとすることを通達に記載することが適当である。

⑷　**年次有給休暇の取得促進**

- 年次有給休暇の取得率が低迷しており，いわゆる正社員の約16％が年次有給休暇を１日も取得しておらず，また，年次有給休暇をほとんど取得していない労働者については長時間労働者の比率が高い実態にあることを踏まえ，年５日以上の年次有給休暇の取得が確実に進むような仕組みを導入することが適当である。
- 具体的には，労働基準法において，年次有給休暇の付与日数が10日以上である労働者を対象に，有給休暇の日数のうち年５日については，使用者が時季指定しなければならないことを規定することが適当である。
- ただし，労働者が時季指定した場合や計画的付与がなされた場合，あるいはその両方が行われた場合には，それらの日数の合計を年５日から差し引いた日数について使用者に義務づけるものとし，それらの日数の合計が年５日以上に達したときは，使用者は時季指定の義務から解放されるものとすることが適当である。

- なお，この仕組みを設けることに伴い，労使において計画的付与制度の導入の促進の取組が一層進むよう，行政としてさらなる支援策を講じていくことが適当である。
- 使用者は時季指定を行うに当たっては，①年休権を有する労働者に対して時季に関する意見を聴くものとすること，②時季に関する労働者の意思を尊重するよう努めなければならないことを省令に規定することが適当である。
- また，以上のような新たな仕組みを設けることに伴い，使用者が各労働者の年次有給休暇の取得状況を確実に把握することが重要になるため，使用者に年次有給休暇の管理簿の作成を省令において義務づけるとともに，これを３年間確実に保存しなければならないこととすることが適当である。

(5) 労使の自主的取組の促進

＜労働時間等設定改善法＞

- 各企業における労働時間，休日及び休暇等の改善に向けた労使の自主的取組を一層促進するため，企業単位での取組の促進に向けた法令の整備を行うことが適当である。
- 具体的には，労働時間等設定改善法に，企業単位で設置される労働時間等設定改善企業委員会を明確に位置づけ，同委員会における決議に法律上の特例を設けるとともに，同法に基づく労働時間等設定改善指針においても，働き方・休み方の見直しに向けた企業単位での労使の話合いや取組の促進を新たな柱として位置づけることが適当である。
- このうち，労働時間等設定改善企業委員会における決議に関する特例は，労働基準法第37条第３項（代替休暇），第39条第４項（時間単位年休）及び第６項（計画的付与）について設けることが適当である。また，この特例に係る手続としては，各事業場でこれらの条項について「労働時間等設定改善企業委員会に委ねること」を労使協定で定めた上で，同委員会で委員の５分の４以上の多数による決議を行うことを要することとすることが適当である。そして，特例の効果としては，当該決議を関係事業場における当該条項に係る労使協定に代えることができるものとすることが適当である。
- 併せて，労働時間等の設定の改善を図るための措置についての調査審議機会をより適切に確保する観点から，一定の衛生委員会等を労働時間等設定改善委員会にみなす規定（労働時間等設定改善法第７条第２項）を廃止することが適当である。

• なお，廃止に当たっては，みなし規定の対象となっている衛生委員会等に関して一定の経過措置を設けることが適当である。

<労働時間等設定改善指針>

• 労働時間等設定改善指針について，既に１ ⑴ ③において記述した内容や，以下の内容を盛り込むことも含め，改めて労働政策審議会における調査審議の上で改正することが適当である。その上で，都道府県労働局に配置する働き方・休み方改善コンサルタント等を活用し，指針に盛り込まれた内容の周知や関連の支援策の活用を促進することが適当である。

①　上記の法改正の趣旨を踏まえ，働き方・休み方の見直しに向けた企業単位での労使の話合いや取組の促進を，指針の新たな柱として追加すること（再掲）

②　現行指針における多岐にわたる取組の例示について，基本的な内容（例：労使の話合いの機会の整備，具体的な改善目標の設定及び取組のフォローアップ等）と応用的な内容（例：③に掲げるもの），さらに企業・事業場の実情に応じて考慮すべき内容（例：特に健康の保持に努める必要があると認められる労働者が存在する場合の対応等）に整理するなど，労使にとって活用しやすいものとすること

③　労働者の健康確保の観点から，新たに「終業時刻及び始業時刻」の項目を設け，具体策として，深夜業の回数の制限のほか，「前日の終業時刻と翌日の始業時刻の間に一定時間の休息時間を確保すること（勤務間インターバル）は，労働者の健康確保に資するものであることから，労使で導入に向けた具体的な方策を検討すること」や，同様の効果をもたらすと考えられる「一定の時刻以降に働くことを禁止し，やむを得ない残業は始業前の朝の時間帯に効率的に処理する『朝型の働き方』」を追加すること

④　所定外労働を前提としない勤務時間限定の正社員制度を含む「多様な正社員」，適切な労働環境の下でのテレワーク等について追加すること

２　フレックスタイム制の見直し

フレックスタイム制の下で，子育てや介護，自己啓発など様々な生活上のニー

ズと仕事との調和を図りつつ，メリハリのある働き方を一層可能にするため，その導入及び活用の促進に向けた労使の取組に対する支援策を講じるとともに，より利用しやすい制度となるよう，以下の見直しを行うことが適当である。

⑴ 清算期間の上限の延長

- フレックスタイム制により，一層柔軟でメリハリをつけた働き方が可能となるよう，清算期間の上限を，現行の１か月から３か月に延長することが適当である。
- 清算期間が１か月を超え３か月以内の場合，対象労働者の過重労働防止等の観点から，清算期間内の１か月ごとに１週平均50時間（完全週休２日制の場合で１日あたり２時間相当の時間外労働の水準）を超えた労働時間については，当該月における割増賃金の支払い対象とすることが適当である。
- 制度の適正な実施を担保する観点から，清算期間が１か月を超え３か月以内の場合に限り，フレックスタイム制に係る労使協定の届出を要することとすることが適当である。
- 清算期間が１か月を超え３か月以内のフレックスタイム制においては，労働者が自らの各月の時間数を把握しにくくなることが懸念されるため，使用者は，労働者の各月の労働時間数の実績を通知等することが望ましい旨を通達に記載することが適当である。
- 併せて，今般の清算期間の上限の延長は，仕事と生活の調和を一層図りやすくするための改正であるという趣旨を通達に明記し，周知徹底を図ることが適当である。
- 同時に，清算期間が１か月を超え３か月以内の場合，上記の１週平均50時間を超える労働時間という考え方を前提に月60時間を超えた労働時間に対する割増賃金率の適用があることはもとより，３か月以内の清算期間を通じた清算を行う場合においても月60時間相当の時間を超えた労働時間についての対応が必要になることや，月当たり一定の労働時間を超える等の要件を満たす場合に医師による面接指導等の実施が必要となることは同様であることも踏まえつつ，長時間労働の抑制に努めることが求められる旨，通達に明記し，周知徹底を図ることが適当である。

⑵ 完全週休２日制の下での法定労働時間の計算方法

- 完全週休２日制の下では，曜日のめぐり次第で，１日８時間相当の労働でも法定労働時間の総枠を超え得るという課題を解消するため，完全週休２日制の事業場において，労使協定により，所定労働日数に８時間を乗じた時間数を法定労働時間の総枠にできるようにすることが適当である。

(3)　フレックスタイム制の制度趣旨に即した運用の徹底等

• 通達において，フレックスタイム制が，始業及び終業の時刻を労働者の決定に委ね，仕事と生活の調和を図りながら効率的に働くことを可能にするものであるという制度趣旨を改めて示し，使用者が各日の始業・終業時刻を画一的に特定するような運用は認められないことを徹底することが適当である。

なお，フレックスタイム制における「決められた労働時間より早く仕事を終えた場合も，年次有給休暇を活用し，報酬を減らすことなく働くことができる仕組み」については，年次有給休暇の趣旨に照らして慎重に考えるべき等の意見が労使双方から示されたことを踏まえ，引き続き慎重に検討することとする。

3　裁量労働制の見直し

裁量労働制について，企業における組織のフラット化や，事業活動の中枢にあるホワイトカラー労働者の業務の複合化等に対応するとともに，対象労働者の健康確保を図り，仕事の進め方や時間配分に関し，労働者が主体性をもって働けるようにするという制度の趣旨に即した活用が進むよう，以下の見直しを行うことが適当である。

なお，労働者代表委員から，企画業務型裁量労働制の対象業務に新たな類型を追加することについて，みなし労働時間制のもとに長時間労働に対する抑止力が作用せず，その結果，長時間労働となるおそれが高まる労働者の範囲が拡大することとなることから認められないとの意見があった。

(1)　企画業務型裁量労働制の新たな枠組

• 企画業務型裁量労働制の対象業務要件のうち，現行では「事業の運営に関する事項についての企画，立案，調査及び分析の業務」とされている部分について，近年のホワイトカラーの働き方の変化を踏まえ，以下の新たな類型を追加することが適当である。

①　法人顧客の事業の運営に関する事項についての企画立案調査分析と一体的に行う商品やサービス内容に係る課題解決型提案営業の業務（具体的には，

例えば「取引先企業のニーズを聴取し，社内で新商品開発の企画立案を行い，当該ニーズに応じた課題解決型商品を開発の上，販売する業務」等を想定）

② 事業の運営に関する事項の実施の管理と，その実施状況の検証結果に基づく事業の運営に関する事項の企画立案調査分析を一体的に行う業務（具体的には，例えば「全社レベルの品質管理の取組計画を企画立案するとともに，当該計画に基づく調達や監査の改善を行い，各工場に展開するとともに，その過程で示された意見等をみて，さらなる改善の取組計画を企画立案する業務」等を想定）

- なお，新たに追加する類型の対象業務範囲の詳細（肯定的要素及び否定的要素）に関しては，法定指針で具体的に示すことが適当である。否定的要素として掲げる内容は，例えば，「店頭販売やルートセールス等，単純な営業の業務である場合や，そうした業務と組み合わせる場合は，対象業務とはなり得ない」，「企画立案調査分析業務と組み合わせる業務が，個別の製造業務や備品等の物品購入業務，庶務経理業務等である場合は，対象業務とはなり得ない」といったものが考えられる。
- 企画業務型裁量労働制の対象労働者の健康確保を図るため，同制度の健康・福祉確保措置について，一定の措置を講ずる旨を決議することが制度上の要件とされている。この健康・福祉確保措置について，現行の法定指針に例示されている事項（代償休日又は特別な休暇の付与，健康診断の実施，連続した年次有給休暇の取得促進，心とからだの健康窓口の設置，配置転換，産業医の助言指導に基づく保健指導）を参考にしつつ，長時間労働を行った場合の面接指導，深夜業の回数の制限，勤務間インターバル，一定期間における労働時間の上限の設定等を追加することも含め検討の上，省令で規定することが適当である。

(2) 手続の簡素化

- 企画業務型裁量労働制が制度として定着してきたことを踏まえ，①労使委員会決議の本社一括届出を認めるとともに，②定期報告は６か月後に行い，その後は健康・福祉確保措置の実施状況に関する書類の保存を義務づけることが適当である。

(3) 裁量労働制の本旨の徹底

- 裁量労働制を導入しながら，出勤時間に基づく厳しい勤怠管理を行う等の実態があることに対応するため，始業・終業の時刻その他の時間配分の決定を労働者に委ねる制度であることを法定し，明確化することが適当である。

- 併せて，労働基準法第38条の４第３項に基づく指針において，「当該事業場における所定労働時間をみなし時間として決議する一方，所定労働時間相当働いたとしても明らかに処理できない分量の業務を与えながら相応の処遇の担保策を講じないといったことは，制度の趣旨を没却するものであり，不適当であることに留意することが必要である」旨を規定することが適当である。

４　特定高度専門業務・成果型労働制（高度プロフェッショナル制度）の創設

時間ではなく成果で評価される働き方を希望する労働者のニーズに応え，その意欲や能力を十分に発揮できるようにするため，一定の年収要件を満たし，職務の範囲が明確で高度な職業能力を有する労働者を対象として，長時間労働を防止するための措置を講じつつ，時間外・休日労働協定の締結や時間外・休日・深夜の割増賃金の支払義務等の適用を除外した労働時間制度の新たな選択肢として，特定高度専門業務・成果型労働制（高度プロフェッショナル制度）を設けることが適当である。

なお，使用者代表委員から，高度プロフェッショナル制度は，経済活力の源泉であるイノベーションとグローバリゼーションを担う高い専門能力を有する労働者に対し，健康・福祉確保措置を講じつつ，メリハリのある効率的な働き方を実現するなど，多様な働き方の選択肢を用意するものである。労働者の一層の能力発揮と生産性の向上を通じた企業の競争力とわが国経済の持続的発展に繋がることが期待でき，幅広い労働者が対象となることが望ましいとの意見があった。

また，労働者代表委員から，高度プロフェッショナル制度について，既に柔軟な働き方を可能とする他の制度が存在し，現行制度のもとでも成果と報酬を連動させることは十分可能であり現に実施されていること及び長時間労働となるおそれがあること等から新たな制度の創設は認められないとの意見があった。

(1)　対象業務

- 「高度の専門的知識，技術又は経験を要する」とともに「業務に従事した時間と成果との関連性が強くない」といった対象業務とするに適切な性質を法定した上で，具体的には省令で規定することが適当である。
- 具体的には，金融商品の開発業務，金融商品のディーリング業務，アナリストの業務（企業・市場等の高度な分析業務），コンサルタントの業務（事業・業務の企画運営に関する高度な考案又は助言の業務），研究開発業務等を念頭に，法案成立後，改めて審議会で検討の上，省令で適切に規定することが適当である。

(2) 対象労働者

- 使用者との間の書面による合意に基づき職務の範囲が明確に定められ，その職務の範囲内で労働する労働者であることが適当である。
- また，対象労働者の年収について，「1年間に支払われることが確実に見込まれる賃金の額が，平均給与額の3倍を相当程度上回る」といったことを法定した上で，具体的な年収額については，労働基準法第14条に基づく告示の内容（1075万円）を参考に，法案成立後，改めて審議会で検討の上，省令で規定することが適当である。
- 労使委員会において対象労働者を決議するに当たっては，本制度の対象となることによって賃金が減らないよう，法定指針に明記することが適当である。

(3) 健康管理時間，健康管理時間に基づく健康・福祉確保措置（選択的措置），面接指導の強化

＜健康管理時間＞

- 本制度の適用労働者については，割増賃金支払の基礎としての労働時間を把握する必要はないが，その健康確保の観点から，使用者は，健康管理時間（「事業場内に所在していた時間」と「事業場外で業務に従事した場合における労働時間」との合計）を把握した上で，これに基づく健康・福祉確保措置を講じることとすることが適当である。
- なお，健康管理時間の把握方法については，労働基準法に基づく省令や指針において，客観的な方法（タイムカードやパソコンの起動時間等）によることを原則とし，事業場外で労働する場合に限って自己申告を認める旨を規定することが適当である。

＜健康管理時間に基づく健康・福祉確保措置（選択的措置）＞

- 健康管理時間に基づく健康・福祉確保措置について，具体的には，制度の導入に際しての要件として，以下のいずれかの措置を労使委員会における5

分の４以上の多数の決議で定めるところにより講じることとし，決議した措置を講じていなかったときは制度の適用要件を満たさないものとすることが適当である。

①　労働者に24時間について継続した一定の時間以上の休息時間を与えるものとし，かつ，１か月について深夜業は一定の回数以内とすること。

②　健康管理時間が１か月又は３か月について一定の時間を超えないこととすること。

③　４週間を通じ４日以上かつ１年間を通じ104日以上の休日を与えることとすること。

上記①，②の「一定の時間」及び「一定の回数」については，法案成立後，改めて審議会で検討の上，省令で規定することが適当である。また，その審議に当たっては，各企業における現在の健康確保措置の取組実態も十分踏まえつつ，対象労働者の健康の確保に十分留意することが適当である。

＜面接指導の強化＞

- 本制度の適用労働者であって，その健康管理時間が当該労働者の健康の保持を考慮して厚生労働省令で定める時間を超えるものに対し，医師による面接指導の実施を法律上義務づけることが適当である。
- 具体的には，労働安全衛生法に上記の趣旨を規定した上で，労働安全衛生規則において，健康管理時間について，１週間当たり40時間を超えた場合のその超えた時間が１月当たり100時間を超えた労働者について，一律に面接指導の対象とする旨を規定することが適当である。
- なお，本制度の適用労働者に対する面接指導の確実な履行を確保する観点から，上記の義務違反に対しては罰則を付すことが適当である。
- また，本制度の適用労働者に対し，面接指導の結果を踏まえた健康を保持するために必要な事後措置の実施を法律上義務づけることや，上記の時間が１月当たり100時間以下の労働者であっても，その申出があれば面接指導を実施するよう努めなければならないものとすることが適当である。

⑷　対象労働者の同意

- 制度の導入に際しての要件として，法律上，対象労働者の範囲に属する労働者ごとに，職務記述書等に署名等する形で職務の内容及び制度適用についての同意を得なければならないこととし，これにより，希望しない労働者に制度が適用されないようにすることが適当である。

(5) 労使委員会決議

- 制度の導入に際しての要件として，労使委員会を設置し，以下の事項を5分の4以上の多数により決議し，行政官庁に届け出なければならないこととすることが適当である（一部再掲）。

① 対象業務の範囲
② 対象労働者の範囲
③ 対象業務に従事する対象労働者の健康管理時間を使用者が把握すること及びその把握方法
④ 健康管理時間に基づく健康・福祉確保措置の実施
⑤ 苦情処理措置の実施
⑥ 対象労働者の不同意に対する不利益取扱の禁止

(6) 法的効果

- 以上の要件の下で，対象業務に就く対象労働者については，労働基準法第四章で定める労働時間，休憩，休日及び深夜の割増賃金に関する規定を適用除外とすることが適当である。

(7) 制度の履行確保

- 対象労働者の適切な労働条件の確保を図るため，厚生労働大臣が指針を定める旨を法定することが適当である。
- 届出を行った使用者には，健康・福祉確保措置の実施状況を6か月後に報告すること，その後は健康・福祉確保措置の実施状況に関する書類を保存することを義務づけることが適当である。

(8) 年少者への適用

- 本制度は年少者には適用しないこととすることが適当である。

5 その他

(1) 特例措置対象事業場

- 週44時間特例対象事業場の所定労働時間の現状をみると，79.7％の事業場で所定労働時間が週40時間以下となっているが，一部の業種では過半の事業場で所定労働時間が週44時間前後という状況にある。

- こうした状況や労働基準法第40条の趣旨を踏まえ，必要に応じさらに詳細な実態の調査を行った上で，特例措置対象事業場の範囲の縮小を図る方向で，法案成立後，改めて審議会で検討の上，所要の省令改正を行うことが適当である。

(2)　過半数代表者

- 過半数代表者の選出をめぐる課題を踏まえ，「使用者の意向による選出」は手続違反に当たるなど通達の内容を労働基準法施行規則に規定する方向で検討を続けることが適当である。また，監督指導等により通達の内容に沿った運用を徹底することが適当である。
- 使用者は，過半数代表者がその業務を円滑に遂行できるよう必要な配慮を行わなければならない旨を，規則に規定する方向で検討を継続することが適当である。
- 以上については，法案成立後，改めて審議会で検討の上，所要の省令改正を行うことが適当である。

(3)　管理監督者

- 管理監督者の範囲について，引き続き既往の通達等の趣旨の徹底を図るとともに，その健康確保の観点から１(3)の労働時間の客観的把握を徹底することが適当である。

(4)　電子的手法による労働条件明示

- 労働条件明示の方法は引き続き書面明示によることを原則とするが，労働者が希望する場合には，①ファクシミリの送信，②電子メールの送信（当該労働者が記録を出力することにより書面を作成できるものに限る。）により明示することを認める方向で検討を継続することが適当である。
- 併せて，労働条件明示が事実と異なるものであってはならない旨を省令に規定する方向で検討を継続することが適当である。
- 以上について，法案成立後，改めて審議会で検討の上，所要の省令改正を行うことが適当である。

６　制度改正以外の事項

⑴　**労働基準監督機関の体制整備**

・サービス経済化の進展や企業間競争の激化，就業形態の多様化といった経済社会の変化の中で，我が国労働者の最低労働条件の履行確保や労働条件の向上を図るために労働基準監督機関が所期の機能を発揮できるよう，不断の業務の見直しを行うとともに，その体制整備に努めることが適当である。

⑵　**労働基準関係法令の周知の取組等**

・労働基準関係法令が十分周知されていないことに伴う法令違反が依然として多数みられることから，一層の周知徹底に取り組むことが適当である。また，使用者は，時間外・休日労働協定等を労働者に周知させなければならないとしている法の規定を踏まえ対応するよう，徹底を図ることが適当である。

以上

【図表１】労基法改正法案の概要（平成28年４月）

長時間労働を抑制するとともに，労働者が，その健康を確保しつつ，創造的な能力を発揮しながら効率的に働くことができる環境を整備するため，労働時間制度の見直しを行う等所要の改正を行う。

Ⅰ　長時間労働抑制策・年次有給休暇取得促進策等

⑴ **中小企業における月60時間超の時間外労働に対する割増賃金の見直し**

- 月60時間を超える時間外労働に係る割増賃金率（50％以上）について，中小企業への猶予措置を廃止する。（３年後実施）

⑵ **著しい長時間労働に対する助言指導を強化するための規定の新設**

- 時間外労働に係る助言指導に当たり，「労働者の健康が確保されるよう特に配慮しなければならない」旨を明確にする。

⑶ **一定日数の年次有給休暇の確実な取得**

- 使用者は，10日以上の年次有給休暇が付与される労働者に対し，５日について，毎年，時季を指定して与えなければならないこととする（労働者の時季指定や計画的付与により取得された年次有給休暇の日数分については指定の必要はない）。

⑷ **企業単位での労働時間等の設定改善に係る労使の取組促進**
（※労働時間等の設定の改善に関する特別措置法の改正）

- 企業単位での労働時間等の設定改善に係る労使の取組を促進するため，企業全体を通じて一の労働時間等設定改善企業委員会の決議をもって，年次有給休暇の計画的付与等に係る労使協定に代えることができることとする。

Ⅱ　多様で柔軟な働き方の実現

⑴ **フレックスタイム制の見直し**

- フレックスタイム制の「清算期間」の上限を１か月から３か月に延長する。

⑵ **企画業務型裁量労働制の見直し**

- 企画業務型裁量労働制の対象業務に「課題解決型提案営業」と「裁量的にPDCAを回す業務」を追加するとともに，対象者の健康確保措置の充実や手続の簡素化等の見直しを行う。

⑶ **特定高度専門業務・成果型労働制（高度プロフェッショナル制度）の創設**

- 職務の範囲が明確で一定の年収（少なくとも1,000万円以上）を有する労働者が，高度の専門的知識を必要とする等の業務に従事する場合に，健康確保措置等を講じること，本人の同意や委員会の決議等を要件として，労働時間，休日，深夜の割増賃金等の規定を適用除外とする。
- また，制度の対象者について，在社時間等が一定時間を超える場合には，事業主は，その者に必ず医師による面接指導を受けさせなければならないこととする。（※労働安全衛生法の改正）

施行期日：平成28年４月１日（ただし，Ⅰの⑴については平成31年４月１日）

（出所：厚労省ＨＰ）

Ⅲ　2018年労基法改正と雇用形態にかかわらない公正な待遇の確保

少子高齢化の急激な進行に伴い，日本政府としても，わが国の人口減少への歯止め策として，結婚して子供をもうけるといった家庭生活が営めない非正規労働者の処遇改善を目指して，雇用形態にかかわらない公正な待遇の確保を目指すことが，厚労省から2017年６月９日「同一労働同一賃金に関する法整備について（報告)」で公表され※1，同日建議され，パート労働法，労契法，労働者派遣法の改正が提言されました。さらに，この方向性の中で，2016年12月20日付けで同一労働同一賃金ガイドライン案（同一指針案）が公表されました。

他方，過労死等を防止し，子供を育てられる生活の確保に向けた時間外労働の上限規制等については，「働き方改革実行計画」（2017年３月28日働き方改革実現会議決定）を踏まえ，労政審労働条件分科会において，2017・６・５付け「時間外労働の上限規制等について」報告（以下「上限報告」という※2）が示され，これに基づき，同年６月６日付けで建議がなされ，これに沿って，同年９月８日には，働き方改革法法案要綱が公表されました。

しかし，中小企業への配慮を求める自民党の厚生労働部会などの合同会議での意見集約が遅れていたことに加えて，同法案要綱に挿入されていた企画型裁量労働制の適用範囲の拡大部分が，法案提出の根拠となった厚労省による労働時間調査に重大な不備が指摘され，2018年４月６日に国会に上程された働き方改革法法案からは削除されました。

与党及び経済界は，高プロより格段に利用範囲が広いと見られていたこの削除に対しては強い抵抗感をもっていますので，同案が国会に，2019年中には無理としても数年以内に再提出されることは確実でしょう（既に，厚労省内に「裁量労働制実態調査に関する専門家検討会」が立ち上げられ，検討が開始されています)。そこで，衆院や参院での修正や付帯決議を経て，**図表２**のような働き方改革法が成立しました。

【図表2】働き方改革法の概要

労働者がそれぞれの事情に応じた多様な働き方を選択できる社会を実現する働き方改革を総合的に推進するため，長時間労働の是正，多様で柔軟な働き方の実現，雇用形態にかかわらない公正な待遇の確保等のための措置を講ずる。

Ⅰ 働き方改革の総合的かつ継続的な推進

働き方改革に係る基本的考え方を明らかにするとともに，国は，改革を総合的かつ継続的に推進するための「基本方針」（閣議決定）を定めることとする。（雇用対策法）
※（衆議院において修正）中小企業の取組を推進するため，地方の関係者により構成される協議会の設置等の連携体制を整備する努力義務規定を創設。

Ⅱ 長時間労働の是正，多様で柔軟な働き方の実現等

1　労働時間に関する制度の見直し（労働基準法，労働安全衛生法）

- 時間外労働の上限について，月45時間，年360時間を原則とし，臨時的な特別な事情がある場合でも年720時間，単月100時間未満（休日労働含む），複数月平均80時間（休日労働含む）を限度に設定。
  （※）自動車運転業務，建設事業，医師等について，猶予期間を設けた上で規制を適用等の例外あり。研究開発業務について，医師の面接指導を設けた上で，適用除外。
- 月60時間を超える時間外労働に係る割増賃金率（50％以上）について，中小企業への猶予措置を廃止する。また，使用者は，10日以上の年次有給休暇が付与される労働者に対し，５日について，毎年，時季を指定して与えなければならないこととする。
- 高度プロフェッショナル制度の創設等を行う。（高度プロフェッショナル制度における健康確保措置を強化）
  ※（衆議院において修正）高度プロフェッショナル制度の適用に係る同意の撤回について規定を創設。
- 労働者の健康確保措置の実効性を確保する観点から，労働時間の状況を省令で定める方法により把握しなければならないこととする。（労働安全衛生法）

2　勤務間インターバル制度の普及促進等（労働時間等設定改善法）

- 事業主は，前日の終業時刻と翌日の始業時刻の間に一定時間の休息の確保に努めなければならないこととする。
  ※（衆議院において修正）事業主の責務として，短納期発注や発注の内容の頻繁な変更を行わないよう配慮する努力義務規定を創設。

3　産業医・産業保健機能の強化（労働安全衛生法等）

- 事業者から，産業医に対しその業務を適切に行うために必要な情報を提供することとするなど，産業医・産業保健機能の強化を図る。

Ⅲ 雇用形態にかかわらない公正な待遇の確保

1 不合理な待遇差を解消するための規定の整備（パートタイム労働法，労働契約法，労働者派遣法）

短時間・有期雇用労働者に関する同一企業内における正規雇用労働者との不合理な待遇の禁止に関し，個々の待遇ごとに，当該待遇の性質・目的に照らして適切と認められる事情を考慮して判断されるべき旨を明確化。併せて有期雇用労働者の均等待遇規定を整備。派遣労働者について，①派遣先の労働者との均等・均衡待遇，②一定の要件※を満たす労使協定による待遇のいずれかを確保することを義務化。
また，これらの事項に関するガイドラインの根拠規定を整備。（※）同種業務の一般の労働者の平均的な賃金と同等以上の賃金であること等

2 労働者に対する待遇に関する説明義務の強化（パートタイム労働法，労働契約法，労働者派遣法）

短時間労働者・有期雇用労働者・派遣労働者について，正規雇用労働者との待遇差の内容・理由等に関する説明を義務化。

3 行政による履行確保措置及び裁判外紛争解決手続（行政 ADR）の整備

１の義務や２の説明義務について，行政による履行確保措置及び行政 ADR を整備。

施行期日 Ⅰ：公布日（平成30年７月６日）
Ⅱ：平成31年４月１日（中小企業における時間外労働の上限規制に係る改正規定の適用は令和２年４月１日，１の中小企業における割増賃金率の見直しは平成35年４月１日）
Ⅲ：令和２年４月１日（中小企業におけるパートタイム労働法・労働契約法の改正規定の適用は令和３年４月１日）
※（衆議院において修正）改正後の各法の検討を行う際の観点として，労働者と使用者の協議の促進等を通じて，労働者の職業生活の充実を図ることを明記。

（出所：厚労省ＨＰ）

※1　2017年6月9日「同一労働同一賃金に関する法整備について（報告）」の内容

平成29年６月９日
労働条件分科会同一労働同一賃金部会
職業安定分科会同一労働同一賃金部会
雇用均等分科会同一労働同一賃金部会

同一労働同一賃金に関する法整備について（報告）－同一日付け建議

本部会は，同一労働同一賃金に関する法整備について，平成29年４月28日から平成29年６月９日までの間に計６回にわたり精力的に検討を深めてきた結果，下記のとおりの結論に達したので，報告する。

記

別添のとおり，厚生労働大臣に建議すべきである。

同一労働同一賃金に関する法整備について（報告）

1　基本的考え方

○　我が国の非正規雇用労働者は，現在，全雇用者の４割を占めるに至っている。
　昨今の雇用情勢の回復等により，いわゆる「不本意非正規」である労働者の割合は低下傾向にあるが，一方で，30歳代半ば以降を中心に，子育て・介護等を背景とした時間や勤務地の制約等により，非正規雇用を選択する層が多いことも事実である。

○　正規雇用労働者と非正規雇用労働者の間には賃金，福利厚生，教育訓練などの面で待遇格差があるが，こうした格差は，若い世代の結婚・出産への影響により少子化の一要因となるとともに，ひとり親家庭の貧困の要因となる等，将来にわたり社会全体へ影響を及ぼすに至っている。また，労働力人口が減少する中，能力開発機会の乏しい非正規雇用労働者が増加することは，労働生産性向上の隘路ともなりかねない。

○　賃金等の待遇は，労使によって決定されることが基本である。しかしながら同時に，正規雇用労働者と非正規雇用労働者の間の不合理な待遇差の是正を進めなければならない。このためには，

(1)　正規雇用労働者－非正規雇用労働者両方の賃金決定基準・ルールを明確化，
(2)　職務内容・能力等と賃金等の待遇の水準の関係性の明確化を図るとともに，
(3)　教育訓練機会の均等・均衡を促進することにより，一人ひとりの生産性向上を図る

という観点が重要である。

また，これを受けて，以下の考え方を法へ明記していくことが適当である。

- 雇用形態にかかわらない公正な評価に基づいて待遇が決定されるべきであること
- それにより，多様な働き方の選択が可能となるとともに，非正規雇用労働者の意欲・能力が向上し，労働生産性の向上につながり，ひいては企業や経済・社会の発展に寄与するものであること

○　その上で，不合理な待遇差の実効ある是正のため，昨年末に政府が提示した「同一労働同一賃金ガイドライン（案）」について，関係者の意見や改正法案についての国会審議を踏まえ，当部会で審議し，最終的に確定していくとともに，確定したガイドラインの実効性を担保するため，労働者が司法判断による救済を求める際の根拠となる規定の整備，労働者に対する待遇に関する説明の義務化，行政による裁判外紛争解決手段等の整備など，以下に示す法改正を行うことにより，企業内における正規雇用労働者と非正規雇用労働者の間の不合理な待遇差の解消を実効ある形で進め，どのような雇用形態を選択しても納得が得られ，個人個人が，自らの状況に応じて多様な働き方を自由に選択できるようにしていく必要がある。

○　なお，法整備と併せ，非正規雇用労働者を含めたそれぞれの労使において，職務や能力等と賃金等の待遇との関係を含めた処遇体系全体の確認・共有や，職務や能力等の内容の明確化，それに基づく公正な評価の推進とそれらに則った賃金制度の構築等が可能な限り速やかかつ計画的に行われるよう，非正規雇用労働者を含めた労使の対話を促進することが重要である。また，そのための支援措置についても検討する必要がある。

併せて，中小企業・小規模事業者等各事業主の実情を踏まえた丁寧な支援も必要である。

○　おって，働き方改革の実現に向けては，改革の基本的な考え方と進め方を示し，そのモメンタムを絶やすことなく，長期的かつ継続的に取組を進めていくことが必要である。このため，「働き方改革実行計画」を踏まえ，改革全般

にわたり，法制面も含め，その目的達成のための政策手段について，引き続き検討を行っていくことが求められる。

○　また，法施行後，政策効果を検証・評価するプロセスも重要である。

2　労働者が司法判断を求める際の根拠となる規定の整備

(1)　短時間労働者・有期契約労働者

○　現行法においては，正規雇用労働者と短時間労働者・有期契約労働者との間の待遇差については，３つの考慮要素(※)を考慮して不合理と認められるものであってはならないとされている（パートタイム労働法第８条／労働契約法第20条（いわゆる「均衡待遇規定」））。

※①　職務内容（業務内容・責任の程度）
　②　職務内容・配置の変更範囲（いわゆる「人材活用の仕組み」）
　③　その他の事情

○　現行法の規定は，正規雇用労働者と短時間労働者・有期契約労働者との間における個々の待遇の違いと，３考慮要素との関係性が必ずしも明確でない。このため，ある待遇差が不合理と認められるか否かの解釈の幅が大きく，労使の当事者にとって予見可能性が高いとは言えない状況にある。

○　こうした課題を踏まえ，待遇差が不合理と認められるか否かの判断は，個々の待遇ごとに，当該待遇の性質・目的に対応する考慮要素で判断されるべき旨を明確化することが適当である。

ただし，個別の事案に応じ，非正規雇用労働者を含めた労使協議経過等を踏まえ，複数の待遇を合わせて不合理と認められるか否かを判断すべき場合があると考えられること，「待遇の性質・目的」は実態を踏まえて判断されるものと考えられることに留意が必要である。

○　また，考慮要素として内容を明記しているのは，①職務内容と，②職務内容・配置の変更範囲にとどまっており，③その他の事情の解釈による範囲が大きくなっている。

一方で，「職務の成果」「能力」「経験」といった要素については，現行法でも，賃金決定に際し勘案を求めている要素でもあり（パートタイム労働法第10条），また，一般にも待遇差の要因として広く受け容れられていると考えられる。

こうした状況を踏まえ，考慮要素として，「その他の事情」の中から，新たに「職務の成果」「能力」「経験」を例示として明記することが適当である。また，労使交渉の経緯等が個別事案の事情に応じて含まれうることを明確化するなど，「その他の事情」の範囲が逆に狭く解されることのないよう留意が必要である。

○　さらに，現行法においては，①職務内容と，②職務内容・配置の変更範囲が同一である場合の差別的取扱いを禁止するいわゆる「均等待遇規定」は，短時間労働者についてのみ規定されており（パートタイム労働法第９条），有期契約労働者については規定されていない。

このため，同じ有期契約であっても，短時間労働者であれば「均等待遇規定」の適用がなされるにもかかわらず，フルタイム労働者であれば適用がない現状となっているが，有期契約労働者についても，「均等待遇規定」の対象としていくことが適当である。

なお，定年後の継続雇用の有期契約労働者に関する差別的取扱いの解釈については，退職一時金及び企業年金，公的年金の支給，定年後の継続雇用における給与の減額に対応した公的給付がなされていることを勘案することを認めるか否かについては，引き続き検討を行い，追って解釈の明確化を図っていくことが適当である。

○　おって，比較対象となる正規雇用労働者について，現行は，パートタイム労働法では同一の事業所に雇用される「通常の労働者」とし，労働契約法では同一の使用者に雇用される無期契約労働者としている。しかしながら，近年は非正規雇用労働者自身が店長などの事業所の長であり，同一の事業所内に正規雇用労働者がいないケースも見られる。このため，同一の使用者に雇用される正規雇用労働者を比較対象とすることが適当である。

⑵　派遣労働者

○　現行法においては，①派遣先の労働者の賃金水準との均衡を考慮しつつ，②同種業務に従事する一般労働者の賃金水準，③派遣労働者の職務の内容，職務の成果等を勘案して賃金決定を行う配慮義務にとどまっている。

○　一方，派遣労働者の実際の就業場所は派遣先であり，待遇に関する派遣労働者の納得感を考慮する上で，派遣先の労働者との均等・均衡は重要な観点である。また，派遣労働者の業務内容は，派遣元の正規雇用労働者（内勤社員等）とはまったく異なることが多く，派遣元の正規雇用労働者を比較対象とした賃金（特に基本給）の均衡の判断は，現実的に容易とは言えない。

○　しかしながら，派遣先の労働者との均等・均衡により派遣労働者の賃金決定を行う場合，派遣先が変わるごとに賃金水準が変わり，派遣労働者の所得が不安定になることが想定される。

また，一般に賃金水準は大企業であるほど高く，小規模の企業になるほど低い傾向にあるが，必ずしも派遣労働者が担う職務の難易度は，同種の業務であっても，大企業ほど高度で小規模の企業ほど容易とは必ずしも言えない。このため，派遣労働者の希望が大企業へ集中し，派遣元事業主において派遣労働者のキャリア形成を考慮した派遣先への配置を行っていくことが困難となる（逆に，より難易度の高い職務を担当できるよう，計画的に教育訓練を行ったり職務経験を積ませ，段階的に処遇を改善するなど，派遣労働者のキャリア形成に配慮した雇用管理が行われていても，派遣先の賃金に引っ張られて派遣労働者の賃金が下がり，派遣労働者・派遣元事業主双方にとって納得感がないこともあり得る）など，結果として，派遣労働者の段階的・体系的なキャリアアップ支援と不整合な事態を招くこともあり得る。

○　こうした状況を踏まえ，1)派遣先の労働者との均等・均衡による待遇改善か，2)労使協定による一定水準を満たす待遇決定による待遇改善かの選択制とすることが適当である。

○　具体的には，以下のような制度設計とすることが適当である。

1)　派遣先の労働者との均等・均衡方式

i)　派遣労働者と派遣先労働者の待遇差について，短時間労働者・有期契約労働者と同様の均等待遇規定・均衡待遇規定を設けた上で，当該規定によることとすること

ii)　派遣元事業主が「i」の規定に基づく義務を履行できるよう，派遣先に対し，派遣先の労働者の賃金等の待遇に関する情報提供義務を課す（提供した情報に変更があった場合も同様）とともに，派遣元事業主は，派遣先からの情報提供がない場合は，労働者派遣契約を締結してはならないこととすること（なお，派遣先からの情報は派遣元事業主等の秘密保持義務規定（労働者派遣法第24条の4）の対象となることを明確化すること）

iii)　その他派遣先の措置（教育訓練，福利厚生施設の利用，就業環境の整備等）の規定を強化

2)　労使協定による一定水準を満たす待遇決定方式

派遣元事業主が，労働者の過半数で組織する労働組合又は労働者の過半数代表者と話し合い，十分に派遣労働者の保護が図られると判断できる以下の要件を満たす書面による労使協定を締結し，当該協定に基づいて待遇決定

を行うこと

①　同種の業務に従事する一般の労働者の賃金水準と同等以上であること

②　段階的・体系的な教育訓練等による派遣労働者の職務の内容・職務の成果・能力・経験等の向上を公正に評価し，その結果を勘案した賃金決定を行うこと

③　賃金以外の待遇についても，派遣元の正規雇用労働者の待遇と比較して不合理でないこと

ただし，「1)派遣先の労働者との均等・均衡方式」によらなければ，実質的な意義を果たせない待遇（例：給食施設・休憩室・更衣室の利用）については，省令で明記の上，「2)労使協定による一定水準を満たす待遇決定方式」の対象としないことが適当である。

また，派遣元において労使協定が周知されるよう必要な規定を設けるとともに，労使協定の有効期間を定めることや，労働基準法施行規則の規定を踏まえた過半数代表者の選出等に関するルール，労使協定の状況等を行政が把握できる仕組みを規定するなど，省令等において，労使協定の適正性を確保するための措置を講ずることが適当である。

○　なお，これらの規定（上記「1)」及び「2)」）の履行に際しては，派遣元事業主に派遣労働者の待遇改善を行うための原資の確保が必要となることから，派遣先に対し，派遣料金の設定に際し，派遣元事業主が上記1)・2)の規定を遵守できるよう，必要な配慮義務を設けることが適当である。

○　さらに，1)・2)のどちらの方式によるかを派遣先や労働者が知りうるようにすることなどについても必要な措置を講ずることが適当である。

(3)　ガイドラインの根拠規定の整備

○　こうした短時間労働者・有期契約労働者・派遣労働者の均等待遇規定・均衡待遇規定等について，解釈の明確化を図るため，ガイドライン（指針）の策定根拠となる規定を設けることが適当である。

３　労働者に対する待遇に関する説明の義務化

非正規雇用労働者（短時間労働者・有期契約労働者・派遣労働者）が自らの待遇をよく理解し，納得するためにも，また，非正規雇用労働者が待遇差について納得できない場合に，まずは労使間での対話を行い，不合理な待遇差の是正につなげていくためにも，非正規雇用労働者自らの待遇の内容に加え，正規雇用労働

者との待遇差に関する情報を，事業主から適切に得られ，事業主しか持っていない情報のために，労働者が訴えを起こすことができないといったことがないようにすることが重要である。

⑴　短時間労働者・有期契約労働者

○　現行法においては，短時間労働者については，事業主に対し，

i)　特定事項（昇給・賞与・退職手当の有無）に関する文書交付等による明示義務，その他の労働条件に関する文書交付等による明示の努力義務（雇入れ時）（パートタイム労働法第６条第１項・第２項）

ii)　待遇の内容等に関する説明義務（雇入れ時）（パートタイム労働法第14条第１項）

iii)　待遇決定等に際しての考慮事項に関する説明義務（求めに応じ）（パートタイム労働法第14条第２項）が課せられている。

○　しかしながら，有期契約労働者については，上記 i)〜iii) のいずれも課されておらず，また，短時間労働者・有期契約労働者のいずれについても，正規雇用労働者との待遇差の内容やその理由等について説明が得られる制度とはなっていない。

○　このため，短時間労働者・有期契約労働者のいずれについても，上記 i)〜iii) に加え，短時間労働者・有期契約労働者が求めた場合には正規雇用労働者との待遇差の内容やその理由等について説明が得られるよう，事業主に対する説明義務を課すことが適当である。

その際には，短時間労働者・有期契約労働者が，説明を求めた場合の不利益に対する不安から説明を求められないようなことにならないよう，事業主に対し，説明を求めたことを理由とする不利益取扱いを禁止することが適当である。

○　なお，待遇差の比較対象となる正規雇用労働者については，一般に，非正規雇用労働者と同一の事業所に職務内容が同一又は類似の無期雇用フルタイム労働者が存在する場合にはそれと比較することが適切と考えられるが，画一的に法定することはせず，事業主に説明を求めた非正規雇用労働者と職務内容，職務内容・配置変更範囲等が最も近いと事業主が判断する無期雇用フルタイム労働者ないしその集団との待遇差及びその理由並びに当該無期雇用フルタイム労働者ないしその集団が当該非正規雇用労働者に最も近いと判断した理由を説明することとする（この場合であっても，非正規雇用労働者が司法判断の根拠

規定に基づいて不合理な待遇差の是正を求める際の比較対象は当該無期雇用フルタイム労働者ないしその集団に限られるものではない。）など，個別事案に応じた対応を含め，施行に向けて考え方を整理していくことが必要である。

(2)　派遣労働者

○　現行法においては，派遣労働者については，派遣元事業主に対し，

①　待遇の内容等に関する説明義務（雇用しようとする時）（労働者派遣法第31条の2第1項）

②　待遇決定に際しての考慮事項に関する説明義務（求めに応じ）（労働者派遣法第31条の2第2項）

が課せられている。

○　派遣労働者についても，派遣元事業主に対し，上記(1)のi)〜iii)及び派遣労働者が求めた場合には待遇差の内容やその理由等についての説明義務・不利益取扱禁止を課すことが適当である。

なお，派遣労働者の場合，短時間労働者・有期契約労働者と異なり，雇入れ時でなくても，派遣先の変更により，待遇全体の変更があり得る。このため，上記(1)のi)及びii)の説明義務については，雇入れ時に加え，労働者派遣をしようとするときを加えることが適当である。

4　行政による裁判外紛争解決手続の整備等

現行法の均等待遇規定・均衡待遇規定は民事的効力を有する規定と解されている。一方で，非正規雇用労働者にとっても，訴訟を提起することは大変重い負担を伴うものであり，これらの規定が整備されて以降も，訴訟の件数は限られている実態にある。非正規雇用労働者がより救済を求めやすくなるよう，行政による履行確保（報告徴収・助言・指導等）の規定を整備するとともに，行政ADR（裁判外紛争解決手続）を利用しうるよう規定を整備することが求められる。

(1)　短時間労働者・有期契約労働者

○　短時間労働者については，現行のパートタイム労働法において，行政が必要と認めた場合の事業主に対する報告徴収・助言・指導・勧告の規定が設けられた上で，法による義務範囲が明確な規定に関しては，公表の規定が設けられている。

また，行政ADR（裁判外紛争解決手続）として，労働局長による紛争解決

援助や，調停の規定も設けられている。

○　一方，有期契約労働者については，労働契約ルールを規定する法である労働契約法に均衡待遇規定が設けられていることから，こうした行政による履行確保や行政 ADR の規定がない。

有期契約労働者についても，短時間労働者と併せてパートタイム労働法に諸規定を移行・新設することにより，行政による履行確保措置の対象とするとともに，行政 ADR が利用できるようにすることが適当である。

○　なお，現状では，均等待遇規定については報告徴収・助言・指導・勧告の対象としているが，均衡待遇規定については，報告徴収・助言・指導・勧告の対象としていない。

しかしながら，均衡待遇規定に関しても，解釈が明確でないグレーゾーンの場合は報告徴収・助言・指導・勧告の対象としない一方，職務内容，職務内容・配置変更範囲その他の事情の違いではなく，雇用形態が非正規であることを理由とする不支給など解釈が明確な場合は報告徴収・助言・指導・勧告の対象としていくことが適当である。

なお，均衡待遇規定については，従来どおり，公表の対象とはしないことが適当である。

また，行政 ADR については，均等・均衡待遇を求める労働者の救済を幅広く対象としていくことが適当である。

⑵　派遣労働者

○　現行の労働者派遣法においては，

- 派遣元事業主（労働者派遣事業を行う事業主）に対し，行政が必要な報告徴収・指導及び助言・改善命令・事業停止命令・許可取消しを行いうる規定が整備され，
- 派遣先（労働者派遣の役務の提供を受ける者）に対しても，行政が必要な報告徴収・指導及び助言・勧告・公表を行いうる規定が整備されているが，

上記「2　労働者が司法判断を求める際の根拠となる規定の整備」及び「3　労働者に対する待遇に関する説明の義務化」についても，それぞれの規定の趣旨に応じ，これらの行政による履行確保措置の対象とすることが適当である。

○　また，派遣労働者についても，上記「2　労働者が司法判断を求める際の根拠となる規定の整備」及び「3　労働者に対する待遇に関する説明の義務

化」について，労働局長による紛争解決援助や，調停といった行政ADR（裁判外紛争解決手続）を利用できるようにすることが適当である。

○　その際には，均衡待遇規定については，短時間労働者・有期契約労働者と同様，解釈が明確でないグレーゾーンの場合は報告徴収・指導及び助言・改善命令・事業停止命令・許可取消しの対象としない一方，職務内容，職務内容・配置変更範囲その他の事情の違いではなく，雇用形態が非正規であることを理由とする不支給など解釈が明確な場合は対象としていくことが適当である。また，行政ADRについては，均等・均衡待遇を求める労働者の救済を幅広く対象としていくことが適当である。

5　その他

○　上記のほか，短時間労働者には，国による施策の基本方針の策定，就業規則の作成・変更時の意見聴取（努力義務），通常の労働者への転換，労働者からの相談体制の整備，雇用管理者の選任等の規定が設けられている。

同じ有期契約であっても，短時間労働者であれば，これらの規定の適用がなされるにもかかわらず，フルタイム労働者であれば適用がない現状となっているが，有期契約労働者についても同様に，これらの規定の対象としていくことが適当である。

※　なお，雇用対策法施行規則（第1条の3第1項第1号）において，定年の年齢を下回ることを条件として労働者の募集及び採用を行うこと（期間の定めのない労働契約を締結することを目的とする場合に限る。）が可能とされており，この場合は定年後継続雇用者は応募対象とならないこととなる。

また，派遣労働者については，労働者派遣法における別途の法制により同趣旨が達成されているものも多いが，就業規則の作成・変更時の意見聴取（努力義務）については，派遣労働者についても同様に，派遣元事業主の努力義務として新たに対象としていくことが適当である。

6　法施行に向けて（準備期間の確保）

○　上記の法改正は，事業主にとって，正規雇用労働者・非正規雇用労働者それぞれの待遇の内容，待遇差の理由の再検証等，必要な準備を行うために一定の時間を要する。

したがって，施行に当たっては，十分な施行準備期間を設けることが必要である。

さらに，各事業主における賃金制度等の点検等に向け，十分な周知・相談支援が必要であり，その際には，業種・職種・地域毎の状況も念頭に，中小企業・小規模事業者等各事業主の実情も踏まえ労使双方に丁寧に対応することが求められる。

○　また，以下の点等については，実効ある労働者保護の観点，実務上現実に対応できるようにする観点の双方から，施行段階において検討を深めることが適当である。

- 派遣先の労働者の賃金等の待遇に関する情報提供義務の具体的内容（**2**（2）の1）のii）
- 「一般の労働者の賃金水準」や労使協定の詳細（**2**（2）の2）
- 待遇差に関する説明義務の具体的内容（**3**（1）及び（2））等

※2　2017・6・5付「時間外労働の上限規制等について」報告の内容

労政審労働条件分科会　平成29・6・5付報告，06.06付建議

時間外労働の上限規制等について（報告）

時間外労働の上限規制等については，「働き方改革実行計画」（平成29年３月28日働き方改革実現会議決定）を踏まえ，労働政策審議会労働条件分科会において，同年４月７日以降５回にわたり検討を行い，精力的に議論を深めてきたところである。

人口減少社会を迎えた我が国において，経済の再生，「成長と分配の好循環」を実現するためには，投資やイノベーションの促進を通じた付加価値生産性の向上と併せ，労働参加率の向上を図る必要があり，そのためには，誰もが生きがいを持って，その能力を最大限発揮できる一億総活躍社会を実現することが必要である。

ところが，我が国の労働時間の状況をみると，この20年間で，一般労働者の年間総実労働時間が2000時間を上回る水準で推移し，雇用者のうち週労働時間60時間以上の者の割合は低下傾向にあるものの7.7％と平成32年時点の政労使目標である５％を上回っており，特に30歳代男性では14.7％となっている。また，平成27年度の脳・心臓疾患による労災支給決定件数は251件（うち死亡の決定件数は

96件），精神障害による労災支給決定件数は472件（うち未遂を含む自殺の決定件数は93件）となっている。

長時間労働は，健康の確保だけでなく，仕事と家庭生活との両立を困難にし，少子化の原因や，女性のキャリア形成を阻む原因，男性の家庭参加を阻む原因になっている。「過労死等ゼロ」を実現するとともに，マンアワー当たりの生産性を上げつつ，ワーク・ライフ・バランスを改善し，女性や高齢者が働きやすい社会に変えていくため，長時間労働の是正は喫緊の課題である。

このような考え方に基づき，当分科会において検討を行った結果は，下記のとおりである。

この報告を受けて，厚生労働省において，スピード感を持って，時間外労働の上限規制等に関する労働基準法等の改正をはじめ所要の措置を講ずることが適当である。併せて，すべての労働者が，健康とワーク・ライフ・バランスを確保しながら働き続けられるよう，国，地方公共団体，使用者，労働組合等のすべての関係者には，取引条件の改善，企業文化の見直しや労働時間の適正な把握を含め引き続き不断の努力が求められる。

なお，働き方改革の実現に向けては，改革の基本的な考え方と進め方を示し，そのモメンタムを絶やすことなく，長期的かつ継続的に取組を進めていくことが必要である。このため，「働き方改革実行計画」を踏まえ，改革全般にわたり，法制面も含め，その目的達成のための政策手段について，引き続き検討を行っていくことが求められる。

記

1　時間外労働の上限規制

時間外労働の上限規制については，以下の法制度の整備を行うことが適当である。

(1)　上限規制の基本的枠組み

現行の時間外限度基準告示を法律に格上げし，罰則による強制力を持たせるとともに，従来，上限無く時間外労働が可能となっていた臨時的な特別の事情がある場合として労使が合意した場合であっても，上回ることのできない上限を設定することが適当である。

・時間外労働の上限規制は，現行の時間外限度基準告示のとおり，労働基準法に規定する法定労働時間を超える時間に対して適用されるものとし，上限は原則として月45時間，かつ，年360時間とすることが適当である。かつ，この上限に対する違反には，以下の特例の場合を除いて罰則を課すことが適当である。また，一年単位の変形労働時間制（３か月を超える期間を対象期間として定める場合に限る。以下同じ。）にあっては，あらかじめ業務の繁閑を見込んで労働時間を配分することにより，突発的なものを除き恒常的な時間外労働はないことを前提とした制度の趣旨に鑑み，上限は原則として月42時間，かつ，年320時間とすることが適当である。

・上記を原則としつつ，特例として，臨時的な特別の事情がある場合として，労使が合意して労使協定を結ぶ場合においても上回ることができない時間外労働時間を年720時間と規定することが適当である。

　かつ，年720時間以内において，一時的に事務量が増加する場合について，最低限，上回ることのできない上限として，

①　休日労働を含み，２か月ないし６か月平均で80時間以内

②　休日労働を含み，単月で100時間未満

③　原則である月45時間（一年単位の変形労働時間制の場合は42時間）の時間外労働を上回る回数は，年６回まで

とすることが適当である。なお，原則である月45時間の上限には休日労働を含まないことから，①及び②については，特例を活用しない月においても適用されるものとすることが適当である。

・現行の36協定は，省令により「１日」及び「１日を超える一定の期間」についての延長時間が必要的記載事項とされ，「１日を超える一定の期間」は時間外限度基準告示で「１日を超え３か月以内の期間及び１年間」としなければならないと定められている。今回，月45時間（一年単位の変形労働時間制の場合は42時間），かつ，年360時間（一年単位の変形労働時間制の場合は320時間）の原則的上限を法定する趣旨を踏まえ，「１日を超える一定の期間」は「１か月及び１年間」に限ることとし，その旨省令に規定することが適当である。併せて，省令で定める協定の様式において１年間の上限を適用する期間の起算点を明確化することが適当である。

(2)　現行の適用除外等の取扱い

現行の時間外限度基準告示では，①自動車の運転の業務，②工作物の建設等の

事業，③新技術，新商品等の研究開発の業務，④季節的要因等により事業活動若しくは業務量の変動が著しい事業若しくは業務又は公益上の必要により集中的な作業が必要とされる業務として厚生労働省労働基準局長が指定するもの，が適用除外とされている。これらの事業・業務については，健康確保に十分配慮しながら，働く人の視点に立って働き方改革を進める方向性を共有したうえで，実態を踏まえて，以下のとおりの取扱いとすることが適当である。

①　自動車の運転業務

- 自動車の運転業務については，罰則付きの時間外労働規制の適用除外とせず，改正法の一般則の施行期日の５年後に，年960時間以内の規制を適用することとし，かつ，将来的には一般則の適用を目指す旨の規定を設けることが適当である。また，５年後の施行に向けて，荷主を含めた関係者で構成する協議会で労働時間の短縮策を検討するなど，長時間労働を是正するための環境整備を強力に推進することが適当である。
- この場合でも，時間外労働の上限は原則として月45時間，かつ，年360時間であることに鑑み，これに近づける努力が重要である。

②　建設事業

- 建設事業については，罰則付きの時間外労働規制の適用除外とせず，改正法の一般則の施行期日の５年後に，罰則付き上限規制の一般則を適用することが適当である。ただし，復旧・復興の場合については，単月で100時間未満，２か月ないし６か月の平均で80時間以内の条件は適用しないが，併せて，将来的には一般則の適用を目指す旨の規定を設けることが適当である。また，５年後の施行に向けて，発注者を含めた関係者で構成する協議会を設置するなど，必要な環境整備を進めるとともに，労働時間の段階的な短縮に向けた取組を強力に推進することが適当である。
- この場合でも，時間外労働の上限は原則として月45時間，かつ，年360時間であることに鑑み，これに近づける努力が重要である。

③　新技術，新商品等の研究開発の業務

- 新技術，新商品等の研究開発の業務については，専門的，科学的な知識，技術を有する者が従事する新技術，新商品等の研究開発の業務の特殊性が存在する。このため，現行制度で対象となっている範囲を超えた職種に拡大することのないよう，その対象を明確化した上で適用除外とすることが適当である。

- その際，当該業務に従事する労働者の健康確保措置として，１週間当たり40時間を超えて労働させた場合のその超えた時間が１か月当たり100時間を超えた者に対し，医師による面接指導の実施を労働安全衛生法上義務づけることが適当である。この面接指導の確実な履行を確保する観点から，上記の義務違反に対しては罰則を課すことが適当である。

  また，上記の面接指導の結果を踏まえた健康を保持するために必要な事後措置の実施を労働安全衛生法上義務づけるとともに，当該事後措置の内容に代替休暇の付与を位置づけることが適当である。

④　厚生労働省労働基準局長が指定する業務

- 季節的要因等により事業活動若しくは業務量の変動が著しい事業若しくは業務又は公益上の必要により集中的な作業が必要とされる業務として厚生労働省労働基準局長が指定するものについては，原則として罰則付き上限規制の一般則を適用することが適当であるが，業務の特殊性から直ちに適用することが難しいものについては，その猶予について更に検討することが適当である。

⑤　医師

- 医師については，時間外労働規制の対象とするが，医師法第19条第１項に基づく応召義務等の特殊性を踏まえた対応が必要である。具体的には，改正法の施行期日の５年後を目途に規制を適用することとし，医療界の参加の下で検討の場を設け，質の高い新たな医療と医療現場の新たな働き方の実現を目指し，２年後を目途に規制の具体的な在り方，労働時間の短縮策等について検討し，結論を得ることが適当である。

(3)　労働基準法に基づく新たな指針

- 可能な限り労働時間の延長を短くするため，新たに労働基準法に指針を定める規定を設け，当該指針の内容を周知徹底するとともに，行政官庁は，当該指針に関し，使用者及び労働組合等に対し，必要な助言・指導を行えるようにすることが適当である。
- 当該指針には，特例による労働時間の延長をできる限り短くするよう努めなければならない旨を規定するとともに，併せて，休日労働も可能な限り抑制するよう努めなければならない旨を規定することが適当である。

- また，36協定の必要的記載事項として，原則の上限を超えて労働した労働者に講ずる健康確保措置を定めなければならないことを省令に位置づけたうえで，当該健康確保措置として望ましい内容を指針に規定することが適当である。その内容は，企画業務型裁量労働制対象者に講ずる健康確保措置として労働基準法第38条の４の規定に基づく指針に列挙された内容（代償休日又は特別な休暇の付与，健康診断の実施，連続した年次有給休暇の取得促進，心とからだの相談窓口の設置，配置転換，産業医の助言指導に基づく保健指導）を基本として，長時間労働を行った場合の面接指導，深夜業の回数の制限，勤務間インターバル等を追加することが適当である。
- さらに，現行の時間外限度基準告示には，①限度時間を超える時間の労働に係る割増賃金率を定めるに当たっては，法定の割増率を超える率とするように努めなければならないこと，②労働時間を延長する必要のある業務区分を細分化することが規定されており，これらは指針に改めて規定することが適当である。

２　勤務間インターバル

勤務間インターバルについては，労働者が十分な生活時間や睡眠時間を確保し，ワーク・ライフ・バランスを保ちながら働き続けることを可能にする制度であり，その普及促進を図る必要がある。

このため，労働時間等設定改善法第２条（事業主等の責務）を改正し，事業主は，前日の終業時刻と翌日の始業時刻の間に一定時間の休息の確保に努めなければならない旨の努力義務を課すとともに，その周知徹底を図ることが適当である。その上で，平成27年２月13日の当分科会報告にあるように，同法に基づく指針に，労働者の健康確保の観点から，新たに「終業時刻及び始業時刻」の項目を設け，「前日の終業時刻と翌日の始業時刻の間に一定時間の休息時間を確保すること（勤務間インターバル）は，労働者の健康確保に資するものであることから，労使で導入に向けた具体的な方策を検討すること」等を追加することが適当である。

３　長時間労働に対する健康確保措置

過重な労働により脳・心臓疾患等の発症のリスクが高い状況にある労働者を見

逃さないため，労働者の健康管理を強化することが適当である。

⑴　医師による面接指導

• このため，長時間労働に対する健康確保措置として，労働安全衛生法第66条の８の面接指導について，現行では，１週間当たり40時間を超えて労働させた場合のその超えた時間が１か月当たり100時間を超えた者から申出があった場合に義務となっているが，この時間数を定めている省令を改正し，１か月当たり80時間超とすることが適当である。

⑵　労働時間の客観的な把握

• また，上記の面接指導（１ ⑵ ③の面接指導を含む。）の適切な実施を図るため，平成27年２月13日の当分科会報告にあるように，管理監督者を含む，すべての労働者を対象として，労働時間の把握について，客観的な方法その他適切な方法によらなければならない旨を省令に規定することが適当である。その際，客観的な方法その他適切な方法の具体的内容については，「労働時間の適正な把握のために使用者が講ずべき措置に関するガイドライン」を参考に，通達において明確化することが適当である。

４　その他

⑴　法施行までの準備期間の確保

• 中小企業を含め，急激な変化による弊害を避けるため，十分な法施行までの準備時間を確保することが必要である。また，施行に向けて，できるだけ早期に制度の細則を確定させ，その周知徹底を図ることが必要である。その上で，施行期日については，事業運営や労務管理が年度単位で行われることが一般的であることを考慮し，年度の初日からとすることが適当であり，この点を踏まえ，具体的な期日を検討すべきである。

⑵　上限規制の履行確保の徹底

罰則付きの時間外労働の上限規制を導入するに当たっては，その実効性を一層確保する観点から，履行確保のための以下の事項についても，併せて措置することが適当である。

①　過半数代表者

• 過半数代表者の選出をめぐる課題を踏まえ，平成27年２月13日の当分科会報告にあるように，「使用者の意向による選出」は手続違反に当たるなど通達の内容を労働基準法施行規則に規定することが適当である。また，監督指導等により通達の内容に沿った運用を徹底することが適当である。

- 同分科会報告にあるように，使用者は，過半数代表者がその業務を円滑に遂行できるよう必要な配慮を行わなければならない旨を，規則に規定する方向で検討することが適当である。
- 労働基準関係法令が十分周知されていないことに伴う法令違反が依然として多数みられることから，時間外・休日労働には36協定の締結及び届出が必要であることや，協定の締結当事者である過半数代表者は法令等に基づき適正に選出される必要があること等について，一層の周知徹底に取り組むことが適当である。また，使用者は，36協定等を労働者に周知させなければならないとしている法の規定を踏まえ対応するよう，徹底を図ることが適当である。

②　労働基準監督機関の体制整備

- 時間外労働の上限規制の導入の前提として，36協定の締結及び届出を行うことなく時間外・休日労働を行わせている使用者に対する監督指導の徹底が強く求められる。このため，企業単位での監督指導の強化，地方運輸機関等の関係機関との連携強化等を図りつつ，労働基準監督官の定員確保など労働基準監督機関の体制整備に努めることが適当である。

③　電子申請の促進

- 36協定の届出をはじめとする行政手続の簡素化・効率化を進めるためにも，電子申請利用率を向上させる必要がある。このため，電子申請を行う場合にはすべからく事業主の電子署名を必要としている現行の取組のうち，社会保険労務士の電子署名による代理申請に際しては，事業主の電子署名については委任状の添付等により省略できることについて，省令の改正を行う方向で検討を継続することが適当である。

以上

Ⅳ　働き方改革法で従来と何が変わったか

1　改正労基法関係

改正点の詳細は，第２章以下の各改正法を参照頂きますが，まず，**図表３**のように，原則，2019年４月１日施行の改正労基法による，罰則付き時間外労働上限規制の導入は，まさに戦後労働法にとって70年ぶりの大変革と言われています。

【図表3】罰則付き時間外労働上限規制の概要

Ⅱ 長時間労働の是正，多様で柔軟な働き方の実現等

1　労働時間に関する制度の見直し（労働基準法，労働安全衛生法）

- 時間外労働の上限について，月45時間，年360時間を原則とし，臨時的な特別な事情がある場合でも年720時間，単月100時間未満（休日労働含む），複数月平均80時間（休日労働含む）を限度に設定。
  （※）自動車運転業務，建設事業，医師等について，猶予期間を設けた上で規制を適用等の例外あり。研究開発業務について，医師の面接指導を設けた上で，適用除外。
- 月60時間を超える時間外労働に係る割増賃金率（50％以上）について，中小企業への猶予措置を廃止する。また，使用者は，10日以上の年次有給休暇が付与される労働者に対し，５日について，毎年，時季を指定して与えなければならないこととする。
- 高度プロフェッショナル制度の創設等を行う。（高度プロフェッショナル制度における健康確保措置を強化）
  ※（衆議院において修正）高度プロフェッショナル制度の適用に係る同意の撤回について規定を創設。
- 労働者の健康確保措置の実効性を確保する観点から，労働時間の状況を省令で定める方法により把握しなければならないこととする。（労働安全衛生法）

2　勤務間インターバル制度の普及促進等（労働時間等設定改善法）

- 事業主は，前日の終業時刻と翌日の始業時刻の間に一定時間の休息の確保に努めなければならないこととする。
  ※（衆議院において修正）事業主の責務として，短納期発注や発注の内容の頻繁な変更を行わないよう配慮する努力義務規定を創設。

3　産業医・産業保健機能の強化（労働安全衛生法等）

- 事業者から，産業医に対しその業務を適切に行うために必要な情報を提供することとするなど，産業医・産業保健機能の強化を図る。

（出所：厚労省ＨＰ）

まず，時間外労働の罰則付き上限規制の導入は，好況時に残業で人を増やさず不況期に雇用を維持してきたスキームの変更を迫るでしょう。

次に，同規制自体が，確実に，企業のリスクを多様な面で高めています。仮に，企業が後述の高プロや裁量労働制に逃げ込もうとしても，その要件を遵守していなかった場合，ほぼ全月例賃金が算定基礎となる高額な未払残業代の支払と罰則の適用が待っています。

さらに，これらの制度を利用した場合，これらの制度自体の欠陥である労働時間管理の弛緩は，過重労働による過労死・過労自殺等によるリスクを格段に高めることになりかねません。そこで，健康管理時間の的確な把握等によるインターバル等を含んだ健康確保措置の履行を徹底する態勢整備が必要です。

２　パート有期法と改正派遣法関係

もう１つの目玉である，**図表４**のような，雇用形態にかかわらない公正な待遇の確保に向けた動きでは，パート有期法や改正派遣法の施行による同一企業内における正規雇用労働者と非正規雇用労働者の間の不合理な待遇差の実効性のある是正は，安価な非正規労働者の非基幹的業務への利用という枠組から，非正規労働者の人材育成により，是正された賃金に見合った，生産性の高い，基幹的業務への利用方法の取得等の人材活用の構造的変化を引き起こすことになるでしょう。

具体的には，同一指針案も，既に2018年６月１日の長澤運輸事件とハマキョウレックス事件の両最高裁判決（以下，「6.1最判」という）を受けて精緻化され，「短時間・有期雇用労働者及び派遣労働者に対する不合理な待遇の禁止等に関する指針」（以下，「不合理指針」という）と命名され，2020年４月１日の施行までにさらに関係通達や業務要領等も示されて，パート有期法や改正派遣法に従い行政指導・監督の対象になるものです。しかし，6.1最判は，内容的には，上記改正法や同一指針案等を一部先取りして取り込みながらも，現行労契法20条の解釈として示されています。したがって，企業としては，直ちに，6.1最判と上記改正法等を踏まえた正規・非正規の処遇の均衡に向けた対応

【図表4】雇用形態にかかわらない公正な待遇の確保

「働き方改革実行計画」に基づき，以下に示す法改正を行うことにより，同一企業内における正規雇用労働者と非正規雇用労働者の間の不合理な待遇差の実効ある是正を図る。

1．不合理な待遇差を解消するための規定の整備

○ 短時間・有期雇用労働者に関する同一企業内における正規雇用労働者との不合理な待遇の禁止に関し，個々の待遇ごとに，当該待遇の性質・目的に照らして適切と認められる事情を考慮して判断されるべき旨を明確化。
（有期雇用労働者を法の対象に含めることに伴い，題名を改正（「短時間労働者及び有期雇用労働者の雇用管理の改善等に関する法律」））
○ 有期雇用労働者について，正規雇用労働者と，①職務内容，②職務内容・配置の変更範囲が同一である場合の均等待遇の確保を義務化。
○ 派遣労働者について，①派遣先の労働者との均等・均衡待遇，②一定の要件（同種業務の一般の労働者の平均的な賃金と同等以上の賃金であること等）を満たす労使協定による待遇のいずれかを確保することを義務化。
○ また，これらの事項に関するガイドラインの根拠規定を整備。

2．労働者に対する待遇に関する説明義務の強化

○ 短時間労働者・有期雇用労働者・派遣労働者について，正規雇用労働者との待遇差の内容・理由等に関する説明を義務化。

3．行政による履行確保措置及び裁判外紛争解決手続（行政ＡＤＲ）の整備

○ 1. の義務や2. の説明義務について，行政による履行確保措置及び行政ＡＤＲを整備。

（出所：厚労省ＨＰ）

をしなければなりません。

改正派遣法でも，派遣先正社員との均衡・均等待遇の原則が規定されましたが，派遣元での適用除外労使協定が利用されることが予定され，大きな混乱は回避できるのではないかと予想されます。もちろん，同労使協定の有効性をめぐる紛争は起こることが予想されます。

3　企業対応の遅れのリスク

上記**1**，**2**いずれの対応についても，これらを怠った場合，改正労基法関係では，刑事罰の適用のほか割増賃金請求や過労死等についての損害賠償請求のいずれについても莫大な請求を受ける危険があります。パート有期法関係では，非正規労働者を多く使用している企業においては，非正規労働者の相当数の者から集団訴訟を提起されるリスクがあります。

これらの訴訟リスクにとどまらず，いずれの制度にも，厚労省による企業名公表制度の制裁があり，これらによる風評リスクも，投資家からのコンプライアンス面からの批判や，採用活動での応募者の警戒感の醸成や辞退など，無視できない多様なリスクを背負うことになりかねないことに留意せねばなりません。

Ⅴ　働き方改革法の施行時期と経過措置

厚労省が働き方改革法成立後に，国会審議を踏まえた各改正法の施行時期を整理した図解を示していますので，これを紹介しておきます（**図表５**）。以下の施行時期は，働き方改革法附則で定められています。

改正労基法，パート有期法，改正派遣法で，適用が猶予される中小事業主は，業種ごとの資本金要件と労働者数要件により区分けされ，その資本金の額又は出資の総額が３億円（小売業又はサービス業を主たる事業とする事業主については５千万円，卸売業を主たる事業とする事業主については１億円）以下である事業主及びその常時使用する労働者の数が300人（小売業を主たる事業とする事業主については50人，卸売業又はサービス業を主たる事業とする事業主については100人）以下である事業主をいいます（働き方改革法附則３条が各改正法にも適用されます）。

いずれの要件も満たさない限り中小事業主となるもので対象範囲は広くなっています。

猶予期間中に，この中小事業主でなくなれば，猶予の利益は失われます。

【図表5】働き方改革関連法の施行時期

（網かけは変更部分）

<table>
<tr><th colspan="2">法　律</th><th>大企業</th><th>中小企業</th></tr>
<tr><td colspan="2">雇用対策法</td><td colspan="2">公布日施行
（附則第１条第１号）</td></tr>
<tr><td rowspan="3">労働基準法</td><td>労働時間の上限（第36条等）</td><td rowspan="2">平成31年４月１日</td><td>平成31年４月１日 → 令和２年４月１日（附則第３条第１項）</td></tr>
<tr><td>その他改正事項</td><td>平成31年４月１日</td></tr>
<tr><td>中小企業における割増賃金率の猶予措置の廃止（第138条）</td><td>—</td><td>令和４年４月１日 → 令和５年４月１日（附則第１条第３号）</td></tr>
<tr><td colspan="2">労働安全衛生法，じん肺法，労働時間等設定改善法</td><td colspan="2">平成31年４月１日</td></tr>
<tr><td colspan="2">パートタイム労働法・労働契約法</td><td>平成31年４月１日 → 令和２年４月１日（附則第１条第２号）</td><td>令和２年４月１日 → 令和３年４月１日（附則第11条第１項）</td></tr>
<tr><td colspan="2">労働者派遣法</td><td colspan="2">平成31年４月１日 → 令和２年４月１日
（附則第１条第２号）</td></tr>
</table>

（出所：厚労省ＨＰ。元号については編集部において変更）

【図表6】中小企業該当の有無についての確認表

業　種	（１）資本金の額または出資の総額			（２）常時使用する労働者数（企業全体）		（１）（２）とも該当なし
小 売 業		5,000万円以下	または		50人以下	
サービス業		5,000万円以下			100人以下	
卸 売 業		１億円以下			100人以下	
そ の 他		３億円以下			300人以下	
	▼▼▼ 中小企業			▼▼▼ 中小企業		▼▼▼ 大企業

（例）製造業（「その他」の業種に該当）の場合

・資本金１億円，労働者数100人→中小企業
・資本金１億円，労働者数500人→中小企業
・資本金５億円，労働者数100人→中小企業
・資本金５億円，労働者数500人→大企業

※業種は日本標準産業分類（第13回改訂）に従って，４つに分類されています。

（出所：厚労省ＨＰ）

第2章

改正雇用対策法（労総施策法）への対応

労働者の職業の安定と地位向上のための国の施策と事業主の責務

Ⅰ　雇用対策法改正（労総施策法）の概要

2018年７月６日から施行されている改正雇用対策法（労総施策法）の概要は，次頁の**図表６**の通り，多岐にわたっています。以下，個々の改正点と実務的留意点を検討していきます（以下については，岩出・働き方〔織田康嗣〕56頁以下参照）。

Ⅱ　法律名の変更

1　法律名の変更

改正前雇用対策法は，国の雇用政策の基本方針等を明らかにした法律で，労働力需給の均衡促進を目的とするものです。2007年には，人口減少社会を意識して大改正がなされましたが，今回の働き方改革による改正に伴い，雇用対策法を改正したうえで働き方改革の理念を示す基本法に衣替えすることが労働政策審議会職業安定分科会で提唱され，2017年９月１日の職業安定分科会において雇用対策法の改正案が示され，これに従い，その名称が，「労働施策の総合的な推進並びに労働者の雇用の安定及び職業生活の充実等に関する法律」（以

【図表7】雇用対策法改正の概要

Ⅰ 働き方改革の総合的かつ継続的な推進（雇用対策法の改正）

働き方改革に係る基本的考え方を明らかにするとともに，国は，改革を総合的かつ継続的に推進するための「基本方針」（閣議決定）を定めることとする。

1 題名と目的規定等の改正

○労働施策を総合的に講ずることにより，労働者の多様な事情に応じた雇用の安定及び職業生活の充実，労働生産性の向上を促進して，労働者がその能力を有効に発揮することができるようにし，その職業の安定等を図ることを法の目的として明記する。

○法律の題名を「労働施策の総合的な推進並びに労働者の雇用の安定及び職業生活の充実等に関する法律」とする。

○労働者は，職務及び職務に必要な能力等の内容が明らかにされ，これらに即した公正な評価及び処遇その他の措置が効果的に実施されることにより，職業の安定が図られるように配慮されるものとすることを加える。

2 国の講ずべき施策

○労働者の多様な事情に応じた「職業生活の充実」に対応し，働き方改革を総合的に推進するために必要な施策として，現行の雇用関係の施策に加え，次のような施策を新たに規定する。

▶労働時間の短縮その他の労働条件の改善

▶ 雇用形態又は就業形態の異なる労働者の間の均衡のとれた待遇の確保

▶多様な就業形態の普及

▶ 仕事と生活（育児，介護，治療）の両立

3 事業主の責務

○事業主の役割の重要性に鑑み，その責務に，「職業生活の充実」に対応したものを加える。

▸労働者の労働時間の短縮その他の労働条件の改善など，労働者が生活との調和を保ちつつ意欲と能力に応じて就業できる環境の整備に努めなければならない。

4 基本方針の策定

○国は，労働者がその有する能力を有効に発揮することができるようにするために必要な労働施策の総合的な推進に関する基本方針（閣議決定）を定める。

○基本方針に盛り込む他省庁と連携すべき取組について，厚生労働大臣から関係大臣等に必要な要請を行うことができる。

○厚生労働大臣は，基本方針の案を作成するに当たっては，あらかじめ，都道府県知事の意見を求めるとともに，労働政策審議会の意見を聴かなければならない。

○国は，労働施策をめぐる経済社会情勢の変化を勘案し，必要があると認めるときは，基本方針を変更しなければならない。
（衆議院において修正）

○国は，基本方針に定められた施策の実施について，中小企業における取組が円滑に進むよう，協議会の設置等の連携体制の整備に必要な施策を講ずるように努めるものとする。

（出所：厚労省ＨＰ）

下，「労総施策法」という）に変更されることになりました。

これは，雇用に限らず，広く労働政策につき，同法にて基本方針を明らかにしようとする趣旨によるものです。なお，本章では，以下，労総施策法を単に法と称します。

２　目的規定の改正

法１条では，「少子高齢化による人口構造の変化等の経済社会情勢の変化に対応して，労働に関し，その政策全般にわたり，必要な施策を総合的に講ずることにより，労働市場の機能が適切に発揮され，労働者の多様な事情に応じた雇用の安定及び職業生活の充実並びに労働生産性の向上を促進して，労働者がその有する能力を有効に発揮することができるようにし，これを通じて，労働者の職業の安定と経済社会的地位の向上とを図るとともに，経済及び社会の発展並びに完全雇用の達成に資することを目的とする。」と規定されました（下線は筆者）。

上記下線部分が改正箇所であり，前段の下線部分に関して，改正前雇用対策法では，「雇用」に関して必要な施策を総合的に講じて職業の安定を図る旨規定されていました。法では，これを，さらに広く「労働」に関して必要な施策を総合的に講じるという形に改めています。

また，後段の下線部分について，改正前雇用対策法では，「労働力の需給が質量両面にわたり均衡すること」と定められていましたが，法では，職業に就く機会を確保するという職業の安定に加えて，生活面も含めた職業生活の安定に関して施策を講じることを目的に加えています。さらに，経済成長を継続するには，多様な労働力の参加が必要であること，労働生産性を高めることが必要であるとして，目的規定においてそれらが加えられています。

３　基本的理念規定の改正と企業実務への影響

上記のような法の目的を踏まえ，労働者に対する必要な配慮として，法３条２項では，「労働者は，職務の内容及び職務に必要な能力，経験その他の職務遂行上必要な事項…の内容が明らかにされ，並びにこれらに即した評価方法により能力等を公正に評価され，当該評価に基づく処遇を受けることその他適切な処遇を確保するための措置が効果的に実施されることにより，その職業の安定が図られるように配慮されるものとする。」と新たに規定されました。

この規定は，国の施策を政策方針として示すものであって，直接事業主に対して法的義務を課したりするものではありません。しかし，ここで提唱されている「能力等を公正に評価され，当該評価に基づく処遇を受けることその他適切な処遇を確保する」ことは，国の人事考課に向けたスタンスであり，裁判所における合理的意思解釈の判断要素となり得るもので，私法上の公正評価義務に関する議論（岩出・大系208頁以下参照）にも影響を与えることがあり得るところで，今後の影響を注視すべきです。

Ⅲ　国の講ずべき施策

1　国の講ずべき施策の改正

改正前雇用対策法では，たとえば，職業指導や職業紹介を充実すること，高年齢者の再雇用の促進や多様な就業機会の確保など，法の目的を達成するために国が講じるべき施策が列挙されていました。

2018年改正では，労働者の多様な事情に応じた「職業生活の充実」に対応し，働き方改革を総合的に推進するために必要な施策として，従前の施策に追記される形で，国の講ずべき施策の改正がなされています。

具体的には，以下の①，③が新しく定められ，②については，従前から定められていた内容に，子の養育・家族介護を行う労働者について追加する等の改正がなされました。

①　各人が仕事と生活の調和を保ちつつその意欲及び能力に応じて就業することができるようにするため，労働時間の短縮その他の労働条件の改善，多様な就業形態の普及及び雇用形態又は就業形態の異なる労働者の間の均

衡のとれた待遇の確保等に関する施策を充実すること（法４条１号）

② 女性の職業及び子の養育又は家族の介護を行う者の職業の安定を図るため，雇用の継続，円滑な再就職の促進，母子家庭の母及び父子家庭の父並びに寡婦の雇用の促進その他のこれらの者の就業を促進するために必要な施策を充実すること（法４条６号）

③ 傷病の治療を受ける労働者等の職業の安定を図るため，雇用の継続，雇用管理の改善及び離職を余儀なくされる労働者の円滑な再就職の促進を図るために必要な施策を充実すること（法４条９号）

なお，同条は，国の施策の方向性を示すインデックス規定であり，直接事業主に対して義務を課したり，助成措置を設けたりするものではないと解されています（菅野55頁参照）。しかし，2019年通常国会での改正により，法４条13号が設けられ，同号に基づき，後述第７章のパワハラ防止措置義務等が定められることになりました。

２　基本方針の策定・実施

新たに，国は，労働者がその有する能力を有効に発揮することができるようにするために必要な労働に関する施策の総合的な推進に関する基本方針を定めることになりました（法10条１項）。

厚生労働大臣は，基本方針の案を作成し，閣議の決定を求めなければならず（法10条３項），基本方針の案を作成しようとするときには，あらかじめ，都道府県知事の意見を求めるとともに，労働政策審議会の意見を聴かなければなりません（法10条４項）。

厚生労働大臣は，基本方針の案を作成するため必要があると認めるときには，関係行政機関に対し，資料の提出その他必要な協力を求めることができます（法10条６項）。

また，国は，労働に関する施策をめぐる経済社会情勢の変化を勘案し，基本方針に検討を加え，必要があると認めるときは，これを変更しなければなりません（法10条７項）。

なお，国会の審議において，中小企業への配慮を求めるべく，国は，労働時間の短縮その他の労働条件の改善，多様な就業形態の普及，雇用形態又は就業形態の異なる労働者の間の均衡のとれた待遇の確保その他の基本方針において定められた施策の実施に関し，中小企業における取組が円滑に進むよう，地方公共団体，中小企業者を構成員とする団体その他の事業主団体，労働者団体その他の関係者により構成される協議会の設置その他のこれらの者の間の連携体制の整備に必要な施策を講ずるべき努力義務を定めました（法10条の３）。

3　実務的影響

2018年改正は，第３章で詳述する「時間外労働の上限規制」や，第６章で詳述する「同一労働同一賃金」などの「働き方改革」関連の法改正に対応した最小限の改正ではなく，目的規定にも大幅な変更を加えるなど，これまでの労働法制の枠組みを大きく変える可能性があるものになっています。

そこから，法により，「労働生産性の向上」のための労働強化や人員削減の実施がなされる可能性を懸念する意見もあります。また，**1**①で述べた「多様な就業形態の普及」に「非雇用型の就業」も含まれるとすれば，「国の施策」として「多様な就業形態の普及」としてフリーランサー等の非雇用型の就労を奨励することにもなり，大きな労働政策の方向性の転換につながるものではないのかとの懸念もあります（たとえば，上西充子『静かに行われようとしている雇用対策法の改正―「労働生産性の向上」と「多様な就業形態の普及」―』Yahoo!ニュース2017.09.07記事等参照）。したがって，「働き方改革」の工程表の進捗とともに，今後の法に沿った改革の行方を継続的に注視すべきでしょう。

Ⅳ　事業主の責務

事業主の責務に関しては，雇用対策法６条にて既に定めがありましたが（「事業主は，事業規模の縮小等に伴い離職を余儀なくされる労働者について，当該労働者が行う求職活動に対する援助その他の再就職を行うことにより，その職業の安定を図るように努めなければならない。」)，今回の法改正では，これに，事業主の責務を新しく１つ加える形で改正がされました。

ただし，これは事業者に対して新たに義務を創設するものではなく，むしろ，各法律によって，既に存在している責務を確認的に規定する趣旨だと解されます（たとえば，ワーク・ライフ・バランスに関して，労働契約法３条３項では，「労働契約は，労働者及び使用者が仕事と生活の調和にも配慮しつつ締結し，又は変更すべきものとする。」と定められているなど，既に各法律によって，その趣旨が盛り込まれています)。

なお，改正法においても，事業主の具体的な義務として，労働者の募集及び採用について，年齢にかかわりない均等な機会を与えなければならないこと(法９条)，事業縮小等に関して，再就職援助計画の作成をしなければならないこと（法24条１項)，外国人の雇入れ及び離職について届出をしなければならないこと（法28条１項）が定められていますが，これらは改正前雇用対策法から変更はありません。

なお，厚労省は，2019年通常国会で，労総施策法の改正により，パワハラ防止対策措置義務等の立法化を行いました（ベースは「女性の職業生活における活躍の推進及び職場のハラスメント防止対策等の在り方について（報告書)」(労働政策審議会雇用環境・均等分科会（旧雇用均等分科会)，2019年２月14日)。詳細は，後述，第７章参照)。

第 3 章

2018年改正労基法

時間外労働の罰則付き規制と高プロ制度導入等

I　改正労基法の概要

2018年には，長時間労働の是正，多様で柔軟な働き方の実現等のため，27年建議を踏まえて国会に提出された前述の2015年改正労基法案を廃案として同法案の一部を修正（企画業務型裁量労働制の適用範囲拡大の削除）した内容と，政府の働き方改革実現会議が2017年３月28日に打ち出した働き方改革実行計画（以下「働き方改革実行計画」という）に沿って，労基法36条の時間外限度基準や特別条項の上限時間を罰則付きで法文化して規制強化した改正は，労基法の成立以来最大とも言われる大改正となっています（以下，本章では「改正法」という）。その概要は**図表８**の通りです。

なお，以下で各改正点の解説・留意点等を解説します。なお，既に政省令・通達・指針，労使協定締結事項，就業規則に定めるべき内容，届出様式等も明示されていますが，さらにQ＆A等も充実化して示されています（通達・基準・指針としては，平30基本通達，平30労基法解釈，上限指針，高プロ通達を，書式やQ&A 等を含んだ啓発パンフとしては，上限規制解説，時季指定解説，フレックス解説，高プロ解説を，改正労基法 Q&A については，平30労基法 Q&A 等を参照。それぞれ，厚労省 HP 掲載）。

したがって，ここでは，あくまで，従前の議論を踏まえての留意点を指摘し

【図表８】2018年改

1 労働時間に関する制度の見直し（労働基準法，労働安全衛生法）

（1） 長時間労働の是正

① 時間外労働の上限規制の導入

・時間外労働の上限について，月45時間，年360時間を原則とし，臨時的な特別な事情がある場合でも年

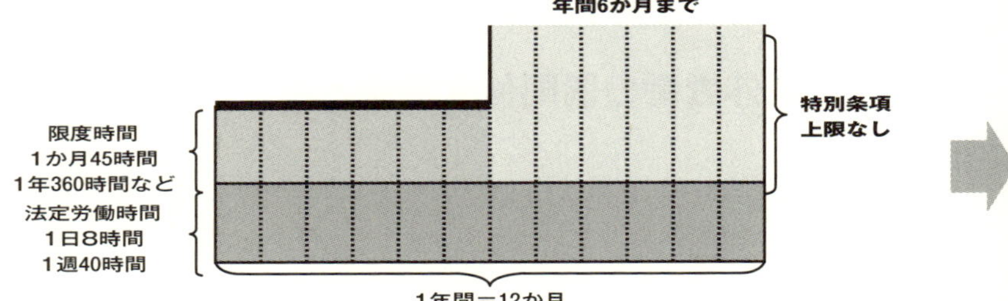

【適用猶予・除外の事業・業務】

自動車運転の業務	改正法施行5年後に，時間外労働の上限規制を適用。上限時間は，年960
建設事業	改正法施行5年後に，一般則を適用。（ただし，災害時における復旧・復 将来的な一般則の適用について引き続き検討する旨を附則に規定。）。
医師	改正法施行5年後に，時間外労働の上限規制を適用。 具体的な上限時間等は省令で定めることとし，医療界の参加による検討の
鹿児島県及び沖縄県における砂糖製造業	改正法施行５年間は，１か月100時間未満・複数月80時間以内の要件は適
新技術・新商品等の研究開発業務	医師の面接指導（※），代替休暇の付与等の健康確保措置を設けた上で， ※時間外労働が一定時間を超える場合には，事業主は，その者に必ず医

※行政官庁は，当分の間，中小事業主に対し新労基法第36条第９項の助言及び指導を行うに当たってい
する。（経過措置）

＜参照条文：改正後の労働基準法第36条７項・９項＞

② 中小企業における月60時間超の時間外労働に対する割増賃金の見直し 平成27年法案と同内容

・月60時間を超える時間外労働に係る割増賃金率（50％以上）について，中小企業への猶予措置を廃止

③ 一定日数の年次有給休暇の確実な取得 平成27年法案と同内容

・使用者は，10日以上の年次有給休暇が付与される労働者に対し，５日について，毎年，時季を指定し
ついては指定の必要はない）。

④ 労働時間の状況の把握の実効性確保

・労働時間の状況を省令で定める方法（※）により把握しなければならないこととする。（労働安全衛生法
※省令で使用者の現認や客観的な方法による把握を原則とすることを定める

（2） 多様で柔軟な働き方の実現

① フレックスタイム制の見直し

・フレックスタイム制の「清算期間」の上限を１か月から３か月に延長する。 平成27年法案と同内容

② 特定高度専門業務・成果型労働制（高度プロフェッショナル制度）の創設

・職務の範囲が明確で一定の年収（少なくとも1,000万円以上）を有する労働者が，高度の専門的知識を
と，本人の同意や委員会の決議等を要件として，労働時間，休日，深夜の割増賃金等の規定を適用除

平成27年法案からの修正点	・健康確保措置として，年間104日の休日確保措置を義務化。加えて，①インターバル 措置の実施を義務化（選択的措置）。

・また，制度の対象者について，在社時間等が一定時間を超える場合には，事業主は，その者に必ず医

働基準法の概要

，単月100時間未満（休日労働含む），複数月平均80時間（休日労働含む）を限度に設定。

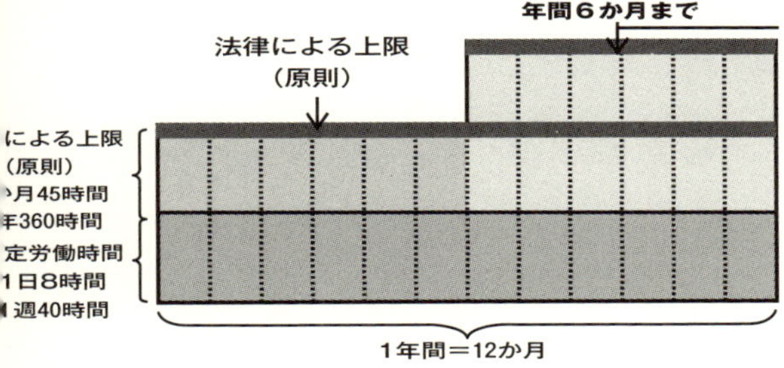

，将来的な一般則の適用について引き続き検討する旨を附則に規定。
業については，１か月100時間未満・複数月平均80時間以内の要件は適用しない。この点についても，
おいて，規制の具体的あり方，労働時間の短縮策等について検討し，結論を得る。
ない。（改正法施行５年後に，一般則を適用）
外労働の上限規制は適用しない。 よる面接指導を受けさせなければならないこととする。（労働安全衛生法の改正）

小企業における労働時間の動向，人材の確保の状況，取引の実態等を踏まえて行うよう配慮するものと

（平成35年４月１日施行）

えなければならないこととする（労働者の時季指定や計画的付与により取得された年次有給休暇の日数分に

正）

とする等の業務に従事する場合に，年間104日の休日を確実に取得させること等の健康確保措置を講じるこ
する。

②１月又は３月の在社時間等の上限措置，③２週間連続の休日確保措置，④臨時の健康診断のいずれかの

よる面接指導を受けさせなければならないこととする。（※労働安全衛生法の改正）

（出所：厚労省ＨＰ）

ておきます（当面の就業規則や労使協定例については，岩出・就規３版〔岩出誠〕35頁以下，ロア・改正労基法117頁以下参照）。

Ⅱ　長時間労働の是正

1　長時間労働の是正

⑴　改正の趣旨・方向性

従前の時間外労働の規制では，いわゆる36協定で定める時間外労働の限度を厚生労働大臣の限度基準で定めています。ここでは，36協定で締結できる時間外労働の上限を，原則，月45時間以内，かつ年360時間以内と定めていますが，罰則等による強制力がない上，臨時的な特別の事情がある場合として，労使が合意して特別条項を設けることで，上限なく時間外労働が可能となっていました（岩出・大系248頁）。

今回の法改正は，まさに，従前の限度基準を法律に格上げし，罰則による強制力を持たせるとともに，従来，上限なく時間外労働が可能となっていた臨時的な特別の事情がある場合として労使が合意した場合であっても，上回ることのできない上限を設定するものです。すなわち，従前の基準を厳しくして，かつ，法律により強制力を持たせたものであり，極めて厳しい内容となっています（既に，「労働基準法第36条第１項の協定で定める労働時間の延長および休日の労働について留意すべき事項等に関する指針」平30厚労告323号〈以下，「上限指針」という〉）が発出されています）。

⑵　罰則付き時間外労働の上限規制

㈠　上限時間の法文化

週40時間を超えて労働可能となる時間外労働の限度を，限度基準から法文化し，原則として，月45時間，かつ年360時間としました（３か月を超える変形労働時間制を利用している場合には月42時間，かつ年320時間。改正法36条４項)。

特例として，臨時的な特別の事情がある場合として，労使が合意して労使協定（いわゆる特別条項）を結ぶ場合においても，上回ることができない時間外労働時間を年720時間（＝月平均60時間）とされました（同５項)。かつ，年720時間以内において，一時的に事務量が増加する場合について，最低限，上回ることのできない上限を設けています。

この上限について，

① ２か月，３か月，４か月，５か月，６か月の平均で，いずれにおいても，休日労働を含んで，80時間以内を満たさなければならないとされています（同６項３号)。

② 単月では，休日労働を含んで100時間未満を満たさなければならないとします（同６項２号)。

③ 加えて，時間外労働の限度の原則は，月45時間，かつ，年360時間であることに鑑み，これを上回る特例の適用は，年半分を上回らないよう，年６回を上限とされています（同５項)。

【図表９】上限規制の枠組

<table>
<tr><th>原　　則</th><th>特　　例</th></tr>
<tr><td>• 月45時間</td><td rowspan="4">①年720時間
②休日労働を含み，2か月ないし6か月平均で80時間以内
③休日労働を含み，単月で100時間未満
④原則である月45時間（1年単位の変形労働時間制の場合は42時間）の時間外労働を上回る回数は，年6回まで</td></tr>
<tr><td>• 年360時間</td></tr>
<tr><td>（1年単位の変形労働時間制の場合）
• 月43時間</td></tr>
<tr><td>• 年320時間</td></tr>
</table>

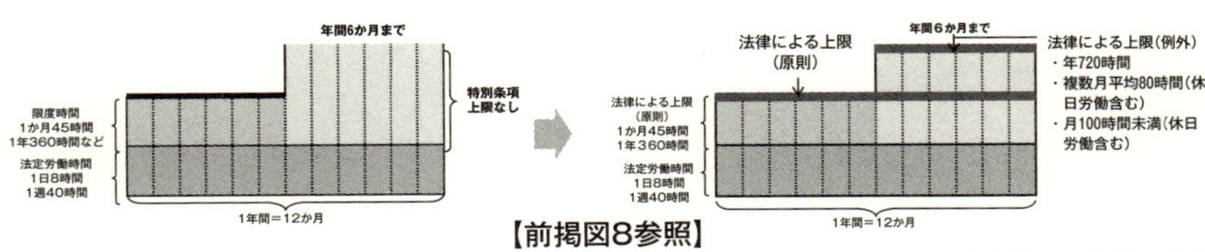

【前掲図8参照】

（出所：厚労省ＨＰ）

上記の各規定を図解すると**図表９**のような構造になっています。

留意すべきは，改正法36条６項の時間外・休日労働時間の罰則付上限規制は，上記図表９では，あたかも特別条項の場合だけの規制に見えますが，これは誤解です。なぜなら，特別条項を締結せずに，通常の月45時間上限の36協定を締結し，時間外労働をその範囲内で抑えても，休日労働が月55時間を超せば（毎週14時間以上の休日労働をした場合など）には，月の上限100時間を超えてしまうことになるからです。

他方，労使が上限値までの協定締結を回避する努力が求められる点で合意したことに鑑み，さらに可能な限り労働時間の延長を短くするため，新たに改正法に指針を定める規定が設けられ（同７項），既述の上限指針として告示され，労基署は，上限指針※に関し，使用者及び労働組合等に対し，必要な助言・指導を行えるようになりました（同９項）。労基署は，この助言及び指導を行うに当たっては，労働者の健康が確保されるよう特に配慮しなければなりません（同10項）。上限指針では，従前の限度基準の内容や健康確保措置に関する措置の協定化などが求められています。上限時間の算定につき，平30労基法解釈第２の「転勤の場合」につき，「同一企業内のＡ事業場からＢ事業場へ転勤した労働者について，①法第36条第４項に規定する限度時間，②同条第５項に規定する１年についての延長時間の上限，③同条第６項第２号及び第３号の時間数の上限は，両事業場における当該労働者の時間外労働時間数を通算して適用するのか。」との問７につき，「①法第36条第４項に規定する限度時間及び②同条第５項に規定する１年についての延長時間の上限は，事業場における時間外・休日労働協定の内容を規制するものであり，特定の労働者が転勤した場合は通算されない。これに対して，③同条第６項第２号及び第３号の時間数の上限は，労働者個人の実労働時間を規制するものであり，特定の労働者が転勤した場合は法第38条第１項の規定により通算して適用される。」とするなど，疑問な点もありますが，実務的対応としては留意せねばなりません（問７・答７）。同様の取扱いは出向の場合についても指摘されています（問19・答19）。

この指針は重要なものなので全文を掲載します。

※上限指針

○厚生労働省告示第323号

労働基準法（昭和22年法律第49号）第36条第７項の規定に基づき，労働基準法第36条第１項の協定で定める労働時間の延長及び休日の労働について留意すべき事項等に関する指針を次のように定める。

平成30年９月７日

厚生労働大臣　加藤　勝信

労働基準法第36条第１項の協定で定める労働時間の延長及び休日の労働について留意すべき事項等に関する指針

（目的）

第１条　この指針は，労働基準法（昭和22年法律第419号。以下「法」という。）第36条第１項の協定（以下「時間外・休日労働協定」という。）で定める労働時間の延長及び休日の労働について留意すべき事項，当該労働時間の延長に係る割増賃金の率その他の必要な事項を定めることにより，労働時間の延長及び休日の労働を適正なものとすることを目的とする。

（労使当事者の責務）

第２条　法第36条第１項の規定により，使用者は，時間外・休日労働協定をし，これを行政官庁に届け出ることを要件として，労働時間を延長し，又は休日に労働させることができることとされているが，労働時間の延長及び休日の労働は必要最小限にとどめられるべきであり，また，労働時間の延長は原則として同条第３項の限度時間（第５条，第８条及び第９条において「限度時間」という。）を超えないものとされていることから，時間外・休日労働協定をする使用者及び当該事業場の労働者の過半数で組織する労働組合がある場合においてはその労働組合，労働者の過半数で組織する労働組合がない場合においては労働者の過半数を代表する者（以下「労使当事者」という。）は，これらに十分留意した上で時間外・休日労働協定をするように努めなければならない。

（使用者の責務）

第３条　使用者は，時間外・休日労働協定において定めた労働時間を延長して労働させ，及び休日において労働させることができる時間の範囲内で労働させた場合であっても，労働契約法（平成19年法律第128号）第５条の規定に基づく安全配慮義務を負うことに留意しなければならない。

2　使用者は，「脳血管疾患及び虚血性心疾患等（負傷に起因するものを除く。）の認定基準について」（平成13年12月12日付け基発第1063号厚生労働省労働基準局長通達）において，1週間当たり40時間を超えて労働した時間が1箇月においておおむね45時間を超えて長くなるほど，業務と脳血管疾患及び虚血性心疾患（負傷に起因するものを除く。以下この項において「脳・心臓疾患」という。）の発症との関連性が徐々に強まると評価できるとされていること並びに発症前1箇月間におおむね100時間又は発症前2箇月間から6箇月間までにおいて1箇月当たりおおむね80時間を超える場合には業務と脳・心臓疾患の発症との関連性が強いと評価できるとされていることに留意しなければならない。

（業務区分の細分化）

第4条　労使当事者は，時間外・休日労働協定において労働時間を延長し，又は休日に労働させることができる業務の種類について定めるに当たっては，業務の区分を細分化することにより当該業務の範囲を明確にしなければならない。

（限度時間を超えて延長時間を定めるに当たっての留意事項）

第5条　労使当事者は，時間外・休日労働協定において限度時間を超えて労働させることができる場合を定めるに当たっては，当該事業場における通常予見することのできない業務量の大幅な増加等に伴い臨時的に限度時間を超えて労働させる必要がある場合をできる限り具体的に定めなければならず，「業務の都合上必要な場合」，「業務上やむを得ない場合」など恒常的な長時間労働を招くおそれがあるものを定めることは認められないことに留意しなければならない。

2　労使当事者は，時間外・休日労働協定において次に掲げる時間を定めるに当たっては，労働時間の延長は原則として限度時間を超えないものとされていることに十分留意し，当該時間を限度時間にできる限り近づけるように努めなければならない。

一　法第36条第5項に規定する1箇月について労働時間を延長して労働させ，及び休日において労働させることができる時間

二　法第36条5項に規定する1年について労働時間を延長して労働させることができる時間

3　労使当事者は，時間外・休日労働協定において限度時間を超えて労働時間を延長して労働させることができる時間に係る割増賃金の率を定めるに当たっては，当該割増賃金の率を，法第36条第1項の規定により延長した労働時間の労働について法第37条第1項の政令で定める率を超える率とするように努めな

ければならない。

（１箇月に満たない期間において労働する労働者についての延長時間の目安）

第６条　労使当事者は，期間の定めのある労働契約で労働する労働者その他の１箇月に満たない期間において労働する労働者について，時間外・休日労働協定において労働時間を延長して労働させることができる時間を定めるに当たっては，別表の上欄に掲げる期間の区分に応じ，それぞれ同表の下欄に掲げる目安時間を超えないものとするように努めなければならない。

（休日の労働を定めるに当たっての留意事項）

第７条　労使当事者は，時間外・休日労働協定において休日の労働を定めるに当たっては労働させることができる休日の日数をできる限り少なくし，及び休日に労働させる時間をできる限り短くするように努めなければならない。

（健康福祉確保措置）

第８条　労使当事者は，限度時間を超えて労働させる労働者に対する健康及び福祉を確保するための措置について，次に掲げるもののうちから協定することが望ましいことに留意しなければならない。

一　労働時間が一定時間を超えた労働者に医師による面接指導を実施すること。

二　法第37条第４項に規定する時刻の間において労働させる回数を１箇月について一定回数以内とすること。

三　終業から始業までに一定時間以上の継続した休息時間を確保すること。

四　労働者の勤務状況及びその健康状態に応じて，代償休日又は特別な休暇を付与すること。

五　労働者の勤務状況及びその健康状態に応じて，健康診断を実施すること。

六　年次有給休暇についてまとまった日数連続して取得することを含めてその取得を促進すること。

七　心とからだの健康問題についての相談窓口を設置すること。

八　労働者の勤務状況及びその健康状態に配慮し，必要な場合には適切な部署に配置転換をすること。

九　必要に応じて，産業医等による助言・指導を受け，又は労働者に産業医等による保健指導を受けさせること。

（適用除外等）

第９条　法第36条第11項に規定する業務に係る時間外・休日労働協定については，第５条，第６条及び前条の規定は適用しない。

2　前項の時間外・休日労働協定をする労使当事者は，労働時間を延長して労働させることができる時間を定めるに当たっては，限度時間を勘案することが望ましいことに留意しなければならない。

3　第１項の時間外・休日労働協定をする労使当事者は，１箇月について45時間又は１年について360時間（法第32条の４第１項第２号の対象期間とし３箇月を超える期間を定めて同条の規定により労働させる場合にあっては，１箇月について42時間又は１年について320時間）を超えて労働時間を延長して労働させることができることとする場合においては，当該時間外・休日労働協定において当該時間を超えて労働させる労働者に対する健康及び福祉を確保するための措置を定めるように努めなければならず，当該措置については，前条各号に掲げるもののうちから定めることが望ましいことに留意しなければならない。

附　則

1　この告示は，平成31年４月１日から適用する。

2　労働基準法第36条第１項の協定で定める労働時間の延長の限度等に関する基準（平成10年労働省告示第154号）は，廃止する。

3　法第139条第２項，第140条第２項，第141条第４項又は第142条の規定の適用を受ける時間外・休日労働協定に対する第９条の規定の適用については，平成36年３月31日までの間，同条第１項中「法第36条第11項に規定する業務に係る時間外・休日労働協定」とあるのは，「法第139条第２項，第140条第２項，第141条第４項及び第142条の規定の適用を受ける時間外・休日労働協定」とし，同条第３項の規定は適用しない。

別表（第６条関係）

期　間	目安時間
１週間	15時間
２週間	27時間
４週間	43時間

備考　期間が次のいずれかに該当する場合は，目安時間は，当該期間の区分に応じ，それぞれに定める時間（その時間に１時間未満の端数があるときは，これを１時間に切り上げる。）とする。

一　１日を超え１週間未満の日数を単位とする期間15時間に当該日数を７で除して得た数を乗じて得た時間

二　１週間を超え２週間未満の日数を単位とする期間27時間に当該日数14で除して得た数を乗じて得た時間

三　２週間を超え４週間未満の日数を単位とする期間43時間に当該日数を28で除して得た数を乗じて得た時間（その時間が27時間を下回るときは，27時間）

(イ)　罰則の適用関係

今回の改正の最大の目玉として，上記上限規制違反には罰則を課しています。ただし，36条６項違反とそれ以外の同１項～５項違反では扱いが異なっています。たとえば，４項や５項の違反については，従前の限度基準違反自体は法令違反ではなかったのとは異なり，法令に違反したものして36協定が無効となり，同協定の免罰的効果が及ばず，改正法32条違反として同119条１号違反となるものと解されます（この点，2017年10月19日「働き方改革を推進するための関係法律の整備に関する法律案要綱」の注で，「なお，一の要件に適合しない一の１の協定は無効となり，第三十二条等の違反を構成する。」と付言しているのも同旨と解されます）。

これに対して，改正法36条６項違反は119条に明示され，時間外労働・休日労働の合計労働時間が６項の限度時間を超えて労働させた行為自体が罰則対象となっています。

さらに，36協定や特別条項なしに上記上限規制を超過した場合の罰則適用については，従前の事実上の労働関係への法理（小島撚糸事件・最一小判昭35・７・14刑集14巻９号1139頁，岩出・大系31～32頁）と同様な処理がなされ，罰則の適用を受けるものと解されます。

(ウ)　適用除外事業の取扱い

改正法では，限度基準の適用除外制度の取扱いにつき，前記概要図解（52・53頁の図表８）のように定められました（平30基本通達第２の10参照）。

(A)　自動車の運転業務

自動車の運転業務については，現行制度では限度基準告示の適用除外とされています。その特殊性を踏まえ，拘束時間の上限を定めた「自動車運転者の労働時間等の改善のための基準」で自動車運送事業者への監督を行っていますが，限度基準告示の適用対象となっている他業種と比べて長時間労働が認められています。これに対し，今回は，罰則付きの時間外労働規制の適用除外とせず，改正法の一般則の施行期日の５年後の2024年に，年960時間（＝月平均80時間）以内の規制を適用することとし，かつ，将来的には一般則の適用を目指す旨の規定が設けられました（改正法140条，労基則69条２項）。2024年の施行に向けて，荷主を含めた関係者で構成する協議会で労働時間の短縮策を検討するなど，長時間労働を是正するための環境整備を強力に推進することが予定されています。

なお，平30基本通達（第２の10）は，以下の点を指摘しています。

ア　猶予対象となる業務の範囲（新労基則第69条第２項関係）

新労基法第140条により時間外労働の上限規制の適用が猶予される自動車の運転の業務の範囲は，新労基則第69条第２項に規定する業務をいうものであり，自動者運転者の労働時間等の改善のための基準（平成元年労働省告示第７号）の対象となる自動車運転者の業務と同義であること。

イ　平成36年３月31日までの新労基法第36条の適用（新労基法第140条第２項及び新労基則第71条関係）

平成36年３月31日（同日及びその翌日を含む期間を定めている時間外・休日労働協定に関しては，当該協定に定める期間の初日から起算して１年を経過する日）までの間，時間外・休日労働協定においては，①１日，②１日を超え３箇月以内の範囲で労使当事者が定める期間，③１年についての延長時間を協定するものであり，限度時間（新労基法第36条第３項及び第４項），時間外・休日労働協定に特別条項を設ける場合の要件（新労基法第36条第５項），１箇月について労働時間を延長して労働させ，及び休日において労働させた時間の上限（新労基法第36条第６項第２号及び第３号）についての規定は適用されないものであること。

また，新労基則第17条第１項第３号から第７号までの規定は適用されないものであること。

ウ　平成36年４月１日以降の新労基法第36条の適用（新労基法第140条第１項関

係）

平成36年４月１日以降は，当分の間，１箇月について労働時間を延長して労働させ，及び休日において労働させた時間の上限（新労基法第36条第６項第２号及び第３号）についての規定は適用されず，特別条項において定める時間外・休日労働時間数は，労使当事者間において，１箇月については事業場の実情に応じた時間数を，１年については960時間を超えない範囲内の時間数をそれぞれ協定するものであること。

(B)　建設事業

建設事業については，現行では限度基準告示の適用除外とされています。これに対し，今回は，罰則付きの時間外労働規制の適用除外とせず，改正法の一般則の施行期日の５年後に，罰則付き上限規制の一般則を適用します（改正法139条。ただし，復旧・復興の場合については，単月で100時間未満，２か月ないし６か月の平均で80時間以内の条件は適用しない）。併せて，将来的には一般則の適用を目指す旨の規定を設けることとします。５年後の2024年の施行に向けて，発注者の理解と協力も得ながら，労働時間の段階的な短縮に向けた取組を強力に推進することが予定されています。

なお，建設事業の認定につき労基則附則69条が新設され，特に同条１項２号に「二　事業場の所属する企業の主たる事業が法別表第一第三号に掲げる事業である事業場における事業」と規定された「主たる事業」の意義が，従前の運用・解釈を変えるものか否かが問題となります。すなわち，従前の労基署の対応では各労基署ごとに判断が分かれていたものの，たとえば，A企業において，製造業部門と建設部門が分かれていた場合に，部門ごとに事業場単位を変えて，別個の36協定の締結を認め，建設業部門の36協定には建設業として，限度基準の適用除外を認めていました。そこで，今回の改正がこの運用を変えるものか否かが問題となり得るのです。

私見では，各部門が，指揮命令系統の分離，衛生委員会等も別個立ち上げているような場合は，各部門ごとに「主たる事業」を判断すれば足り，従前通りの運用を認めるものと解されます。しかし，2019年４月１日以降の厚労省の出方を注視すべきです。

なお，平30基本通達（第２の10）は，以下の点を指摘しています。

ア　猶予対象となる事業の範囲（新労基則第69条第１項関係）

新労基法第139条により時間外労働の上限規制の適用が猶予される工作物の建設等の事業の範囲は，新労基則第69条第１項各号に掲げる事業をいうものであること。

新労基則第69条第１項第２号に規定する事業とは，建設業に属する事業の本店，支店等であって，労働基準法別表第１第３号に該当しないものをいうものであること。

また，新労基則第69条第１項第３号に規定する事業については，当該事業において交通誘導警備の業務を行う労働者に限るものであること。

イ　平成36年３月31日までの新労基法第36条の適用（新労基法第139条第２項及び新労基則第71条関係）

平成36年３月31日（同日及びその翌日を含む期間を定めている時間外・休日労働協定に関しては，当該協定に定める期間の初日から起算して１年を経過する日）までの間，時間外・休日労働協定においては，①１日，②１日を超え３箇月以内の範囲で労使当事者が定める期間，③１年についての延長時間を協定するものであり，限度時間（新労基法第36条第３項及び第４項），時間外・休日労働協定に特別条項を設ける場合の要件（新労基法第36条第５項），１箇月について労働時間を延長して労働させ，及び休日において労働させた時間の上限（新労基法第36条第６項第２号及び第３号）についての規定は適用されないものであること。

また，新労基則第17条第１項第３号から第７号までの規定は適用されないものであること。

ウ　平成36年４月１日以降の新労基法第36条の適用（新労基法第139条第１項関係）

平成36年４月１日以降は，災害時における復旧及び復興の事業を除き，工作物の建設等の事業に対して新労基法第36条の規定が全面的に適用されるものであること。
　災害時における復旧及び復興の事業については，平成36年４月１日以降も，当分の間，１箇月について労働時間を延長して労働させ，及び休日において労働させた時間の上限（新労基法第36条第６項第２号及び第３号）についての規定は適用されず，特別条項において定める１箇月の時間外・休日労働時間数は，労使当事者間において，事業場の実情に応じた時間数を協定するものであること。

⒞　医　　師

　医師については，時間外労働規制の対象としますが，医師法に基づく応召義務等の特殊性を踏まえた対応が必要です。具体的には，改正法の施行期日の５年後の2024年を目途に規制を適用することとし（改正法141条，労基則71条），医療界の参加の下で検討の場を設け，質の高い新たな医療と医療現場の新たな働き方の実現を目指し，２年後を目途に規制の具体的な在り方，労働時間の短縮策等について検討し，結論を得ることとされています（既に，2019年３月「医師の働き方改革に関する検討会最終報告」が示され，健康確保措置を踏まえた，「地域医療確保暫定特例水準」や「診療従事勤務医に2024年度以降適用される水準」などの特定措置の設置が提言されています）。

　留意すべきは，適用猶予は，医業ではなく医師のみであり，看護師，パラメディカル，医療事務職員には猶予措置は無いという点です。

　なお，平30基本通達（第２の10）は，以下の点を指摘しています。

ア　猶予対象となる医師の範囲（新労基法第141条第１項関係）
　新労基法第141条第１項に規定する医師の範囲については，有識者による検討結果等を踏まえながら，今後厚生労働省令で定めることとしているものであること。

イ　平成36年３月31日までの新労基法第36条の適用（新労基法第141条第４項及び新労基則第71条関係）
　平成36年３月31日（同日及びその翌日を含む期間を定めている時間外・休

日労働協定に関しては，当該協定に定める期間の初日から起算して１年を経過する日）までの間，時間外・休日労働協定においては，①１日，②１日を超え３箇月以内の範囲で労使当事者が定める期間，③１年についての延長時間を協定するものであり，限度時間（新労基法第36条第３項及び第４項），時間外・休日労働協定に特別条項を設ける場合の要件（新労基法第36条第５項），１箇月について労働時間を延長して労働させ，及び休日において労働させた時間の上限（新労基法第36条第６項第２号及び第３号）についての規定は適用されないものであること。

また，新労基則第17条第１項第３号から第７号までの規定は適用されないものであること。

ウ　平成36年４月１日以降の新労基法第36条の適用（新労基法第141条第１項から第３項まで関係）

平成36年４月１日以降は，当分の間，労働時間を延長して労働させることができる時間を協定するに当たっては，新労基法第36条第２項第２号の対象期間における時間数を協定するものであり，１日，１箇月及び１年の区分は設けないものであること。また，新労基法第36条第２項第３号に基づき協定する時間外労働の原則的上限については，別途厚生労働省令で定めることとしたものであること。

また，時間外・休日労働協定に特別条項を設ける場合の協定事項や時間外・休日労働時間数の上限については，新労基法第36条第５項によらず，別途厚生労働省令で定めることとしたものであること。

さらに，時間外・休日労働協定で定めるところにより労働させる場合の実労働時間数の上限については，新労基法第36条第６項によらず，別途厚生労働省令で定めることとしたものであること。

(D)　鹿児島県及び沖縄県における砂糖製造業

鹿児島県及び沖縄県における砂糖製造業については，改正法施行後５年間，つまり，2024年３月31日までは，１か月100時間未満・複数月80時間以内の要件は適用しません（改正法施行５年後に，一般則を適用。改正法142条）。

なお，平30基本通達が以下の点を指摘しています。

> 新労基則第17条第１項第３号から第７号までの規定は適用されないものであること。
> 平成36年４月１日以降は，新労基法第36条の規定が全面的に適用されるものであること。

(E)　新技術，新商品等の研究開発の業務

新技術，新商品等の研究開発の業務については，限度基準では適用除外とされています。これについては，専門的，科学的な知識，技術を有する者が従事する新技術，新商品等の研究開発の業務の特殊性が存在します。このため，医師による面接指導，代替休暇の付与など実効性のある健康確保措置を課すことを前提に（改正安衛法66条の８の２「事業者は，その労働時間が労働者の健康の保持を考慮して厚生労働省令で定める時間を超える労働者（労働基準法第36条第11項に規定する業務に従事する者（同法第41条各号に掲げる者及び第66条の８の４第１項に規定する者を除く。）に限る。）に対し，厚生労働省令安衛則52条の７の２で定めるところにより，医師による面接指導を行わなければならない。」），現行制度で対象となっている範囲を超えた職種に拡大することのないよう，その対象を明確化した上で適用除外が継続されます（改正法36条11項）。

なお，平30基本通達第２の９で以下の点を指摘しています。

> 新たな技術，商品又は役務の研究開発に係る業務とは，専門的，科学的な知識，技術を有する者が従事する新技術，新商品等の研究開発の業務をいうものであること。

(エ)　事前に予測できない災害その他事項の取扱い

突発的な事故への対応を含め，事前に予測できない災害その他避けることのできない事由については，労基法33条による労働時間の延長の対象となっており，この措置は継続されます。措置の内容については，2017年３月28日「働き方改革実行計画」（本書18頁参照）では，サーバーへの攻撃によるシステムダウ

ンへの対応や大規模なリコールへの対応なども含まれることが追って通達により，明確化されるとされていましたが，平30基本通達には言及がなく，今回は見送られたようです。

(オ) 企業本社への監督指導等の強化

過重労働撲滅のための特別チーム（いわゆる「かとく」）による重大案件の捜査などを進めるとともに，企業トップの責任と自覚を問うため，違法な長時間労働等が複数事業場で認められた企業などには，従来の事業場単位だけではなく，企業本社への立ち入り調査や，企業幹部に対するパワハラ対策を含めた指導を行い，全社的な改善を求められます。また，企業名公表制度について，複数事業場で月80時間超の時間外労働違反がある場合などに拡大して強化されます。この点は，既述の平29・1・20基発0120第1号の追認になっています。

(カ) 36協定に関する経過措置

留意すべきは，働き方改革法附則2条（平30基本通達参照）により，改正法36条の規制は，①2019年4月1日以後の期間のみを定めている36協定について適用するものであること，②2019年3月31日を含む期間を定めている36協定については，当該協定に定める期間の初日から起算して1年を経過する日までの間については，なお従前の例によることとし，改正前の労基法36条，労基則，および限度基準告示等が適用されるものであることとされている点です。

そうすると，2019年3月31日に，仮に，期間を2年とする2021年3月30日までを有効期間とする36協定を締結していれば，36協定の有効期間を1年間とするのが望ましいとの通達（平11・3・31基発169号）との関係等から指導を受けるものの，罰則付上限規制の適用は，同協定締結後1年を経過する2020年3月30日までは受けないことになります。

企業としては，これを利用することへの風評リスクや，かかる労使協定締結への労働者代表からの反発による締結拒否のリスクも踏まえつつ対応すべきでしょう。平30基本通達第2の14(1)は，次のように指摘しています。

14　経過措置（整備法附則第２条及び第３条関係）

(1)　時間外・休日労働協定に関する経過措置（整備法附則第２条関係）

新労基法第36条の規定（新労基法第139条第２項，第140条第２項，第141条第４項及び第142条の規定により読み替えて適用する場合を含む。）は，平成31年４月１日以後の期間のみを定めている時間外・休日労働協定について適用するものであること。

平成31年３月31日を含む期間を定めている時間外・休日労働協定については，当該協定に定める期間の初日から起算して１年を経過する日までの間については，なお従前の例によることとし，改正前の労働基準法第36条，労働基準法施行規則及び限度基準告示等が適用されるものであること。

(キ)　施行時期等の中小事業主向け猶予措置

施行時期は，原則，2019年４月１日ですが，中小事業主（その範囲については前述42頁参照）における時間外労働の上限規制に係る改正規定の適用は2020年４月１日です。

さらに，行政官庁は，当分の間，中小事業主に対し改正法36条９項の助言及び指導を行うに当たっては，中小企業における労働時間の動向，人材の確保の状況，取引の実態等を踏まえて行うよう配慮するものとされました（働き方改革法附則第３条の経過措置。厚労省ＨＰ参照）。

留意すべきは，平30基本通達により，中小事業主に対しては，施行日の前日2020年３月31日を含む期間を定めている時間外・休日労働協定については，当該協定に定める期間の初日から起算して１年を経過する日までの間については，なお従前の例によることとされた点です。

そうすると，2020年３月31日に，仮に，期間を２年とする2022年３月30日までを有効期間とする36協定を締結していれば，36協定の有効期間を１年間とするのが望ましいとの通達（平11・３・31基発169号）との関係や，下記努力義務の関係等から指導を受けるものの，罰則付上限規制の適用は，同協定締結後１年を経過する2021年３月30日までは受けないことになっています。

企業としては，これを利用することの風評リスクや，かかる労使協定締結への労働者代表からの反発による締結拒否のリスクも踏まえつつ対応すべきでしょう。

〈平30基本通達第2の14(2)後段〉

> 平成32年3月31日を含む期間を定めている時間外・休日労働協定については，当該協定に定める期間の初日から起算して1年を経過する日までの間については，なお従前の例によることとし，改正前の労働基準法第36条，労働基準法施行規則及び限度基準告示等が適用されるものであること。
>
> また，平成32年3月31日を含む期間を定める時間外・休日労働協定をする労使当事者は，当該協定をするに当たり，新労基法第36条第1項から第5項までの規定により当該協定に定める労働時間を延長させ，又は休日において労働させることができる時間数を勘案して協定をするように努めなければならないものとし，政府は，必要な情報の提供，助言その他の支援を行うものとしたこと。さらに，行政官庁は，当分の間，中小事業主に対し新労基法第36条第9項の助言及び指導を行うに当たっては，中小企業における労働時間の動向，人材の確保の状況，取引の実態その他の事情を踏まえて行うよう配慮するものとしたこと。

2　実務的留意点—健康配慮義務上の問題点

(ア)　36協定事項の再確認

改正法により36協定に定めなければならないのは，時間外労働の上限時間だけではありません。改正法36条2項で規定されているのは，①労働時間の延長・休日労働をさせることのできる労働者の範囲，②対象期間（労働時間の延長・休日労働をさせることのできる期間），③労働時間の延長・休日労働をさせることのできる場合，④対象期間における1日，1か月，1年のそれぞれの期間について延長できる労働時間及び休日日数，⑤そのほか厚生労働省の定める事項（改正労基則17条1項5号記載の労働者の健康確保措置など）です。特別条項を締結する場合に締結事項が増えていることに留意が必要です（改正労基則17条ただし書）。

したがって，36協定で時間外労働について定めている会社であっても，現状の協定内容で遺漏なく必要な事項をカバーできているかを確認すべきです。

対象期間につき，１年間に限ることが明文化されている点にも留意が必要です（改正法36条２項２号で「１年間に限るものとする」と明記された）。

(イ)　罰則適用への留意・懲戒規定の再点検と整備

前記**１**(2)(イ)の罰則の適用関係（61頁）に留意すべきです。

過労死の主たる原因である過重労働については，今後は，過労死を招く危険だけではなく，企業や管理監督者の罰則適用を招いた場合は勿論，仮に刑事罰の適用を受けなかった場合でも，その危険を生じさせたことに対する懲戒処分が問題とされるでしょう。

従前からコンプライアンス違反への懲戒規定（懲戒対象事由として「刑事罰規定に抵触する行為をした場合」など）が整備されていればそれを適用できるでしょうが，ない場合，上限規制への注意喚起のために，懲戒対象事由として「労基法36条の定める上限時間又は同条に基づく36協定の定める時間外・休日労働をさせた場合」などの規定を作成し，違反への重い懲戒処分が可能な規定を定めることが必要でしょう。

(ウ)　休日労働時間への配慮の必要

時間外労働の上限規制については，上記**２**(ア)の①，②では休日労働時間を含んでいる規制が，年間720時間には明記されていません。そのため，年間の時間外と休日労働時間の合計が，特別条項の時間外休日を含めて，月80時間×12＝960時間となり得るところから，野党や労働団体等から“特別条項分を加えた実際の上限は年720時間にとどまらず，計算上は最大で年960時間になる”という抜け穴の存在が指摘され批判されています。

さらに，月の最後の２週と翌月の最初の２週で各80時間の残業をさせれば「２か月平均で月80時間」ではあっても，その４週間では計160時間となり「月100時間」を超え，労災の精神障害認定基準の直前160時間超過による「特別な出来事」となり，発症があれば労災は当然に認められる数値となり，損害賠償義務を回避することは困難となるでしょう。

そこから上限指針３条２項でも同旨の指摘がなされていますが（「使用者は，「脳血管疾患及び虚血性心疾患等（負傷に起因するものを除く。）の認定基準について」…において，１週間当たり40時間を超えて労働した時間が１箇月においておおむね45時間を超えて長くなるほど，業務と脳血管疾患及び虚血性心疾患（負傷に起因するものを除く。以下この項において「脳・心臓疾患」という。）の発症との関連性が徐々に強まると評価できるとされていること並びに発症前１箇月間におおむね100時間又は発症前２箇月間から６箇月間までにおいて１箇月当たりおおむね80時間を超える場合には業務と脳・心臓疾患の発症との関連性が強いと評価できるとされていることに留意しなければならない。」），同指針が過労死のみに限定した言及をしているのには疑問があります。

前述のように同様な過重労働の場合には，労災認定基準でも精神障害や最悪の場合の過労自殺にまで至る危険があり，この点への言及がないのはバランスを欠いていると言わざるを得ません。

㈜ 時間外・休日労働時間の合計時間上限に留意した休日日数の抑制

さらに，前述のように特別条項を使わない場合にも（71～72頁），時間外と休日労働時間の合計が月100時間を超える場合があり得ます。そこで，その予防のためには，法的規制はありませんが，36協定での休日労働日数を抑えておく必要があるでしょう。

かかる事情もあってか，上限指針７条も，「労使当事者は，時間外・休日労働協定において休日の労働を定めるに当たっては労働させることができる休日の日数をできる限り少なくし，及び休日に労働させる時間をできる限り短くするように努めなければならない。」と指摘しています。

㈵ 健康配慮義務への留意

国会やマスコミの議論でも指摘された通り，改正法36条４項以下，特に同６項の上限時間は，労災認定における，いわゆる過重労働の判断基準である時間的基準の月80時間や100時間という過労死ラインに近いものです（詳細は，岩出・大系518頁以下参照）。改正法の上記規制を遵守していても，脳・心疾患や精神障害等が発症した場合には，労災に関係する責任は回避できず，労災認定や民事賠償事件を招く危険が大であることに留意した健康配慮義務の履行は不可欠です（詳細は，岩出・大系540頁以下参照）。

そこで，上限指針３条１項でも，「使用者は，時間外・休日労働協定において定めた労働時間を延長して労働させ，及び休日において労働させることができる時間の範囲内で労働させた場合であっても，労働契約法…第５条の規定に基づく安全配慮義務を負うことに留意しなければならない」と指摘されています。

(カ)　労使協定の有効期間

労使協定の有効期間たる協定対象期間につき，１年間に限ることが明文化されたことは，従前も事実上指導されてきたとはいえ（有効期限は１年とすることが望ましいとされています。平11・３・31基発169号），法文化され，義務付けられたことには留意すべきです。

なお，平30労基法解釈第２問１・答１では，

「時間外・休日労働協定における対象期間とは，法第36条の規定により労働時間を延長し，又は休日に労働させることができる期間をいい，１年間に限るものであり，時間外・休日労働協定においてその起算日を定めることによって期間が特定される。

／これに対して，時間外・休日労働協定の有効期間とは，当該協定が効力を有する期間をいうものであり，対象期間が１年間に限られることから，有効期間は最も短い場合でも原則として１年間となる。また，時間外・休日労働協定について定期的に見直しを行う必要があると考えられることから，有効期間は１年間とすることが望ましい。

／なお，時間外・休日労働協定において１年間を超える有効期間を定めた場合の対象期間は，当該有効期間の範囲内において，当該時間外・休日労働

協定で定める対象期間の起算日から１年ごとに区分した各期間となる。」と指摘されています。

(キ) 転勤や出向の場合

上限時間の算定につき，平30労基法解釈第２の「転勤の場合」につき，「同一企業内のＡ事業場からＢ事業場へ転勤した労働者について，① 法第36条第４項に規定する限度時間，②同条第５項に規定する１年についての延長時間の上限，③同条第６項第２号及び第３号の時間数の上限は，両事業場における当該労働者の時間外労働時間数を通算して適用するのか。」との問７につき，「①法第36条第４項に規定する限度時間及び②同条第５項に規定する１年についての延長時間の上限は，事業場における時間外・休日労働協定の内容を規制するものであり，特定の労働者が転勤した場合は通算されません。

これに対して，③同条第６項第２号及び第３号の時間数の上限は，労働者個人の実労働時間を規制するものであり，特定の労働者が転勤した場合は法第38条第１項の規定により通算して適用される。」とするなど，疑問な点もありますが，実務的対応としては留意せねばなりません（問７・答７）。同様の取扱いは出向の場合についても指摘されています（問19・答19）。

Ⅱ　中小企業における月60時間超の時間外労働に対する割増賃金の猶予措置の廃止

1　猶予措置の廃止と施行時期

中小企業労働者の長時間労働を抑制し，その健康確保等を図る観点から，月60時間を超える時間外労働の割増賃金率を５割以上とする労基法37条１項ただし書の規定について，労基法附則138条による猶予措置が2023年４月１日から廃止され，中小企業事業主にも適用されることになりました（改正前138条の削除）。

２　中小企業における割増賃金の猶予措置の廃止への実務的留意点

2023年３月31日まで猶予措置を受ける中小企業とは，その資本金の額又は出資の総額が３億円（小売業又はサービス業を主たる事業とする事業主については5,000万円，卸売業を主たる事業とする事業主については１億円）以下である事業主及びその常時使用する労働者の数が300人（小売業を主たる事業とする事業主については50人，卸売業又はサービス業を主たる事業とする事業主については100人）以下である事業主をいう）とされています（働き方法附則３条，前述42頁の図表参照）。

つまり，2023年３月31日までの猶予措置期間中に，上記中小企業要件を欠いた場合には，その時点から猶予措置は受けられず，月60時間を超える時間外労働の割増賃金率を５割以上とする労基法37条１項ただし書の規定の適用を受けるという点に留意が必要です。

Ⅲ　年次有給休暇の取得促進―５日の年次有給休暇の時季指定義務等

１　年次有給休暇の取得促進―５日の年次有給休暇の時季指定義務等の概要

(1)　内　　容

年次有給休暇の取得率が低迷し，いわゆる正社員の約16％が年次有給休暇を１日も取得しておらず，また，年次有給休暇をほとんど取得していない労働者については長時間労働者の比率が高い実態にあることを踏まえ，年５日以上の年次有給休暇の取得が確実に進むような仕組みを導入する改正です。

具体的には，年次有給休暇の付与日数が10日以上である労働者を対象に，有給休暇の日数のうち年５日については，使用者が時季指定しなければなりません（改正法39条７項）。

ただし，労働者が時季指定した場合や計画的付与がなされた場合（同条４項），あるいはその両方が行われた場合には，それらの日数の合計を年５日から差し引いた日数について使用者に義務付けるものとし，それらの日数の合計が年５日以上に達したときは使用者は時季指定の義務を免れます（同条８項）。

⑵　改正労基則の規制事項と罰則の新設

さらに，改正労基則で，①年休権を有する労働者に対して時季に関する意見を聴くものとされ（24条の６第１項），②時季に関する労働者の意思を尊重するよう努めなければならず（同条２項），③以上のような新たな仕組みを設けることに伴い，使用者が各労働者の年次有給休暇の取得状況を確実に把握することが重要になるため，使用者に年次有給休暇の管理簿の作成が義務付けられ，これを３年間確実に保存することが義務付けられています（24条の７）。

この義務の違反に対する罰則は，従前の39条違反（６か月以内の懲役刑を含む同法119条１号）よりは，軽減し，罰金刑のみにしていますが（30万円以下の罰金に留める同120条１号），刑事罰があることには留意すべきです。

2　年次有給休暇の取得促進―５日の年次有給休暇の時季指定義務等の実務的留意点

⑴　全般的留意点

2008年改正でも提案されながら主に使用者側の反対で実現されなかった改正がようやく陽の目を見たわけですが，時季指定義務の対象から，計画年休のみでなく，労働者自らの時季指定分も控除するとなると，実際の影響はかなり少ないものと予想されます。

逆に，条文の反対解釈と計画年休規定との論理解釈として，使用者にとっては，５日は義務ですが，意見聴取をしたうえで，計画年休における本人利用の権利日数を５日残せば，５日を超す年休指定も可能と解する余地もありますが，

「５日については」との文言からはこの解釈は困難でしょう（平30労基法解釈第３の問７・答７も同旨か）。やはり，季節や月間等で繁閑の差が激しく，その予想が可能な企業においては，繁忙期の労働力確保のためには，従前からの計画年休制度の効率的利用が検討されるべきでしょう。

特に，現状で年休取得率の低い会社では，年休消化の推奨や計画的付与制度の導入を積極的に進めるなど，事前に対応を検討しておく必要性が高いでしょう。

なお，上記**Ⅲ１**(2)で紹介したように（76頁），時季指定義務務違反に対する刑事罰があることには留意すべきです。

(2)　半日単位年休の取扱い

なお，半休への言及は法文上なく，半休制度が導入されている企業においては，合計５日以内に達する限度で，時季指定義務の行使，逆に言えば，労働者は指定された半休の取得義務があるものと解されます（平30基本通達第３の２(3)）。

(3)　時間単位年休の取扱い

しかし，時間単位年休（労基法39条４項）に関しては，「使用者は，第一項から第三項までの規定による有給休暇」と限定しているため，時間単位年休が対象となっていないところから，時季指定義務の行使や労働者の指定された年休の指定義務は許されないものと解されます。

平30労基法解釈第３の問３「法第39条第７項の規定による時季指定を半日単位や時間単位で行うことはできるか。」に対して，答23「則第24条の６第１項の規定により労働者の意見を聴いた際に半日単位の年次有給休暇の取得の希望があった場合においては，使用者が法第39条第７項の年次有給休暇の時季指定を半日単位で行うことは差し支えない。この場合において，半日の年次有給休暇の日数は0.5日として取り扱うこと。」と指摘されています。

また，「法第39条第７項の規定による時季指定を時間単位年休で行うことは認められない。」と同旨を説明しています。

(4) 5日の時季指定上の留意点

時季指定に当たっては，前述の通り（76頁），年休権を有する労働者に対して時季に関する意見を聴かねばなりませんが，業務に繁閑の差がある企業においては，閑散期での年休消化を促進し，繁忙期での年休消化を事実上圧縮させ，生産性の向上を図るべきでしょう。

(5) 法定の基準日と異なる指定の場合の留意点

法定の基準日と異なる付与の場合の留意点については，**図表10**に示した点に留意すべきです（厚労省ＨＰ掲載の「年次有給休暇の時季指定義務」)。さらに，詳細な解説や対応策の書式等については，時季指定解説５頁以下が参考になります。

【図表10】法定の基準日と異なる指定の場合の留意点

※法定の基準日と異なり，
・入社日から年次有給休暇を付与する場合や，
・全社的に年次有給休暇の起算日を合わせるために２年目以降に付与日を変える場合
などについては，以下のような取扱いとなります。

①法定の基準日（雇入れの日から半年後）より前に10日以上の年次有給休暇を付与する場合
⇒使用者は付与した日から１年以内に５日指定して取得させなければなりません。

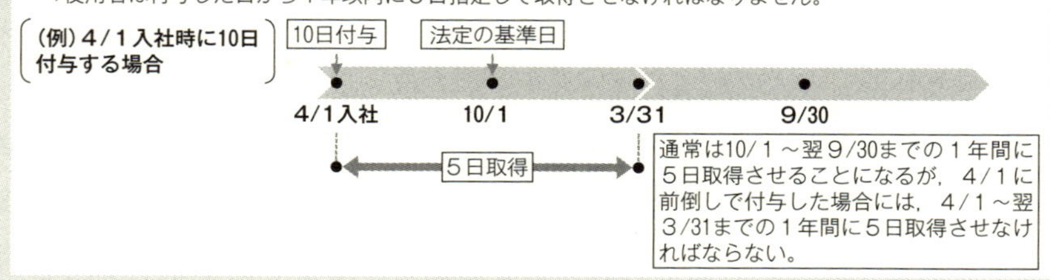

②入社した年と翌年で年次有給休暇の付与日が異なるため，５日の指定義務がかかる１年間の期間に重複が生じる場合（全社的に起算日を合わせるために入社２年目以降の社員への付与日を統一する場合など）
⇒重複が生じるそれぞれの期間を通じた期間（前の期間の始期から後の期間の終期までの期間）の長さに応じた日数（比例按分した日数）を，当該期間に取得させることも認められます。

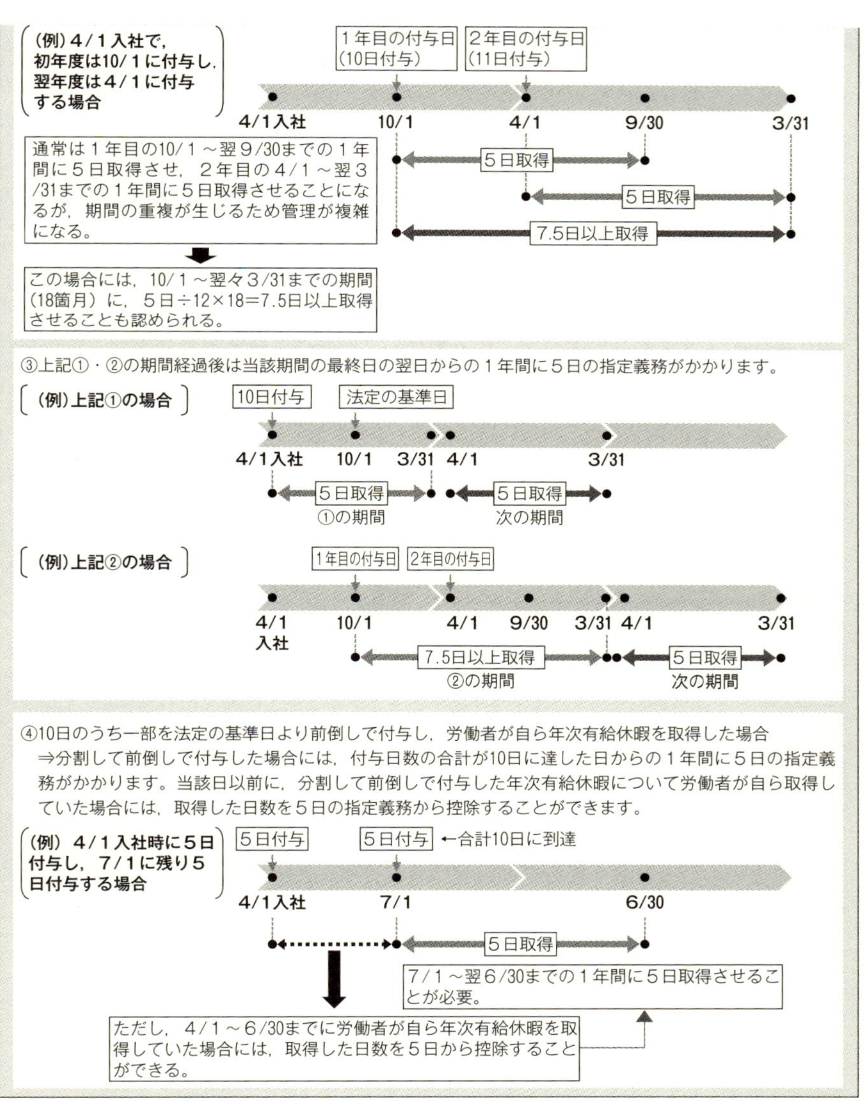
（例）４/１入社で，
初年度は10/１に付与し，
翌年度は４/１に付与
する場合
１年目の付与日
（10日付与）
２年目の付与日
（11日付与）
4/1入社
10/1
4/1
9/30
3/31
通常は１年目の10/１～翌９/30までの１年間に５日取得させ，２年目の４/１～翌３/31までの１年間に５日取得させることになるが，期間の重複が生じるため管理が複雑になる。
５日取得
５日取得
7.5日以上取得
この場合には，10/１～翌々３/31までの期間（18箇月）に，５日÷12×18＝7.5日以上取得させることも認められる。
③上記①・②の期間経過後は当該期間の最終日の翌日からの１年間に５日の指定義務がかかります。
（例）上記①の場合
10日付与
法定の基準日
4/1入社
10/1
3/31
4/1
3/31
５日取得
①の期間
５日取得
次の期間
（例）上記②の場合
1年目の付与日
2年目の付与日
4/1
入社
10/1
4/1
9/30
3/31
4/1
3/31
7.5日以上取得
②の期間
５日取得
次の期間
④10日のうち一部を法定の基準日より前倒しで付与し，労働者が自ら年次有給休暇を取得した場合
⇒分割して前倒しで付与した場合には，付与日数の合計が10日に達した日からの１年間に５日の指定義務がかかります。当該日以前に，分割して前倒しで付与した年次有給休暇について労働者が自ら取得していた場合には，取得した日数を５日の指定義務から控除することができます。
（例）４/１入社時に５日付与し，７/１に残り５日付与する場合
５日付与
５日付与
←合計10日に到達
4/1入社
7/1
6/30
５日取得
７/１～翌６/30までの１年間に５日取得させることが必要。
ただし，４/１～６/30までに労働者が自ら年次有給休暇を取得していた場合には，取得した日数を５日から控除することができる。

（出所：厚労省ＨＰ）

※　平30基本通達第３の２では，以下の指摘がなされています。

⑵　年次有給休暇を基準日より前の日から与える場合の取扱い（新労基則 第24条の５関係）

ア　10労働日以上の年次有給休暇を前倒しで付与する場合の取扱い（新 労基則第24条の５第１項関係）

使用者は，年次有給休暇を当該年次有給休暇に係る基準日より前の日から10労働日以上与えることとしたときは，当該年次有給休暇の日数のうち５日については，基準日より前の日であって，10労働日以上の年次有給休暇を与えることとした日（以下「第一基準日」という。）から１年以内の期間に，その時季を定めることにより与えなければならないものであること。

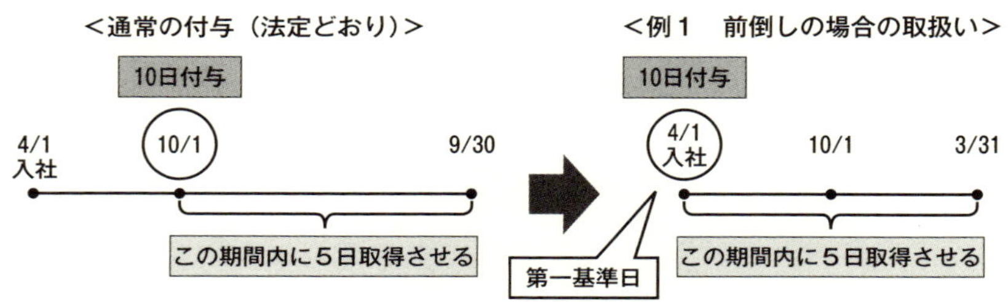

イ　付与期間に重複が生じる場合の特例（新労基則第24条の５第２項関係）

上記アにかかわらず，使用者が10労働日以上の年次有給休暇を基準日又は第一基準日に与えることとし，かつ，当該基準日又は第一基準日から１年以内の特定の日（以下「第二基準日」という。）に新たに10労働日以上の年次有給休暇を与えることとしたときは，履行期間（基準日又は第一基準日を始期として，第二基準日から１年を経過する日を終期とする期間をいう。）の月数を12で除した数に５を乗じた日数について，当該履行期間中に，その時季を定めることにより与えることができること。

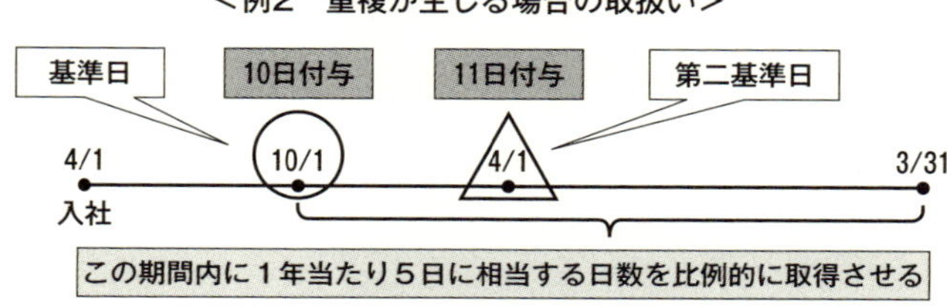

ウ　第一基準日から１年以内の期間又は履行期間が経過した場合の取扱い（新労基則第24条の５第３項関係）

第一基準日から１年以内の期間又は履行期間が経過した場合においては，その経過した日から１年ごとに区分した各期間（最後に１年未満の期間を生じたときは，当該期間）の初日を基準日とみなして新労基法第39条第７項本文の規定を適用するものであること。

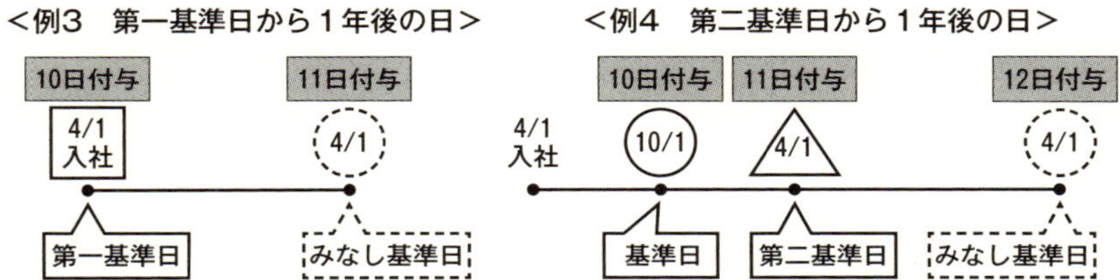

エ　年次有給休暇の一部を基準日より前の日から与える場合の取扱い（新労基則第24条の５第４項関係）

使用者が年次有給休暇のうち10労働日未満の日数について基準日以前の日（以下「特定日」という。）に与えることとした場合において，特定日が複数あるときは，当該10労働日未満の日数が合わせて10労働日以上になる日までの間の特定日のうち最も遅い日を第一基準日とみなして新労基則第24条の５第１項から第３項までの規定を適用するものであること。この場合において，第一基準日とみなされた日より前に，労働基準法第39条第５項又は第６項の規定により与えた年次有給休暇の日数分については，時季を定めることにより与えることを要しないこと。

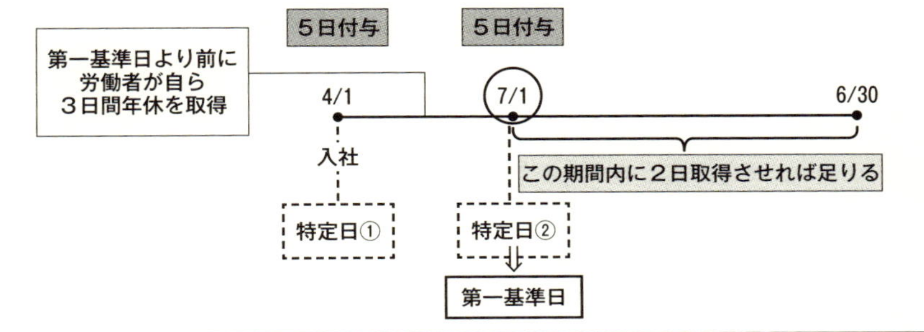

⑹　在籍出向した場合

年休年度の途中で在籍出向した場合に，出向元で自ら消化した年休は，出向先での時季５日の時季指定義務の場合には，出向協定等で明確にしておかないと，出向先では別途５日の時季指定義務が発生する場合があり得ることに留意せねばなりません。

平30労基法 Q&A３-18でも，

「Q）出向者については，出向元，出向先どちらが年５日確実に取得させる義務を負いますか」につき，「⒜在籍出向の場合は，労働基準法上の規定はなく，出向元，出向先，出向労働者三者間の取り決めによります。（基準日及び出向元で取得した年次有給休暇の日数を出向先の使用者が指定すべき５日から控除するかどうかについても，取り決めによります。）移籍出向の場合は，出向先との間にのみ労働契約関係があることから，出向先において10日以上の年次有給休暇が付与された日から１年間について５日の時季指定を行う必要があります（なお，この場合，原則として出向先において新たに基準日が特定されることとなり，また，出向元で取得した年次有給休暇の日数を出向先の使用者が指定すべき５日から控除することはできません。）。なお，基準日から１年間の期間の途中で労働者を移籍出向させる場合（※１，※２）については，以下の３つの要件を満たすときは，出向前の基準日から１年以内の期間において，出向の前後を通算して５日の年次有給休暇の時季指定を行うこととして差し支えありません。なお，この場合，出向先が年次有給休暇の時季指定義務を負うこととなります。

①　出向時点において出向元で付与されていた年次有給休暇日数及び出向元における基準日（※３）を出向先において継承すること

②　出向日から６か月以内に，当該労働者に対して10日以上（①で継承した年次有給休暇日数を含む。）の年次有給休暇を出向先で付与すること。すなわち，出向先における雇入れから６か月以内に，10日以上の年次有給休暇を取得する権利が当該労働者に保障されていること

③　出向前の期間において，当該労働者が出向元で年５日の年次有給休暇を

取得していない場合は，５日に不足する日数について，出向元における基準日から１年以内に出向先で時季指定する旨を出向契約に明記していること

※１　移籍出向先から出向元へ帰任する場合も同様です。

※２　労働者が海外企業に出向する場合や，出向先で役員となる場合については，６－１をご参照ください。

※３　出向した翌年の基準日は，出向元における基準日の１年後となります。」と指摘しています。

(7)　繰り越し年休休暇の使用と時季指定の関係

極めて実務的な問題として，繰り越し年休や積み立て休暇の使用と時季指定の関係が問題となり得ます。39条７項を厳格に解釈すれば，当該年休年度に発生した労基法上の年休について範囲内での時季指定義務があると解することもあり得ます。しかし，前述の基準日のズレに応じた平30基本通達第３の２(2)などから見ても（78～81頁），「前倒し場合の取扱い」においては，法定年休発生日以前の法定外年休の利用を５日に算入しています。このことからも，前年度から繰り越している（115条）年休の利用をもって時季指定義務の日数に算入されるものと解されます（後から発生したものから消化させるのは，「年休の充当順位」にも反します。岩出・大系293頁）。

問題は，企業によって，年休の繰り越しを３年まで繰り越し60日まで保有できるような場合です。この場合で，当該繰り越し年休の利用や時季変更権の処理などが時季変更権も含めて法定年休と変わらなければ同様に解されます。

平30労基法解釈でも問４「前年度からの繰越分の年次有給休暇を取得した場合は，その日数分を法第39条第７項の規定により使用者が時季指定すべき５日の年次有給休暇から控除することができるか。」につき，答４「前年度からの繰越分の年次有給休暇を取得した場合は，その日数分を法第39条第７項の規定により使用者が時季指定すべき５日の年次有給休暇から控除することとなる。

／なお，法第39条第７項及び第８項は，労働者が実際に取得した年次有給休

暇が，前年度からの繰越分の年次有給休暇であるか当年度の基準日に付与された年次有給休暇であるかについては問わないものである。」と同旨を示しています。

(8) 積み立て休暇の使用と時季指定の関係

さらに問題となるのは，利用目的を，傷病時や育児・養育・介護などに限定している積み立て休暇の場合です。この場合は，目的が限定されており，法定年休とは性格が異なるもので，積み立て休暇の利用をもって時季指定日数に算入したり，５日から控除することはできないものと解されます。

平30労基法解釈でも問12「事業場が独自に設けている法定の年次有給休暇と異なる特別休暇を労働者が取得した日数分については，法第39条第８項が適用されるか。」につき，答12「法定の年次有給休暇とは別に設けられた特別休暇（たとえば，法第115条の時効が経過した後においても，取得の事由及び時季を限定せず，法定の年次有給休暇を引き続き取得可能としている場合のように，法定の年次有給休暇日数を上乗せするものとして付与されるものを除く。以下同じ。）を取得した日数分については，法第39条第８項の「日数」には含まれない。」と同旨を示しています。

なお，平30労基法解釈問12・答12で，「法定の年次有給休暇とは別に設けられた特別休暇について，今回の改正を契機に廃止し，年次有給休暇に振り替えることは法改正の趣旨に沿わないものであるとともに，労働者と合意をすることなく就業規則を変更することにより特別休暇を年次有給休暇に振り替えた後の要件・効果が労働者にとって不利益と認められる場合は，就業規則の不利益変更法理に照らして合理的なものである必要がある。」と指摘されている点にも留意すべきです。

(9) 時季指定後における時季変更の可否

時季指定後における時季変更の可否につき，平30労基法解釈問５「労働基準法第39条第７項の規定により指定した時季を，使用者又は労働者が事後に変更することはできるか。」について，答５で「法第39条第７項の規定により指定した時季について，使用者が則第24条の６に基づく意見聴取の手続を再度行い，その意見を尊重することによって変更することは可能である。また，使用者が指定した時季について，労働者が変更することはできないが，使用者が指定した後に労働者に変更の希望があれば，使用者は再度意見を聴取し，その意見を尊重することが望ましい。」と指摘している点にも留意すべきです。

⑽　経過措置

前述の基準日の設定時期に関係しますが（78〜81頁），平30基本通達第３の７によれば，改正法の施行日である2019年４月１日以外の日が基準日（年休に係る基準日より前の日から与えることとした場合はその日）である労働者に係る年休については，同年４月１日後の最初の基準日の前日までの間は，改正39条７項の規定にかかわらず，なお従前の例によることとし，改正前労基法39条が適用されるものとされています。

たとえば，上記基準日を１月１日にしている企業であれば，2019年12月31日までは現行通りで，５日時季指定義務が発生するのは2020年１月１日からということになります。

Ⅳ　フレックスタイム制の見直し

1　改正法の概要

⑴　改正内容－清算期間の上限の延長

フレックスタイム制の導入及び活用の促進に向けた労使の取組に対する支援策を講じるとともに，より利用しやすい制度となるよう，以下の改正がなされました（フレックスタイム制全般への解説は，「フレックスタイム制のわかりやすい解説＆導入の手引き」厚労省 HP 掲載パンフ（以下，「フレックス解説」という）参照)。

① フレックスタイム制により，次頁の**図表11**のように，一層柔軟でメリハリをつけた働き方が可能となるよう，清算期間の上限を，従前の１か月から３か月に延長することができます（改正法32条の３第４項）。

② 清算期間が１か月を超え３か月以内の場合，対象労働者の過重労働防止等の観点から，清算期間内の１か月ごとに１週平均50時間（完全週休２日制の場合で１日当たり２時間相当の時間外労働の水準）を超えた労働時間については，当該月における割増賃金の支払対象とされました（改正法32条の３第２項）。

③ 制度の適正な実施を担保する観点から，清算期間が１か月を超え３か月以内の場合に限り，フレックスタイム制に係る労使協定の届出を要します（改正法32条の３第４項による同32条の２第２項の準用）。

④ 完全週休２日制の下で働く労働者（１週間の所定労働日数が５日の労働者）についてフレックスタイム制を適用する場合においては，曜日のめぐり次第で，１日８時間相当の労働でも清算期間における法定労働時間の総枠を超え得るという課題を解消するため，完全週休２日制の事業場において，労使協定により，所定労働日数に８時間を乗じた時間数を清算期間における法定労働時間の総枠とすることができることになりました（改正法32条の３第３項）。

(2) 通達で定められた事項

平30基本通達第１の３～６において，次のことが定められています。すなわち，

- 清算期間が１か月を超え３か月以内のフレックスタイム制においては，労働者が自らの各月の時間数を把握しにくくなることが懸念されるため，使用者は，労働者の各月の労働時間数の実績を通知等することが望ましいこと
- 清算期間の上限の延長は，仕事と生活の調和を一層図りやすくするための改正であること

【図表11】 １か月を超えるフレックスタイム制利用時の留意点

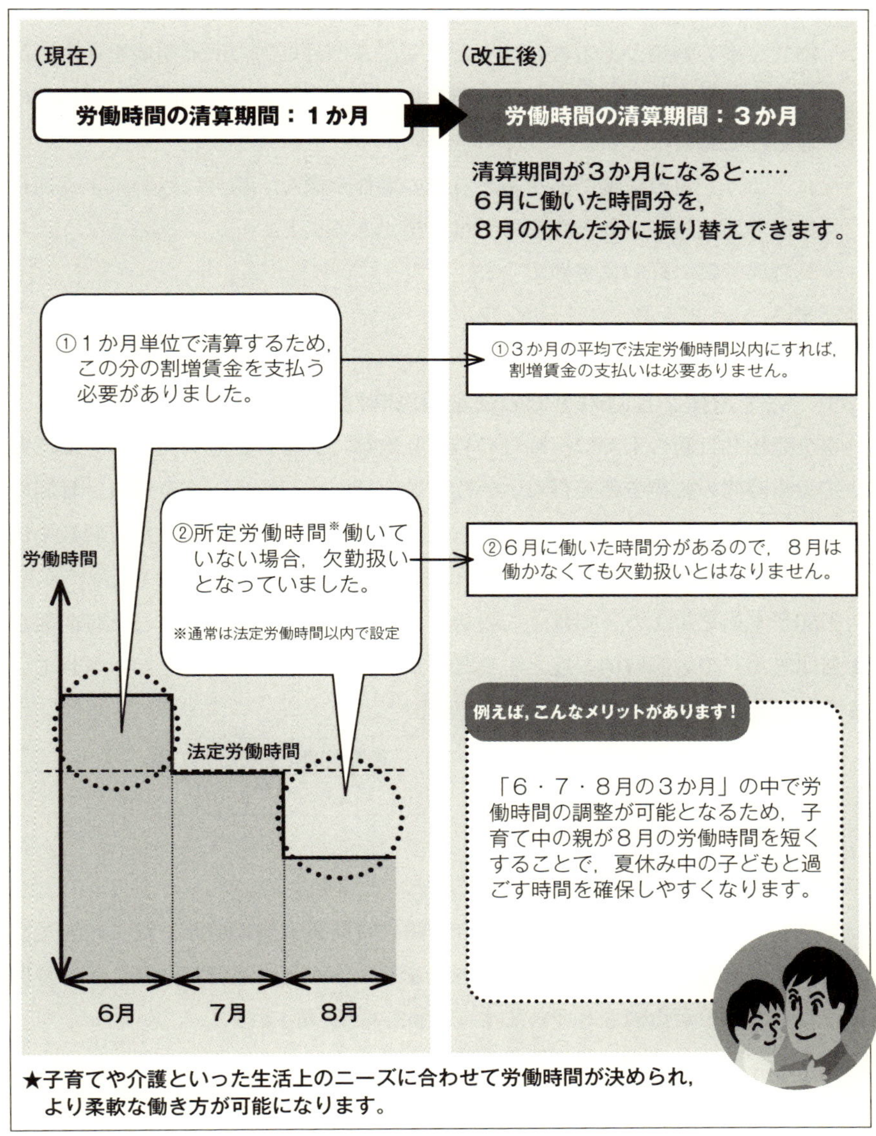

★子育てや介護といった生活上のニーズに合わせて労働時間が決められ，より柔軟な働き方が可能になります。

（出所：厚労省ＨＰ）

- 同時に，清算期間が１か月を超え３か月以内の場合，１週平均50時間を超える労働時間という考え方を前提に月60時間を超えた労働時間に対する割増賃金率の適用があることはもとより，３か月以内の清算期間を通じた清算を行う場合においても月60時間相当の時間を超えた労働時間についての対応が必要になること
- 月当たり一定の労働時間を超える等の要件を満たす場合に医師による面接指導等の実施が必要となることは同様であること
- 長時間労働の抑制に努めること

等です。

(ア) 完全週休２日制の下での法定労働時間の計算方法

完全週休２日制の下では，曜日のめぐり次第で，１日８時間相当の労働でも法定労働時間の総枠を超え得るという課題を解消するため，完全週休２日制の事業場において，労使協定により，所定労働日数に８時間を乗じた時間数を法定労働時間の総枠にできることとされました（改正法32条の３第３項）。

平30基本通達第１の４では，この場合において，次の式で計算した時間数を１週間当たりの労働時間限度とすることができるものであることが示されています。

$$8 \times \text{清算期間における所定労働日数} \div \frac{\text{清算期間における暦日数}}{7}$$

(イ) 法定時間外労働となる時間

フレックスタイム制を採用した場合の法定時間外労働につき，以下の(A)及び(B)に示す労働時間であることが確認されました。なお，上記**Ⅳ１**（1）④の特例に留意することが指摘されています（平30基本通達第１の７）。

(A) 清算期間が１か月以内の場合

従前の通り，清算期間における実労働時間数のうち，法定労働時間の総枠を

超えた時間が法定時間外労働となります。具体的な計算方法は，次の式によることとなります。

$$\boxed{\text{清算期間における実労働時間数}} - \boxed{\text{週の法定労働時間} \times \frac{\text{清算期間における暦日数}}{7}}$$

(B)　清算期間が１か月を超え３か月以内の場合

次のア及びイを合計した時間が法定時間外労働となります。

ア　清算期間を１か月ごとに区分した各期間（最後に１か月未満の期間を生じたときには，当該期間）における実労働時間のうち，各期間を平均し１週間当たり50時間を超えて労働させた時間。具体的な計算方法は，次の式によることになります。

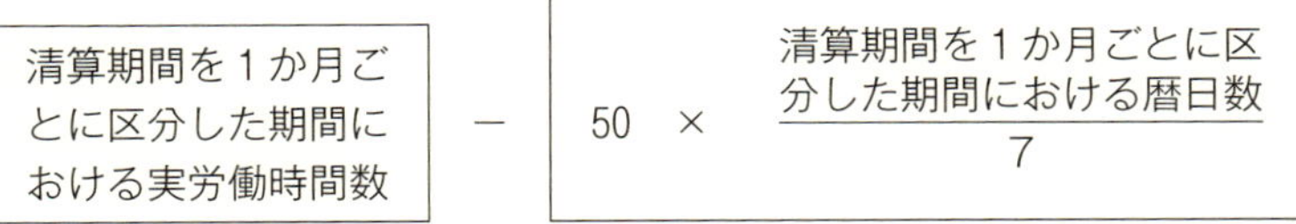

イ　清算期間における総労働時間のうち，当該清算期間の法定労働時間の総枠を超えて労働させた時間（ただし，上記アで算定された時間外労働時間を除く）

(ウ)　労使協定の締結及び届出（改正法32条の３第４項及び改正労基則12条の３）

フレックスタイム制の導入に当たっては，改正法32条の３第１項の規定に基づき，就業規則等の定め及び労使協定の締結を要するものですが，今回の改正により，清算期間が１か月を超えるものである場合においては，労使協定に有効期間の定めをするとともに，新労基則様式第３号の３により，当該労使協定を所轄労働基準監督署長に届け出なければなりません（平30基本通達第１の５）。この届出義務違反へ罰則の適用がなされます（32条の３第４項，120条１号）。

なお，フレックスタイム制において時間外・休日労働協定を締結する際，従前通り，１日について延長することができる時間を協定する必要はなく，清算期間を通算して時間外労働をすることができる時間を協定すれば足ります（平30労基法解釈第１の答２）。

(エ) 清算期間が１か月を超える場合において，フレックスタイム制により労働させた期間が当該清算期間よりも短い労働者に係る賃金の取扱い

清算期間が１か月を超える場合において，フレックスタイム制により労働させた期間が当該清算期間よりも短い労働者については，当該労働させた期間を平均して１週間当たり40時間を超えて労働させた時間について，労働基準法37条の規定の例により，割増賃金を支払わなければなりません（改正法32条の３の２第３項）。１か月を超える変形労働時間制の場合での期間中途の採用や退職の場合の処理と同旨です（具体的な計算方法につき，平30基本通達第１の７(2)参照）。すなわち，あたかも，フレックスタイム制の対象期間中の，実際に労働した期間を単位とするフレックスタイム制に服したかのようにして割増賃金が支払われることになります。

(オ) フレックスタイム制の制度趣旨に即した運用の徹底等

さらに，平30基本通達第１の１で，フレックスタイム制が，始業及び終業の時刻を労働者の決定に委ね，仕事と生活の調和を図りながら効率的に働くことを可能にするものであるという制度趣旨を確認し，使用者が各日の始業・終業時刻を画一的に特定するような運用は認められないことが徹底されています。

なお，フレックスタイム制における「決められた労働時間より早く仕事を終えた場合も，年次有給休暇を活用し，報酬を減らすことなく働くことができる仕組み」については，年次有給休暇の趣旨に照らして慎重に考えるべき等の意見が労使双方から示され，引き続き慎重に検討することとされ，今回の改正には反映されていません。

(カ)　清算期間が１か月を超え３か月以内である場合の過重労働防止（改正法32条の３第２項）

平30基本通達は，以下の点を指摘しています。

すなわち，清算期間を３か月以内に延長することにより，清算期間内の働き方によっては，各月における労働時間の長短の幅が大きくなることが生じ得ます。このため，対象労働者の過重労働を防止する観点から，清算期間が１か月を超える場合には，当該清算期間を１か月ごとに区分した各期間（最後に１か月未満の期間を生じたときには，当該期間）ごとに当該各期間を平均し１週間当たりの労働時間が50時間を超えないこととしたものです。

また，フレックスタイム制の場合にも，使用者には各日の労働時間の把握を行う責務がありますが，清算期間が１か月を超える場合には，対象労働者が自らの各月の時間外労働時間数を把握しにくくなることが懸念されるため，使用者は，対象労働者の各月の労働時間数の実績を対象労働者に通知等することが望ましいとされています。

なお，改正安衛則52条の２第３項に基づき，休憩時間を除き１週間当たり40時間を超えて労働させた場合におけるその超えた時間が１月当たり80時間を超えた労働者に対しては，当該超えた時間に関する情報を通知しなければならないことに留意する必要があります。

加えて，清算期間が１か月を超える場合であっても，１週平均50時間を超える労働時間について月60時間を超える時間外労働に対して５割以上の率で計算した割増賃金の支払が必要であることや，法定の要件に該当した労働者について改正安衛法に基づき医師による面接指導を実施しなければならないことは従前と同様であり，使用者には，長時間労働の抑制に努めることが求められることなどが指摘されています。

２　実務的留意点

清算期間の延長は，３か月以内に繁閑の差が激しいことが予想される企業においては，コスト削減効果が大きく期待されます。

しかし，その代償として，清算期間の上限の延長した場合に，労使協定の届出要件が追加されたこと，１週平均50時間を超える労働時間に割増賃金支払義務が発生することを踏まえた対策が必要となります。

たとえば，１週平均50時間を超えないような業務配点の調整や，業務内容の適切なフォローによる考課の精緻化などが必要となります。職場の実態を踏まえて，従前の制度を継続する部署や，新たな制度を使う部署を細かく分類するなどの仕分けも必要でしょう。

また，従前の制度と実態的内容が大きく変わっていることに十分な注意と，その履行確保のためには，その旨の給与規程等の諸規程の整備が不可欠です。

なお，清算期間の上限の延長した場合に，所定の手続を経ていれば，１週平均50時間を超える労働時間に割増賃金支払義務が発生するのみで，50時間を超えたことにより，フレックスタイム制度の効果全体が失われ，全期間中につき１日８時間，週40時間を超えて割増賃金支払義務が発生することではないことは，改正法自体が，１週平均50時間を超えた労働時間について当該月における割増賃金の支払対象とするに留めていることからも（同法32条の３第２項），明らかでしょう。この点は，後述する高プロの手続・要件違反の場合の効果との違いです（125～127頁参照）。

Ⅴ　特定高度専門業務・成果型労働制（高度プロフェッショナル制度）の創設

1　改正内容

(1)　高度プロフェッショナル制度導入の趣旨・目的

改正法最大の目玉である高度プロフェッショナル制度導入について，27年建議によれば，時間ではなく成果で評価される働き方を希望する労働者のニーズに応え，その意欲や能力を十分に発揮できるようにするため，一定の年収要件を満たし，職務の範囲が明確で高度な職業能力を有する労働者を対象として，長時間労働を防止するための措置を講じつつ，時間外・休日労働協定の締結や時間外・休日・深夜の割増賃金の支払義務等の適用を除外した労働時間制度の新たな選択肢として，特定高度専門業務・成果型労働制（高度プロフェッショナル制度。以下，「高プロ」ともいう）を設けるものとされていました。

同制度導入をめぐっては，2007年改正労基法案要綱で自己管理型労働制として検討されながら上程されなかった，日本型「ホワイトカラー・エグゼンプション」（以下，「ＷＥ」ともいう）の再現として（その詳細については，岩出・論点157頁以下参照），労働側からは「残業代０法案」との批難が，使用者側からは，収入要件の緩和等が求められ，鋭い対立の中での提案となりました。成立した高プロは，新たな弾力的時間制度としてではなく，その条文の位置からしても，改正法41条の２として，正に，労働時間規制の適用除外制度たるＷＥに他ならないことになっています。廃案となった2015年改正案に比べて健康確保措置が強化され，国会の審議の中で，同意の撤回権も明文化されました。

高プロの全貌を知るためには，関係する省令（改正労基則）や高プロ指針を把握しておく必要があります。

まず，高プロ導入の手続の流れを次頁の**図表12**で確認しておきます。

【図表12】高度プロフェッショナル制度の導入の流れ

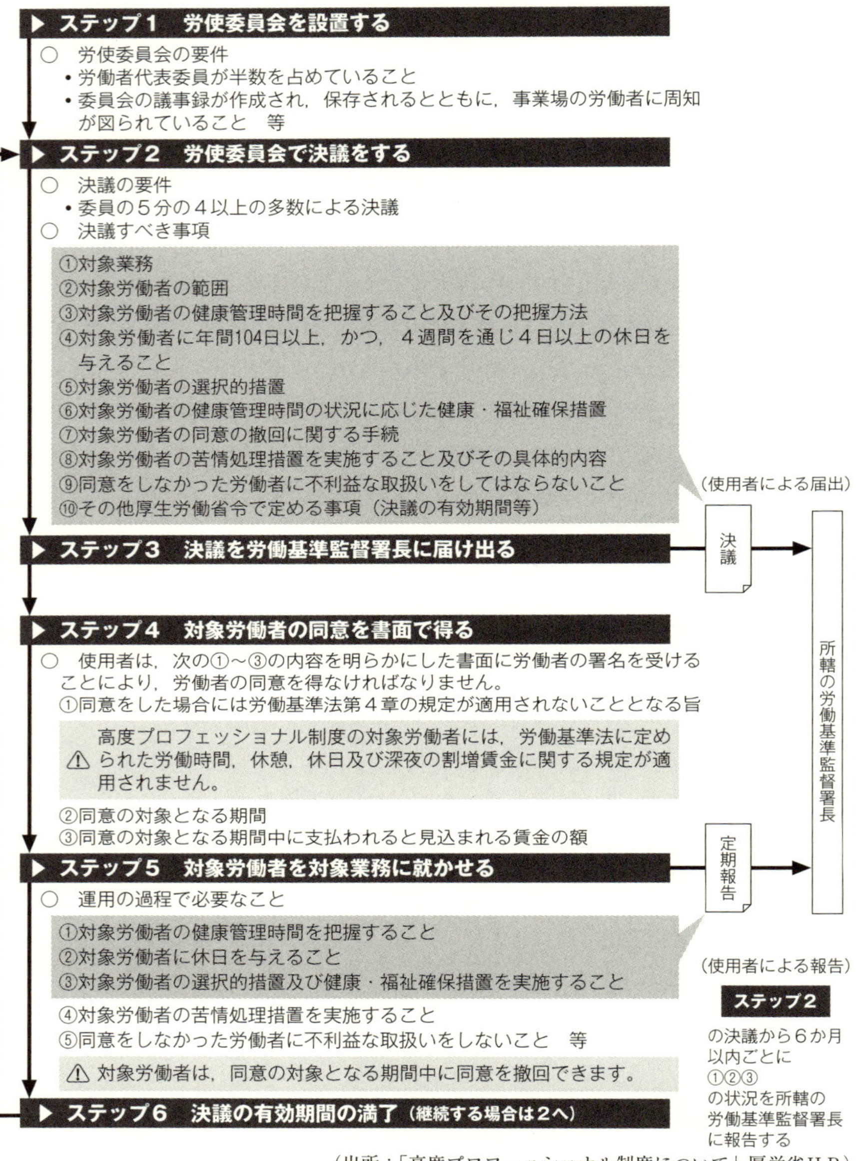

（出所：「高度プロフェッショナル制度について」厚労省ＨＰ）

そこで，重要な，高プロ指針を紹介しておきます。

労働基準法第41条の２第１項の規定により同項第１号の業務に従事する労働者の適正な労働条件の確保を図るための指針

第１　趣旨

この指針は，労働基準法（昭和22年法律第49号。以下「法」という。）第41条の２第１項の規定により同項第１号に規定する対象業務（以下「対象業務」という。）に従事する労働者の適正な労働条件の確保を図るため，同項の委員会（以下「労使委員会」という。）が決議する同項各号に掲げる事項について具体的に明らかにする必要があると認められる事項を規定するとともに，対象業務に従事する労働者については法第４章で定める労働時間，休憩，休日及び深夜の割増賃金に関する規定を適用しないものとする法の制度（以下「高度プロフェッショナル制度」という。）の実施に関し，同項の事業場の使用者及び当該事業場の労働者等並びに労使委員会の委員（以下「委員」という。）が留意すべき事項等を定めたものである。法第41条の２第１項の決議（以下「決議」という。）をする委員は，当該決議の内容がこの指針に適合したものとなるようにしなければならない。

第２　本人同意

１　法第41条の２第１項の規定による労働者の同意（以下「本人同意」という。）に関し，使用者は，本人同意を得るに当たってその時期，方法等の手続をあらかじめ具体的に明らかにすることが適当である。このため，委員は，本人同意を得るに当たっての手続を決議に含めることが適当である。

２　本人同意を得るに当たって，使用者は，労働者本人にあらかじめ次に掲げる事項を書面で明示することが適当である。

(1)　高度プロフェッショナル制度の概要

(2)　当該事業場における決議の内容

(3)　本人同意をした場合に適用される評価制度及びこれに対応する賃金制度

(4)　本人同意をしなかった場合の配置及び処遇並びに本人同意をしなかったことに対する不利益取扱いは行ってはならないものであること。

(5)　本人同意の撤回ができること及び本人同意の撤回に対する不利益取扱

いは行ってはならないものであること。

3　本人同意の対象となる期間は，１年未満の期間の定めのある労働契約を締結している労働者については当該労働契約の期間，期間の定めのない労働契約又は１年以上の期間の定めのある労働契約を締結している労働者については長くとも１年間とし，当該期間が終了するごとに，必要に応じ法第41条の２第１項第２号に掲げる労働者の範囲に属する労働者（以下「対象労働者」という。）に適用される評価制度及びこれに対応する賃金制度等について見直しを行った上で，改めて本人同意を得ることが適当である。なお，これらの見直しを行う場合には，使用者は，労使委員会に対し事前にその内容について説明することが適当である。

4　本人同意の対象となる期間を１か月未満とすることは，労働者が対象業務に従事する時間に関する裁量を発揮しがたいこととなるため認められない。

5　使用者は，労働者を高度プロフェッショナル制度の対象とすることで，その賃金の額が対象となる前の賃金の額から減ることにならないようにすることが必要である。

6　使用者から一方的に本人同意を解除することはできない。

第３　労使委員会が決議する法第41条の２第１項各号に掲げる事項

1　法第41条の２第１項第１号に規定する事項関係

(1)　当該事項に関し具体的に明らかにする事項

イ　対象業務は，次の（イ）及び（ロ）に掲げる要件のいずれにも該当するものである。

(イ)　当該業務に従事する時間に関し使用者から具体的な指示を受けて行うものでないこと。

労働基準法施行規則（昭和22年厚生省令第23号。以下「則」という。）第34条の２第３項に規定する「当該業務に従事する時間に関し使用者から具体的な指示（業務量に比して著しく短い期限の設定その他の実質的に当該業務に従事する時間に関する指示と認められるものを含む。）を受けて行うものを除く」の「具体的な指示」とは，労働者から対象業務に従事する時間に関する裁量を失わせるような指示をいい，対象業務は働く時間帯の選択や時間配分について自らが決定できる広範な裁量が労働者に認められている業務でなければならない。また，実質的に業務に従事する時間に関する指示と認められる指示についても，「具体的な指示」に含まれるものである。

ここでいう「具体的な指示」として，次のようなものが考えられる。

① 出勤時間の指定等始業・終業時間や深夜・休日労働等労働時間に関する業務命令や指示

② 労働者の働く時間帯の選択や時間配分に関する裁量を失わせるような成果・業務量の要求や納期・期限の設定

③ 特定の日時を指定して会議に出席することを一方的に義務付けること。

④ 作業工程，作業手順等の日々のスケジュールに関する指示

(ロ) 則第34条の２第３項各号に掲げる業務のいずれかに該当するものであること。

① 金融工学等の知識を用いて行う金融商品の開発の業務

則第34条の２第３項第１号の「金融工学等の知識を用いて行う金融商品の開発の業務」とは，金融取引のリスクを減らしてより効率的に利益を得るため，金融工学のほか，統計学，数学，経済学等の知識をもって確率モデル等の作成，更新を行い，これによるシミュレーションの実施，その結果の検証等の技法を駆使した新たな金融商品の開発の業務をいう。ここでいう「金融商品」とは，金融派生商品（金や原油等の原資産，株式や債権等の原証券の変化に依存してその値が変化する証券）及び同様の手法を用いた預貯金等をいう。

② 資産運用（指図を含む。以下この②において同じ。）の業務又は有価証券の売買その他の取引の業務のうち，投資判断に基づく資産運用の業務，投資判断に基づく資産運用として行う有価証券の売買その他の取引の業務又は投資判断に基づき自己の計算において行う有価証券の売買その他の取引の業務

則第34条の２第３項第２号の「資産運用（指図を含む。以下この号において同じ。）の業務又は有価証券の売買その他の取引の業務のうち，投資判断に基づく資産運用の業務，投資判断に基づく資産運用として行う有価証券の売買その他の取引の業務又は投資判断に基づき自己の計算において行う有価証券の売買その他の取引の業務」とは，金融知識等を活用した自らの投資判断に基づく資産運用の業務又は有価証券の売買その他の取引の業務をいう。

③　有価証券市場における相場等の動向又は有価証券の価値等の分析，評価又はこれに基づく投資に関する助言の業務

則第34条の２第３項第３号の「有価証券市場における相場等の動向又は有価証券の価値等の分析，評価又はこれに基づく投資に関する助言の業務」とは，有価証券等に関する高度の専門知識と分析技術を応用して分析し，当該分析の結果を踏まえて評価を行い，これら自らの分析又は評価結果に基づいて運用担当者等に対し有価証券の投資に関する助言を行う業務をいう。

ここでいう「有価証券市場における相場等の動向」とは，株式相場，債権相場の動向のほかこれらに影響を与える経済等の動向をいい，「有価証券の価値等」とは，有価証券に投資することによって将来得られる利益である値上がり益，利子，配当等の経済的価値及び有価証券の価値の基盤となる企業の事業活動をいう。

④　顧客の事業の運営に関する重要な事項についての調査又は分析及びこれに基づく当該事項に関する考案又は助言の業務

則第34条の２第３項第４号の「顧客の事業の運営に関する重要な事項についての調査又は分析及びこれに基づく当該事項に関する考案又は助言の業務」とは，企業の事業運営についての調査又は分析を行い，企業に対して事業・業務の再編，人事等社内制度の改革など経営戦略に直結する業務改革案等を提案し，その実現に向けてアドバイスや支援をしていく業務をいう。

ここでいう「調査又は分析」とは，顧客の事業の運営に関する重要な事項について行うものであり，顧客から調査又は分析を行うために必要な内部情報の提供を受けた上で，例えば経営状態，経営環境，財務状態，事業運営上の問題点，生産効率，製品や原材料に係る市場の動向等について行う調査又は分析をいう。

⑤　新たな技術，商品又は役務の研究開発の業務

則第34条の２第３項第５号の「新たな技術，商品又は役務の研究開発の業務」とは，新たな技術の研究開発，新たな技術を導入して行う管理方法の構築，新素材や新型モデル・サービスの研究開発等の業務をいい，専門的，科学的な知識，技術を有する者によって，新たな知見を得ること又は技術的改善を通じて新たな価値を生み出すことを目的として行われるものをいう。

ロ　対象業務について決議するに当たり，決議に係る業務の具体的な範囲及び当該業務が則第34条の２第３項各号に掲げる業務のいずれに該当するかを明らかにすることが必要である。

ハ　イ(イ)及び(ロ)の全部又は一部に該当しない業務を労使委員会において対象業務として決議したとしても，当該業務に従事する労働者に関し，高度プロフェッショナル制度の効果は生じない。

(2)　留意事項

イ　対象業務は，部署が所掌する業務全体ではなく，対象となる労働者に従事させることとする業務をいう。したがって，対象業務の語句（例えば，「研究」，「開発」）に対応する語句をその名称に含む部署（例えば，「研究開発部」）において行われる業務の全てが対象業務に該当するものではない。

ロ　労使委員会において対象業務について決議するに当たり，委員は，次に掲げる対象業務となり得る業務の例及び対象業務となり得ない業務の例について留意することが必要である。なお，対象業務となり得る業務の例については，(1)イ(イ)及び(ロ)に該当する場合に対象業務として決議し得るものである。また，対象業務となり得る業務の例に該当しないものは対象業務として決議し得ないとするものではない。対象業務となり得ない業務の例については，これに該当しないものは対象業務として決議し得るとするものではない。

(イ)　金融工学等の知識を用いて行う金融商品の開発の業務

①　対象業務となり得る業務の例

- 資産運用会社における新興国企業の株式を中心とする富裕層向け商品（ファンド）の開発の業務

②　対象業務となり得ない業務の例

- 金融商品の販売，提供又は運用に関する企画立案又は構築の業務
- 保険商品又は共済の開発に際してアクチュアリーが通常行う業務
- 商品名の変更や既存の商品の組合せのみをもって行う金融商品の開発の業務・専らデータの入力又は整理を行う業務

(ロ)　資産運用（指図を含む。以下この(ロ)において同じ。）の業務又は有価証券の売買その他の取引の業務のうち，投資判断に基づく資産運用

の業務，投資判断に基づく資産運用として行う有価証券の売買その他の取引の業務又は投資判断に基づき自己の計算において行う有価証券の売買その他の取引の業務

① 対象業務となり得る業務の例

- 資産運用会社等における投資判断に基づく資産運用の業務（いわゆるファンドマネージャーの業務）
- 資産運用会社等における投資判断に基づく資産運用として行う有価証券の売買その他の取引の業務（いわゆるトレーダーの業務）
- 証券会社等における投資判断に基づき自己の計算において行う有価証券の売買その他の取引の業務（いわゆるディーラーの業務）

② 対象業務となり得ない業務の例

- 有価証券の売買その他の取引の業務のうち，投資判断を伴わない顧客からの注文の取次の業務
- ファンドマネージャー，トレーダー，ディーラーの指示を受けて行う業務
- 金融機関における窓口業務
- 個人顧客に対する預金，保険，投資信託等の販売・勧誘の業務
- 市場が開いている時間は市場に張り付くよう使用者から指示され，実際に張り付いていなければならない業務・使用者から指示された取引額・取引量を処理するためには取引を継続し続けなければならない業務
- 金融以外の事業を営む会社における自社資産の管理，運用の業務

(ハ) 有価証券市場における相場等の動向又は有価証券の価値等の分析，評価又はこれに基づく投資に関する助言の業務

① 対象業務となり得る業務の例

- 特定の業界の中長期的な企業価値予測について調査分析を行い，その結果に基づき，推奨銘柄について投資判断に資するレポートを作成する業務

② 対象業務となり得ない業務の例

- 一定の時間を設定して行う相談業務
- 専ら分析のためのデータ入力又は整理を行う業務

(ニ) 顧客の事業の運営に関する重要な事項についての調査又は分析及

びこれに基づく当該事項に関する考案又は助言の業務

①　対象業務となり得る業務の例

- コンサルティング会社において行う顧客の海外事業展開に関する戦略企画の考案の業務

②　対象業務となり得ない業務の例

- 調査又は分析のみを行う業務・調査又は分析を行わず，助言のみを行う業務・専ら時間配分を顧客の都合に合わせざるを得ない相談業務
- 個人顧客を対象とする助言の業務・商品・サービスの営業・販売として行う業務
- 上席の指示やシフトに拘束され，働く時間帯の選択や時間配分に裁量が認められない形態でチームのメンバーとして行う業務
- サプライヤーが代理店に対して行う助言又は指導の業務

㈭　新たな技術，商品又は役務の研究開発の業務

①　対象業務となり得る業務の例

- メーカーにおいて行う要素技術の研究の業務
- 製薬企業において行う新薬の上市に向けた承認申請のための候補物質の探索や合成，絞り込みの業務
- 既存の技術等を組み合わせて応用することによって新たな価値を生み出す研究開発の業務
- 特許等の取得につながり得る研究開発の業務

②　対象業務となり得ない業務の例

- 作業工程，作業手順等の日々のスケジュールが使用者からの指示により定められ，そのスケジュールに従わなければならない業務
- 既存の商品やサービスにとどまり，技術的改善を伴わない業務・既存の技術等の単なる組合せにとどまり，新たな価値を生み出すものではない業務
- 他社のシステムの単なる導入にとどまり，導入に当たり自らの研究開発による技術的改善を伴わない業務
- 専門的，科学的な知識，技術がなくても行い得る既存の生産工程の維持・改善の業務・完成品の検査や品質管理を行う業務
- 研究開発に関する権利取得に係る事務のみを行う業務
- 生産工程に従事する者に対する既知の技術の指導の業務

• 上席の研究員の指示に基づく実験材料の調達や実験準備の業務

ハ 対象業務について「当該業務に従事する時間に関し使用者から具体的な指示（業務量に比して著しく短い期限の設定その他の実質的に当該業務に従事する時間に関する指示と認められるものを含む。）を受けて行うものを除く」とされていることに関し，高度プロフェッショナル制度が適用されている場合であっても，当該具体的な指示に該当するもの以外については，使用者は，労働者に対し必要な指示をすることは可能である。したがって，使用者が労働者に対し業務の開始時に当該業務の目的，目標，期限等の基本的事項を指示することや，中途において経過の報告を受けつつこれらの基本的事項について所要の変更の指示をすることは可能である。

また，使用者は，労働者の上司に対し，業務に従事する時間に関し具体的な指示を行うことはできないこと等高度プロフェッショナル制度の内容に関し必要な管理者教育を行うことが必要である。

2 法第41条の２第１項第２号に規定する事項関係

(1) 当該事項に関し具体的に明らかにする事項

イ 対象労働者は，次の(イ)及び(ロ)に掲げる要件のいずれにも該当するものである。

(イ) 職務が明確に定められていること。

法第41条の２第１項第２号イの「職務が明確に定められている」とは，当該対象労働者の業務の内容，責任の程度及び職務において求められる成果その他の職務を遂行するに当たって求められる水準（以下「職務の内容」という。）が具体的に定められており，当該対象労働者の職務の内容とそれ以外の職務の内容との区別が客観的になされていることをいう。したがって，例えば，業務の内容が抽象的に定められており，使用者の一方的な指示により業務を追加することができるものは，職務が明確に定められているとはいえない。

また，職務を定めるに当たり，働き方の裁量を失わせるような業務量や成果を求めるものではないことが必要である。

さらに，職務の内容を変更する場合には再度合意を得ることが必要であり，その場合であっても職務の内容の変更は対象業務の範囲内に限られるものである。

(ロ) 法第41条の２第１項第２号ロに規定する要件を満たしていること。

法第41条の２第１項第２号ロの「労働契約により使用者から支払われると見込まれる賃金の額」とは，個別の労働契約又は就業規則等において，名称の如何にかかわらず，あらかじめ具体的な額をもって支払われることが約束され，支払われることが確実に見込まれる賃金は全て含まれるものである。したがって，労働者の勤務成績，成果等に応じて支払われる賞与や業績給等，その支給額があらかじめ確定されていないものは含まれないものである。ただし，賞与や業績給でもいわゆる最低保障額が定められ，その最低保障額については支払われることが確実に見込まれる場合には，その最低保障額は含まれるものである。また，一定の具体的な額をもって支払うことが約束されている手当は含まれるが，支給額が減少し得る手当は含まれないものである。

ロ　対象労働者について決議するに当たり，法第41条の２第１項第２号に掲げる労働者の範囲を明らかにすることが必要である。また，対象労働者は，対象業務に常態として従事していることが原則であり，対象業務以外の業務にも常態として従事している者は対象労働者とはならない。

(2)　留意すべき事項

イ　職務を定めるに当たり，使用者及び労働者は，職務において求められる成果その他の職務を遂行するに当たって求められる水準を客観的なものとすることが望ましい。

ロ　労使委員会において，法第41条の２第１項第２号に掲げる労働者の範囲について決議するに当たり，委員は，事業場の実態や対象業務の性質等に応じて当該範囲を定めることが適当である。

例えば，当該範囲を一定の職務経験年数や資格を有する労働者に限ることを決議で定めることや，則第34条の２第６項に定める額よりも高い額を年収要件として決議で定めることも可能である。

3　法第41条の２第１項第３号に規定する事項関係

(1)　当該事項に関し具体的に明らかにする事項

決議に際して，法第41条の２第１項第３号に規定する健康管理時間（健康管理時間から除くこととした時間を含む。）を把握する方法について，当該事業場の実態に応じて適切なものを具体的に明らかにするとともに，当該方法は次のいずれにも該当するものとすることが必要である。

イ　法第41条の２第１項第３号の「事業場内にいた時間」を把握する方

法が，タイムカードによる記録，パーソナルコンピュータ等の電子計算機の使用時間の記録等の客観的な方法であること。

ここでいう「客観的な方法」については，例えば，次に掲げるものを基礎とした出退勤時刻又は入退室時刻の記録が該当する。

① タイムレコーダーによるタイムカードへの打刻記録

② パーソナルコンピュータ内の勤怠管理システムへのログイン・ログオフ記録

③ ICカードによる出退勤時刻又は事業場への入退場時刻の記録

ロ 法第41条の２第１項第３号の「事業場外において労働した時間」を把握する方法が，イと同様に客観的な方法であること。

客観的な方法によることができないやむを得ない理由がある場合には，対象労働者による自己申告により把握することを明らかにすることが認められる。ここでいう「やむを得ない理由」については，対象労働者による自己申告によりその事業場外において労働した時間を把握せざるを得ない理由として具体的に示されている必要があり，例えば，次に掲げるものが考えられる。

① 顧客先に直行直帰し，勤怠管理システムへのログイン・ログオフ等もできないこと。

② 事業場外において，資料の閲覧等パーソナルコンピュータを使用しない作業を行うなど，勤怠管理システムへのログイン・ログオフ等もできないこと。

③ 海外出張等勤怠管理システムへのログイン・ログオフ等が常時できない状況にあること。

ハ 法第41条の２第１項第３号の「事業場内にいた時間」から同号の「厚生労働省令で定める労働時間以外の時間」を除くことを決議する場合には，除くこととする時間の内容や性質を具体的に明らかにするとともに，当該除くこととする時間を把握する方法が，イと同様に客観的な方法であること。

この除くこととする時間について，手待ち時間を含めることや一定時間数を一律に除くことは認められない。

ニ 健康管理時間を把握するに当たっては，対象労働者ごとに，日々の健康管理時間の始期及び終期並びにそれに基づく健康管理時間の時間数が記録されており，労働安全衛生法（昭和47年法律第57号）第66条の８

の４の規定に基づく医師の面接指導を適切に実施するため，使用者は，少なくとも１か月当たりの健康管理時間の時間数の合計を把握すること。

ロの対象労働者による自己申告により，複数の日についてまとめて把握する場合であっても，日々及び１か月当たりの健康管理時間は明らかにされなければならない。

(2)　留意事項

イ　委員は，(1)ニの記録方法とすることを決議で定めることが適当である。

ロ　健康管理時間の記録について，使用者は，対象労働者から求めがあれば，当該対象労働者に開示することが必要である。したがって，委員は，健康管理時間の開示の手続を決議に含めることが必要である。

ハ　使用者は，対象労働者の健康管理時間の状況を把握する際，対象労働者からの健康状態についての申告，健康状態についての上司による定期的なヒアリング等に基づき，対象労働者の健康状態を把握することが望ましい。このため，委員は，法第41条の２第１項第４号から第６号までに掲げる措置を講ずる前提として，使用者が対象労働者の健康管理時間の状況と併せてその健康状態を把握することを決議に含めることが望ましい。

４　法第41条の２第１項第４号に規定する事項関係

(1)　当該事項に関し具体的に明らかにする事項

イ　決議に際し，対象労働者の休日の取得の手続の具体的内容を明らかにすることが必要である。

ロ　１年間を通じ104日以上の休日について，対象労働者に与えることができないことが確定した時点から，高度プロフェッショナル制度の法律上の効果は生じない。また，１年間を通じ104日以上の休日及び４週間を通じ４日以上の休日の起算日は，高度プロフェッショナル制度の適用の開始日となる。

(2)　留意事項

イ　適切に休日を取得することが疲労の蓄積を防止する観点から重要であり，確実に休日を取得するため，対象労働者が，あらかじめ年間の休日の取得予定を決定し，使用者に通知すること及び休日の取得の状況を使用者に明らかにすることが望ましい。

ロ　使用者は，疲労の蓄積を防止する観点から，長期間の連続勤務とならないよう休日を適切に取得することが重要であることについて，対象労働者にあらかじめ周知することが望ましい。

5　法第41条の２第１項第５号に規定する事項関係

(1)　当該事項に関し具体的に明らかにする事項決議に際し，法第41条の２第１項第５号に規定する措置（以下「選択的措置」という。）について，同号イからニまでに掲げる措置のうちいずれの措置をどのように講ずるかを具体的に明らかにすることが必要である。

(2)　留意事項

イ　委員は，法第41条の２第１項第５号に規定する事項に関し決議するに当たり，同号イからニまでに掲げる措置のいずれの措置を講ずることとするかについて，対象となり得る労働者の意見を聴くことが望ましい。

ロ　対象事業場（対象業務が存在する事業場をいう。以下同じ。）に複数の対象業務が存在する場合，委員は，当該対象業務の性質等に応じて，対象業務ごとに選択的措置を決議することが望ましい。

ハ　選択的措置として法第41条の２第１項第５号ニに掲げる健康診断の実施を決議した場合には，使用者は，これを労働者に確実に受けさせるようにするとともに，健康診断の結果の記録，健康診断の結果に基づく当該対象労働者の健康を保持するために必要な措置に関する医師の意見の聴取，当該医師の意見を勘案した適切な措置等を講ずることが必要である。

6　法第41条の２第１項第６号に規定する事項関係

(1)　当該事項に関し具体的に明らかにする事項

イ　決議に際し，法第41条の２第１項第６号に掲げる措置（以下「健康・福祉確保措置」という。）について，則第34条の２第14項に規定する措置のうちいずれの措置をどのように講ずるかを具体的に明らかにすることが必要である。

ロ　対象労働者については，使用者が対象業務に従事する時間に関する具体的な指示を行わないこととされているが，使用者は，このために当該対象労働者について，労働契約法（平成19年法律第128号）第５条の規定に基づく安全配慮義務を免れるものではない。

(2)　留意事項

委員は，把握した対象労働者の健康管理時間及びその健康状態に応じて，対象労働者への高度プロフェッショナル制度の適用について必要な見直しを行うことを決議に含めることが望ましい。例えば，健康管理時間が一定時間を超えた労働者については高度プロフェッショナル制度を適用しないこととすることなどが考えられる。

7　法第41条の２第１項第７号に規定する事項関係

(1)　当該事項に関し具体的に明らかにする事項

イ　決議に際し，法第41条の２第１項第７号の「同意の撤回に関する手続」について，撤回の申出先となる部署及び担当者，撤回の申出の方法等その具体的内容を明らかにすることが必要である。

ロ　使用者は，本人同意を撤回した場合の配置及び処遇について，本人同意を撤回した労働者をそのことを理由として不利益に取り扱ってはならない。

ハ　本人同意の撤回を申し出た労働者については，その時点から高度プロフェッショナル制度の法律上の効果は生じない。

(2)　留意事項

委員は，本人同意を撤回した場合の撤回後の配置及び処遇又はその決定方法について，あらかじめ決議で定めておくことが望ましい。当該撤回後の配置及び処遇又はその決定方法については，使用者が意図的に制度の要件を満たさなかった場合等本人同意の撤回に当たらない場合には適用されないよう定めることが適当である。

8　法第41条の２第１項第８号に規定する事項関係

(1)　当該事項に関し具体的に明らかにする事項

決議に際し，法第41条の２第１項第８号の対象業務に従事する対象労働者からの苦情の処理に関する措置（以下「苦情処理措置」という。）について，苦情の申出先となる部署及び担当者，取り扱う苦情の範囲，処理の手順，方法等その具体的内容を明らかにすることが必要である。

(2)　留意事項

イ　労使委員会において，苦情処理措置について決議するに当たり，委員は，使用者や人事担当者以外の者を申出先となる担当者とすること等の工夫により，対象労働者が苦情を申し出やすい仕組みとすることが適当である。

ロ　取り扱う苦情の範囲については，委員は，高度プロフェッショナル制度の実施に関する苦情のみならず，対象労働者に適用される評価制度及びこれに対応する賃金制度等高度プロフェッショナル制度に付随する事項に関する苦情も含むものとすることが適当である。

ハ　苦情処理措置として，労使委員会が事業場において実施されている苦情処理制度を利用することを決議した場合には，使用者は，対象労働者にその旨を周知するとともに，当該実施されている苦情処理制度が高度プロフェッショナル制度の運用の実態に応じて機能するよう配慮することが適当である。

9　法第41条の２第１項第９号に規定する事項関係

使用者は，本人同意をしなかった場合の配置及び処遇について，本人同意をしなかった労働者をそのことを理由として不利益に取り扱ってはならない。

10　法第41条の２第１項第10号に規定する事項関係

(1)　当該事項に関し具体的に明らかにする事項

法第41条の２第１項第10号に規定する「前各号に掲げるもののほか，厚生労働省令で定める事項」として，則第34条の２第15項第１号から第４号までにおいて，次の事項が労使委員会の決議事項として定められている。

イ　決議の有効期間の定め及び当該決議は再度決議しない限り更新されない旨

ロ　労使委員会の開催頻度及び開催時期

ハ　常時50人未満の労働者を使用する事業場である場合においては，労働者の健康管理に当たる医師を選任すること。

ニ　本人同意及びその撤回，合意した職務の内容，支払われると見込まれる賃金の額，健康管理時間の状況，法第41条の２第１項第４号に規定する措置（以下「休日確保措置」という。），選択的措置として講じた措置，健康・福祉確保措置として講じた措置並びに苦情処理措置として講じた措置に関する労働者ごとの記録並びにハの選任に関する記録を，イの有効期間中及びその満了後３年間保存すること。

(2)　留意事項

イ　委員は，(1)イの有効期間について，１年とすることが望ましい。

ロ　(1)ロの開催頻度及び開催時期について，法第41条の２第２項の規定による報告の内容に関し労使委員会において調査審議し，必要に応じて決議を見直す観点から，少なくとも６か月に１回，当該報告を行う時期に開催することとすることが必要である。また，委員は，決議を行った後に当該決議の内容に関連して生じた当該決議の時点では予見し得なかった事情の変化に対応するため，委員の半数以上から決議の変更等のための労使委員会の開催の申出があった場合は，⑴イの有効期間の中途であっても決議の変更等のための調査審議を行うものとすることを決議において定めることが適当である。

11　その他法第41条の２第１項の決議に関する事項

労使委員会が法第41条の２第１項の規定に基づき，同項第１号から第10号までに掲げる事項について決議を行うに当たっては，委員が，高度プロフェッショナル制度の適用を受ける対象労働者に適用される評価制度及びこれに対応する賃金制度の内容を十分理解した上で，行うことが重要である。

このため，労使委員会が法第41条の２第１項第１号から第10号までに掲げる事項について決議を行うに先立ち，使用者は，対象労働者に適用される評価制度及びこれに対応する賃金制度の内容について，労使委員会に対し，十分に説明することが適当である。また，委員は，使用者がこれらの制度を変更しようとする場合にあっては労使委員会に対し事前に変更内容の説明をするものとすることを労使委員会において決議することが適当である。

第４　法第41条の２第１項に規定する労使委員会の要件等労使委員会に関する事項

法第41条の２第１項に規定する労使委員会の要件等に関し対象事業場の使用者並びに当該事業場の労働者，労働組合及び労働者の過半数を代表する者並びに委員が留意すべき事項等は，次のとおりである。

１　法第41条の２第１項による労使委員会の設置に先立つ話合い

⑴　対象事業場の使用者及び労働者の過半数を代表する者（以下「過半数代表者」という。）又は労働組合は，法第41条の２第１項の規定により労使委員会が設置されるに先立ち，設置に係る日程，手順，使用者による一定の便宜の供与がなされる場合にあってはその在り方等について十分に話し合い，定めておくことが望ましい。その際，委員の半数について同条第３項において準用する法第38条の４第２項第１号に規定する指名（以下「委員指名」という。）の手続を経なければならないことに鑑み，これらの手続を適切に実施できるようにする観点から話合いがなされることが望ましい。特に，同号に規定する労働者の過半数で組織する労働組合がない場合において，使用者は，過半数代表者が必要な手続を円滑に実施できるよう十分に話し合い，必要な配慮を行うことが適当である。

なお，過半数代表者が適正に選出されていない場合や監督又は管理の地位にある者について委員指名が行われている場合は当該労使委員会による決議は無効であり，過半数代表者は則第６条の２第１項各号に該当するよう適正に選出されている必要がある。また，労使を代表する委員それぞれ１名計２名で構成される委員会は労使委員会として認められない。

2　法第41条の２第１項及び関係省令に基づく労使委員会の運営規程

(1)　労使委員会の要件として，則第34条の２の３において準用する則第24条の２の４において，労使委員会の招集，定足数，議事その他労使委員会の運営について必要な事項に関する規程（以下「運営規程」という。）が定められていること，使用者は運営規程の作成又は変更について労使委員会の同意を得なければならないこと等が規定されている。この運営規程には，労使委員会の招集に関する事項として法第41条の２第１項の決議の調査審議のための委員会，決議に係る有効期間中における制度の運用状況の調査審議のための委員会等定例として予定されている委員会の開催に関すること及び必要に応じて開催される委員会の開催に関することを，議事に関する事項として議長の選出に関すること及び決議の方法に関することを，それぞれ規定することが適当である。

(2)　運営規程において，定足数に関する事項を規定するに当たっては，労使委員会が法第41条の２第１項に規定する決議をする場合の「委員の五分の四以上の多数による議決」とは，労使委員会に出席した委員の５分の４以上の多数による議決で足りるものであることに鑑み，全委員に係る定足数のほか，労使を代表する委員それぞれについて一定割合又は一定数以上の出席を必要とし，これらを満たさない場合には議決できないことを定めることが適当である。

3　労使委員会に対する使用者による情報の開示

(1)　法第41条の２第１項に規定する決議が適切に行われるため，使用者は，労使委員会に対し，同項の決議のための調査審議をする場合には，第３の11において使用者が労使委員会に対し十分に説明するものとすることが適当であるとされている対象労働者に適用される評価制度及びこれに対応する賃金制度の内容に加え，高度プロフェッショナル制度が適用されることとなった場合における対象業務の具体的内容を開示することが適当である。

(2)　委員が，当該対象事業場における高度プロフェッショナル制度の実施状況に関する情報を十分に把握するため，使用者は，労使委員会に対し，健康管理時間の状況，休日確保措置の実施状況，選択的措置として講じた措置の実施状況，健康・福祉確保措置として講じた措置の実施状況，苦情処理措置の実施状況及び労使委員会の開催状況を開示することが適当である。

なお，対象労働者からの苦情の内容及びその処理状況を労使委員会に開示するに当たっては，使用者は対象労働者のプライバシーの保護に十分留意することが必要である。

(3)　運営規程においては，使用者が開示すべき情報の範囲，開示手続，開示が行われる労使委員会の開催時期等必要な事項を定めておくことが適当である。

使用者が開示すべき情報の範囲を定めるに当たっては，健康管理時間の状況や休日確保措置の実施状況に関し使用者が開示すべき情報の範囲について，対象労働者全体の平均値だけではなく，その分布を示すなど対象労働者の個別の状況が明らかになるものとすることが適当である。

4　労使委員会と労働組合等との関係

(1)　労使委員会は，法第41条の２第１項の規定において「賃金，労働時間その他の当該事業場における労働条件に関する事項を調査審議し，事業主に対し当該事項について意見を述べることを目的とする委員会」とされている。この労働条件に関する事項についての労使委員会による調査審議は，同項の決議に基づく高度プロフェッショナル制度の適正な実施を図る観点から行われるものであり，労働組合の有する団体交渉権を制約するものではない。

このため，運営規程においては，労使委員会と労働組合又は労働条件に関する事項を調査審議する労使協議機関との関係を明らかにしておくため，それらと協議の上，労使委員会の調査審議事項の範囲を定めておくことが適当である。

(2)　法第41条の２第３項において準用する法第38条の４第５項の規定に基づき，労使委員会において，委員の５分の４以上の多数による議決により同項に掲げる規定（以下「特定条項」という。）において労使協定に委ねられている事項について決議した場合には，当該労使委員会の決議をもって特定条項に基づく労使協定に代えることができることとされている。

このため，運営規程においては，労使委員会と特定条項に係る労使協定の締結当事者となり得る労働組合又は過半数代表者との関係を明らかにしておくため，これらと協議の上，労使委員会が特定条項のうち労使協定に代えて決議を行うこととする規定の範囲を定めておくことが適当である。

⑵　対象業務

㋐　法文の枠組み

高プロの対象業務は，高度の専門的知識等を必要とし，その性質上従事した時間と従事して得た成果との関連性が通常高くないと認められるものとして改正労基則34条の２第３項各号で定める業務のうち，労働者に就かせることとする業務とされています（改正法41条の２第１項１号）。

㋑　改正労基則での特定

Ⓐ　27年建議の内容

27年建議によれば，対象業務は具体的には，①金融商品の開発業務，②金融商品のディーリング業務，③アナリストの業務（企業・市場等の高度な分析業務），④コンサルタントの業務（事業・業務の企画運営に関する高度な考案又は助言の業務），⑤開発業務等とされていました。

Ⓑ　改正労基則の内容

最終的に改正労基則（34条の２第３項１～５号）で定められた業務は，①金融工学等の知識を用いて行う金融商品の開発の業務，②資産運用（指図を含む。以下同じ）の業務又は有価証券の売買その他の取引の業務のうち，投資判断に基づく資産運用の業務，投資判断に基づく資産運用として行う有価証券の売買その他の取引の業務又は投資判断に基づき自己の計算において行う有価証券の売買その他の取引の業務，③有価証券市場における相場等の動向又は有価証券の価値等の分析，評価又はこれに基づく投資に関する助言の業務，④顧客の事業の運営に関する重要な事項についての調査又は分析及びこれに基づく当該事項に関する考案又は助言の業務，⑤新たな技術，商品又は役務の研究開発の業務ですが，「当該業務に従事する時間に関し使用者から具体的な指示（業務量に比して著しく短い期限の設定その他の実質的に当該業務に従事する時間に関する指示と認められるものを含む。）を受けて行うものを除く」（同項柱書）と明記されました（各業務該当性の具体的な内容については，高プロ指針第３の１⑴イ㈺にて，上記①から⑤につき，詳細に解説しています）。

㈬「業務に従事する時間に関し使用者から具体的な指示」の限界と許容範囲

なお，上記「当該業務に従事する時間に関し使用者から具体的な指示」の限界に関しては，高プロ指針第３の１⑴イ㈹にて，下記のように指摘されています。

“ここでいう「具体的な指示」として，次のようなものが考えられる。

① 出勤時間の指定等始業・終業時間や深夜・休日労働等労働時間に関する業務命令や指示

② 労働者の働く時間帯の選択や時間配分に関する裁量を失わせるような成果・業務量の要求や納期・期限の設定

③ 特定の日時を指定して会議に出席することを一方的に義務付けること。

④ 作業工程，作業手順等の日々のスケジュールに関する指示”

ただし，上記の裁量性の一定の拘束の可能性，指示の許容範囲につき，高プロ指針第３の１⑵ハにて，下記のように指摘していることに留意すべきです。

“対象業務について「当該業務に従事する時間に関し使用者から具体的な指示（業務量に比して著しく短い期限の設定その他の実質的に当該業務に従事する時間に関する指示と認められるものを含む。）を受けて行うものを除く」とされていることに関し，高度プロフェッショナル制度が適用されている場合であっても，当該具体的な指示に該当するもの以外については，使用者は，労働者に対し必要な指示をすることは可能である。したがって，使用者が労働者に対し業務の開始時に当該業務の目的，目標，期限等の基本的事項を指示することや，中途において経過の報告を受けつつこれらの基本的事項について所要の変更の指示をすることは可能である。

また，使用者は，労働者の上司に対し，業務に従事する時間に関し具体的な指示を行うことはできないこと等高度プロフェッショナル制度の内容に関し必要な管理者教育を行うことが必要である。”

(D) 今後の高プロ業務の拡大の可能性

しかし，すぐにではないとしても，今後，改正労基則等により，その適用範囲が，2007年労基法改正の際に議論した自己管理型労働制での射程範囲，たとえば，「管理監督者一歩手前」の地位にある労働者等にまで拡大する可能性は残っています。

このことは，労基法14条１項１号の専門職の対象が，「労働基準法第14条第１項第１号の規定に基づき厚生労働大臣が定める基準を定める告示」（平15厚労告356号，最終改正平29・10・19厚労告376号。以下「特例基準」という）の相次ぐ改正により拡大してきた経緯とその内容が今後の高プロ対象業務の拡大の方向性を示すものとして参考になります（労働者派遣法の適用対象の拡大の歴史を見ても明らかでしょう。岩出・大系141頁以下参照）。

(3) 対象労働者

(ア) 年収要件

高プロの導入に伴い高プロ対象労働者は，労基法14条１項１号の高度専門職対象労働者と定められました（改正法14条１項１号）。

高プロ対象労働者は，以下の全ての要件を満たす労働者でなければなりません（改正法41条の２第１項２号）。

① 使用者との間の書面その他の労基則で定める方法による合意に基づき職務が明確に定められていること（改正労基則34条の２第４項により，使用者との間の書面（当該労働者が希望した場合にあっては，当該書面に記載すべき事項を記録した電磁的記録の提供を受ける方法）による合意に基づき，①業務の内容，②責任の程度，③職務において求められる成果その他の職務を遂行するに当たって求められる水準が明確に定められ，その職務の範囲内で労働する労働者であることが定められます（明示事項や方法の詳細については，高プロ指針第３の２(1)イ(イ)参照）。なお，高プロ対象労働者は，対象業務に常態として従事していることが原則であり，対象業務以外の業務にも常態として従事している者は対象労働者とはならないことに留意すべきです（同指針第３の２(1)ロ

参照)。)。

② 労働契約により使用者から支払われると見込まれる賃金の額を１年間当たりの賃金の額に換算した額が基準年間平均給与額（厚労省において作成する毎月勤労統計における毎月きまって支給する給与の額を基礎として算定した労働者１人当たりの給与の平均額）の３倍の額相当程度上回る水準として改正労基則34条の６第６項で定める額とすること（労基法14条１項１号の専門有期労働者と同様に，特例基準５項の定める1,075万円とされています）。

(イ) 年収要件における留意点

なお，高プロ指針第３の２(1)イ(ロ)で，労使委員会において対象労働者を決議するに当たっては，高プロの対象となることによって賃金が減らないよう，次の指摘がなされています。

"「労働契約により使用者から支払われると見込まれる賃金の額」とは，個別の労働契約又は就業規則等において，名称の如何にかかわらず，あらかじめ具体的な額をもって支払われることが約束され，支払われることが確実に見込まれる賃金はすべて含まれるものである。

したがって，労働者の勤務成績等に応じて支払われる賞与や業績給等，その支給額があらかじめ確定されていないものは含まれないものである。ただし，賞与や業績給でもいわゆる最低保障額が定められ，その最低保障額については支払われることが確実に見込まれる場合には，その最低保障額は含まれるものである。また，一定の具体的な額をもって支払うことが約束されている手当は含まれ，支給額が減少することが見込まれる手当は含まれないものである。"とされています。

なお，労働契約により使用者から支払われると見込まれる賃金の額の意義については，労基法14条１項１号の専門有期労働者と同様に（平15・10・22基発1022001号），確実に見込まれる賃金を言うとされ，労働者の責めに帰すべき事由による休業や欠勤等により実際の賃金額が減額されても要件は満たすとされると同様に解され，通勤手当も含まれるとされています（国会での政府答弁）。

しかし，27年建議の前提となった2006年1月27日厚労省「今後の労働時間制度に関する研究会報告書」（以下，「2006年時間報告」という）Ⅲ2(2)ii）では，同意要件に関連して，「労働者本人による同意が適正に行われていること等を担保するため，労働者が同意しなかった場合の不利益取扱いを禁止するとともに，使用者と対象労働者の間で所定の事項…の勤務態様要件，年収の額，休日の日数，出退勤時刻を守らなかったことを理由とする減給が行われないこと等を記載した合意書を作成し，当該合意書を事業場に保管することを義務付け，事後的に適正な同意があったことを確認できるようにすることが適当と考えられる」とされていることからすると（下線は筆者による），少なくとも，「労働者の責めに帰すべき事由による休業や欠勤等」に関しては疑問が残ります。

なお，年収要件の1,075万円以上を満たしている場合であっても，毎月の賃金の支払い方（特定の月に偏って多額の賃金が支払われ，他の月の賃金額が極めて少額となる場合等）によっては，最低賃金法に抵触する可能性があります。そこで，月によって定められた賃金の場合には，その月の賃金の額をその月の健康管理時間で除して得た額が，その事業場が所在する都道府県の最低賃金額以上となる必要があります（最賃法施行規則2条3項）。

(ウ) 有期労働者の高プロの限界

なお，国会参院での審議で，厚労大臣から，高プロは1か月などの短期契約は望ましくないとして「指針などで契約期間を限定することも考えられる」と述べられていましたが，指針第2の3では，「本人同意の対象となる期間は，1年未満の期間の定めのある労働契約を締結している労働者については当該労働契約の期間，期間の定めのない労働契約又は1年以上の期間の定めのある労働契約を締結している労働者については長くとも1年間とし，当該期間が終了するごとに，必要に応じ法第41条の2第1項第2号に掲げる労働者の範囲に属する労働者（以下「対象労働者」という。）に適用される評価制度及びこれに対応する賃金制度等について見直しを行った上で，改めて本人同意を得ることが適当である。なお，これらの見直しを行う場合には，使用者は，労使委員会に対し事前にその内容について説明することが適当である。」と言及されています。

さらに，高プロは，期間１年未満の有期労働にも適用され得るとされています（高プロ指針第２の３）。ただし，「本人同意の対象となる期間を１か月未満とすることは，労働者が対象業務に従事する時間に関する裁量を発揮しがたいこととなるため認められない（高プロ指針第２の４），とされています。

(4)　健康管理時間，健康管理時間に基づく健康・福祉確保措置（義務的及び選択的措置），面接指導の強化

(ア)　健康管理時間の把握措置

高プロの適用労働者（以下，「高プロ労働者」という）については，割増賃金支払の基礎としての労働時間を把握する必要はありませんが，その健康確保の観点から，使用者は，健康管理時間（「事業場内に所在していた時間」と「事業場外で業務に従事した場合における労働時間」との合計）を，改正労基則で定める方法によって把握する措置を労使委員会で決議し，これに基づく健康・福祉確保措置を講じることが必要です（同法41条の２第１項３号，改正安衛法66条の８の４第１項）。なお，健康管理時間の把握方法については，後述の4(オ)の面接指導のための適用があることは前提と解されますが（123頁），さらに，27年建議では，客観的な方法（タイムカードやパソコンの起動時間等）によることを原則とし（改正安衛法66条の８の３，改正安衛則52条の７の３参照），事業場外で労働する場合に限って自己申告を例外的に認めるとされていました。

改正労規則34条の２第７項では，「厚生労働省令で定める労働時間以外の時間は，休憩その他労働者が労働していない時間とする。健康管理時間を把握する方法は，タイムカードによる記録，パーソナルコンピュータ等の電子計算機の使用時間の記録等客観的な方法とする。ただし，事業場外において労働する場合であってやむを得ない理由があるときは，自己申告によることができる。」とされています（同条８項）。

高プロ指針第３の３では，以下のように規定されています。

3　法第41条の２第１項第３号に規定する事項関係

(1)　当該事項に関し具体的に明らかにする事項

決議に際して，法第41条の２第１項第３号に規定する健康管理時間（健康管理時間から除くこととした時間を含む。）を把握する方法について，当該事業場の実態に応じて適切なものを具体的に明らかにするとともに，当該方法は次のいずれにも該当するものとすることが必要である。

イ　法第41条の２第１項第３号の「事業場内にいた時間」を把握する方法が，タイムカードによる記録，パーソナルコンピュータ等の電子計算機の使用時間の記録等の客観的な方法であること。

ここでいう「客観的な方法」については，例えば，次に掲げるものを基礎とした出退勤時刻又は入退室時刻の記録が該当する。

①　タイムレコーダーによるタイムカードへの打刻記録

②　パーソナルコンピュータ内の勤退管理システムへのログイン・ログアウト記録

③　ＩＣカードによる出退勤時刻又は事業場への入退場時刻の記録

ロ　法第41条の２第１項第３号の「事業場外において労働した時間」を把握する方法が，イと同様に客観的な方法であること。

客観的な方法によることができないやむを得ない理由がある場合には，対象労働者による自己申告により把握することを明らかにすることが認められる。ここでいう「やむを得ない理由」について，対象労働者による自己申告によりその事業場外において労働した時間を把握せざるを得ない理由として具体的に示されている必要があり，例えば，次に掲げるものが考えられる。

①　顧客先に直行直帰し，勤退管理システムへのログイン・ログアウト等もできないこと

②　事業場外において，資料の閲覧等パーソナルコンピュータを使用しない作業を行うなど，勤退管理システムへのログイン・ログアウト等もできないこと

③　海外出張等勤退管理システムへのログイン・ログアウト等が常時できない状況にあること

ハ　法第41条の２第１項第３号の「事業場内にいた時間」から同号の「厚生労働省令で定める労働時間以外の時間」を除くことを決議する場合には，除くこととする時間の内容・性質を具体的に明らかにするとともに，当該除くこととする時間を把握する方法が，イと同様に客観的な方法であること。

この除くこととする時間について，手待ち時間を含めることや一定時間数を一律に除くことは認められない。

ニ　健康管理時間を把握するに当たっては，対象労働者ごとに，日々の健康管理時間の始期及び終期並びにそれに基づく健康管理時間の時間数が記録されており，労働安全衛生法…第66条の８の４の規定に基づく医師の面接指導を適切に実施するため，使用者は，少なくとも１か月当たりの健康管理時間の時間数の合計を把握すること。

ロの対象労働者による自己申告により，複数の日についてまとめて把握する場合であっても，日々及び１か月当たりの健康管理時間は明らかにされなければならない。

⑵　留意事項

イ　委員は，⑴ニの記録方法とすることを決議で定めることが適当である。

ロ　健康管理時間の記録について，使用者は，対象労働者から求めがあれば，当該対象労働者に開示することが必要である。したがって，委員は，健康管理時間の開示の手続を決議に含めることが必要である。

ハ　使用者は，対象労働者の健康管理時間の状況を把握する際，対象労働者からの健康状態についての申告，健康状態についての上司による定期的なヒアリング等に基づき，対象労働者の健康状態を把握することが望ましい。このため，委員は，法第41条の２第１項第４号から第６号までに規定する措置を講ずる前提として，使用者が対象労働者の健康管理時間の状況と併せてその健康状態を把握することを決議に含めることが望ましい。

おおむね，現行の管理監督者や裁量労働制の下で働く労働者への面接指導の根拠となる後述の労働時間の状況の把握と同様なものになることが予想されます（140～141頁参照）。

㈠　休日確保措置

(A)　義務の内容

対象業務に従事する対象労働者に対し，１年間を通じ104日以上，かつ４週間を通じ４日以上の休日を当該決議及び就業規則その他これに準ずるもので定めるところにより使用者が与えることが義務付けられています（改正法41条の

２第１項４号）。2015年改正案では，次の(ウ)の選択的措置の１つでしたが，義務化されました。

「１年間を通じ104日以上」ということは，週休２日の年間取得総日数を前提としています（365日÷７日（週）×２日（休日）≒104日）。事実上，毎週２日の休日確保が困難なところから，「４週間を通じ４日以上の休日」を義務付けたものです。しかし，法文上では，28日中，４日休日を取らせれば，残りの24日をフル勤務させても違法とは言えないことになり批判がなされています。

もちろん，高プロの休日確保措置の趣旨からすれば，対象労働者が24日フル勤務する義務はなく，自己の選択で，１年間を通じ104日は休日を取れる制度と解すべきものでしょう。

(B) 実務的留意点

実務的留意点としては，以下の点に留意すべきです（高プロ指針第３の４参照）。

① 決議に際し，対象労働者の休日の取得の手続の具体的内容を明らかにすることが必要です。

② １年間を通じ104日以上の休日について，対象労働者に与えることができないことが確定した時点から，高度プロフェッショナル制度の法律上の効果は生じません。また，１年間を通じ104日以上の休日及び４週間を通じ４日以上の休日の起算日は，高プロの適用の開始日となります。

なお，国会参院の審議の中で，厚労省は，次の(ウ)ｃ）の２週間の連休について「年104日の休日の内数として付与できる」との見解を示しています。しかし，これを算入すると，２週間の連休を取得した後で，「かつ，４週間を通じ４日以上の休日」付与義務が果たされなくなる可能性があります。整合的な解釈は，年104日付与義務への算入は認めても，「４週間を通じ４日以上の休日」付与義務は依然として残ると解さざるを得ません。

㈦　選択的健康管理時間に基づく健康・福祉確保措置

高プロ労働者については，健康管理時間に基づく健康・福祉確保措置について，具体的には，制度の導入に際しての要件として，以下のいずれかの措置を労使委員会における５分の４以上の多数の決議で定めるところにより講じることが必要です（改正法41条の２第１項５号イ～ニ）。

ａ）労働者ごとに始業から24時間を経過するまでに改正労基則34条の２第９項で定める11時間以上の継続した休息時間を与えるものとし（いわゆるインターバル制度のことです），かつ，１か月について深夜業は予定される改正労基則同条第10項で定める４回以内とすること。

ｂ）健康管理時間を１か月又は３か月について１か月100時間，３か月240時間を超えないこととすること（改正法41条の２第１項５号ロ，改正労基則34条の２第11項）。

ｃ）１年に１回以上の継続した２週間（労働者が請求した場合においては，１年に２回以上の継続した１週間）（使用者が当該期間において，労基法39条の年休を与えたときは，当該有給休暇を与えた日を除く）について，休日を与えること（改正法41条の２第１項５号ハ。2015年改正案にはなかった措置です）。

ｄ）健康管理時間の状況その他の事項が労働者の健康の保持を考慮して改正労基則34条の２第12項・13項で定める要件（１週間当たりの健康管理時間が40時間を超えた場合におけるその超えた時間が１か月当たり80時間を超えた労働者又は申出があった労働者）に該当する労働者に健康診断（臨時の健康診断の項目は，労働安全衛生法に基づく定期健康診断の項目であって脳・心臓疾患との関連が認められるもの及び当該労働者の勤務の状況，疲労の蓄積の状況その他心身の状況の確認となります。定期健康診断の項目で脳・心臓疾患との関連が認められるものとは，①既往歴及び業務歴の調査，②自覚症状及び他覚症状の有無の検査，③身長，体重，腹囲の検査，④血圧の測定，⑤血中脂質検査，⑥血糖検査，⑦尿検査，⑧心電図検査となります）を実施すること（改正法41条の２第１項５号ニ）。

㈣　具体的状況に応じた当該対象労働者の健康及び福祉を確保するための措置

高プロ労働者の健康管理時間の状況に応じた当該労働者の健康及び福祉を確保するための措置であって，当該対象労働者に対する有給休暇（年休を除く）の付与，健康診断の実施その他の改正労基則で定めるものを当該決議で定めるところにより使用者が講ずることとされています（改正法41条の２第１項６号）。

改正労基則34条の２第14項では，

①　「決議事項５の選択的措置」のいずれかの措置（上記決議事項５において決議で定めたもの以外）

②　医師による面接指導（この他にも，１週間当たりの健康管理時間が40時間を超えた場合におけるその超えた時間が１か月当たり100時間を超えた対象労働者については，労働安全衛生法に基づき，本人の申出によらず一律に，医師による面接指導を実施しなければなりません。後述138～141頁参照）

③　代償休日又は特別な休暇の付与

④　心とからだの健康問題についての相談窓口の設置

⑤　適切な部署への配置転換

⑥　産業医等による助言指導又は保健指導

とされています。

その他の省令で定める決議事項（改正法41条の２第１項第10号）について，改正労基則34条の２第15項では，

①　決議の有効期間の定め及び当該決議は再度決議をしない限り更新されないこと（決議の有効期間は１年とすることが望ましいとされています。高プロ指針第３の10⑵イ）

②　労使委員会の開催頻度及び開催時期（労使委員会の開催頻度及び開催時期は，少なくとも６か月に１回，労働基準監督署長への定期報告を行う時期に開催することが必要です。高プロ指針第３の10⑵ロ）

③　常時50人未満の事業場である場合には，労働者の健康管理等を行うのに必要な知識を有する医師を選任すること。

④　労働者の同意及びその撤回，合意に基づき定められた職務の内容，支払われると見込まれる賃金の額，健康管理時間の状況，休日確保措置，選択的措置，健康・福祉確保措置及び苦情処理措置の実施状況に関する対象労働者ごとの記録並びに③の選任に関する記録を①の決議の有効期間中及びその満了後３年間保存すること。

とされています。

(オ)　面接指導の強化

後述第５章で詳述する通り（138～141頁），高プロ制度の適用労働者については，面接指導義務の実施が義務付けられています（改正安衛法66条の８第１項等）。

(5)　対象労働者の同意と撤回・不利益取扱い禁止

高プロの導入に際しての要件として，対象労働者の範囲に属する労働者ごとに，職務記述書等に署名等する形で職務の内容及び制度適用についての同意を得なければなりません（改正法41条の２第１項柱書）。

前述(3)の通り（114頁），改正労基則34条の２第４項では，労働者の同意の方法につき，書面又は電磁的方法とされています。

なお，不同意者への保護については，使用者は，この項の規定による同意をしなかった対象労働者に対して解雇その他不利益な取扱いをしてはならないことが決議事項とされ保護されることになっています（改正法41条の２第１項10号）。

また，27年建議では提言されていた（「対象労働者が同制度の適用を望まなくなった場合には，本人の申出により，通常の労働時間管理に戻すこととする仕組みを検討することが必要」）同意の撤回権の明示についても，国会の修正で，労使委員会決議事項の中に同意撤回手続の定めが挿入されることでケアされることになりました（改正法41条の２第１項７号）。しかし，不同意への保護規定と同様の定めが挿入されるべきであったのですが，改正法41条の２第１項10号の趣旨の目的的解釈として，同意の撤回をした労働者に対しても，解雇その他不利益な取扱いをしてはならないとの保護が及ぶと解されます。

この点は，高プロ指針第２の２(5)でも，「本人同意の撤回ができること及び本人同意の撤回に対する不利益取扱いは行ってはならない。」として同旨が指摘されています。

なお，同意撤回の手続の中で，理由を書面で記載させること自体は，撤回権の濫用を抑制する限りで許容されるでしょう。しかし，「体調の不安を感じる」程度の記載をもって足りるでしょう。

また，健康確保措置の観点から長期の撤回予告義務を課すことはできないでしょう。会社の賃金計算上の混乱等を最大限に考慮しても，翌月の賃金の計算の開始日前まであたりが妥当な限界ではないかと考えます。

(6) 本人同意の使用者による解除

なお，指針第２の６では，“使用者から一方的に本人同意を解除することはできない”と指摘されていますが，１年間の年俸契約社員の中途での年俸変更が許されないとの解釈ならば理解できますが，適法な人事異動命令による年度途中の異動も禁止されるとの趣旨であれば疑問が残ります。

(7) 労使委員会決議と届出

本制度の導入に際しての要件として，労使委員会を設置し，上記(2)〜(5)の内容である以下の事項を５分の４以上の多数により決議し，行政官庁に届け出なければなりません（改正法41条の２第１項柱書）。すなわち，①対象業務の範囲，②対象労働者の範囲，③対象業務に従事する対象労働者の健康管理時間を使用者が把握すること及びその把握方法，④１年間104日以上の休日確保措置，⑤健康管理時間に基づく健康・福祉確保措置の実施，⑥具体的状況に応じた当該対象労働者の健康及び福祉を確保するための措置，⑦高プロ就労への同意撤回手続，⑧苦情処理措置の実施（同項８号），⑨対象労働者の不同意に対する不利益取扱いの禁止（同項９号），⑩その他改正労基則で定める事項，です。

届出に関して，労基則34条の２第１項では，「届出は，所定の様式により，所轄労働基準監督署長にしなければならない。様式において，法定の決議事項について記入する欄を設けるほか，「本人の同意を得る方法」「対象業務ごとに支払われると見込まれる賃金の最低額」を記入する欄を設ける。」とされています。

労使委員会決議事項や同委員の選出方法，決議方法，決議事項の届出等については，企画業務型裁量労働制の決議方法，届出手続が準用されます（改正法41条の２第３項）。

労基則34条の２の３では，企画業務型裁量労働制に係る規定（法24条の２の４）を準用するとされています。

なお，国会の附帯決議により，改正労基則34条の２第15項１号で，決議の有効期間と自動更新を認めないことが定められています。

⑻　法的効果－適用除外効果の喪失事由限定への疑問

㈠　法文上の限定

以上の要件の下で，対象業務に就く対象労働者については，労働基準法第四章で定める労働時間，休憩，休日及び深夜の割増賃金に関する規定は適用除外とされます（改正法41条の２第１項柱書)。明文では，前記⑷㈠～㈢の健康確保措置を講じていない場合は適用除外はないとしています（同項ただし書)。

㈡　要件・手続に違背があった場合の法的効果

しかし，高プロの劇薬的効果を考慮するならば，労働時間規制の除外効果の排除を前記⑷㈠～㈢の健康確保措置義務違反に留める点には，前述（61頁）の36協定の要件違反をもって同協定の免罰的効果を否定する制度との均衡を欠き，整合性を欠くものです。

同排除条項は，健康確保措置の重要性を確認する意味での確認規定であり，労働時間規制の除外効果の排除する場合の例示規定と解されます。正に，労使委員会決議事項や同委員の選出方法，決議方法，決議事項の届出等につき（企画業務型裁量労働制の決議方法，届出手続を準用する改正法41条の２第３項），懈怠や違法性があり，有効性を欠く点があれば，全体的に労働時間規制の除外効果が排除されると解されます。たとえば，対象業務や対象労働者でない者に高プロ制度が適用できないことは当然と解されることからもこの点は自明でしょう※。

※この点は，2006年時間報告Ⅲ２(6)で下記のように論議されてきたことが改正法に当てはまるでしょう。

（要件・手続に違背があった場合の取扱い）

新しい自律的な労働時間制度の運用に当たり，法律で定める要件又は手続に違背があった場合の民事上，労働基準法上の効果については，実労働時間を把握しない制度であることに着目し，独自の法的効果を定めることも考えられるが，当面，次のように整理することが適当である。

<労使合意を導入の要件とした場合>

- 労使合意について，その内容に法で定める必要的記載事項が含まれていない場合や，その内容が法が定める水準に達していなかった場合は，適用に係る重大な瑕疵があると認められ，事業場全体及び個々の労働者に対する適用除外の効果が認められず，法第32条違反等の問題が生じ得る。
- 労使合意の内容は適法だが，要件に該当しない労働者を新しい自律的な労働時間制度の対象として取り扱っていた場合（例えば，同意の不存在や，年収要件違反など）は，当該労働者に対する適用除外の効果は認められず，法第32条違反等の問題が生じ得る。
- 労使合意の内容は適法で，要件に該当する労働者を対象としている（同意も得ている）がその合意内容例えば健康確保措置の実施休日の取得などが適切に履行されなくなった場合は，その時点から，個々の労働者に対する適用除外の効果が認められなくなり，法第32条違反等の問題が生じ得る。
- なお，労使合意がない場合は，個別に労働者と合意しても適用除外の効果は生じず，法第32条違反等の問題が生じ得る。

<導入に当たり労使合意が不要とされる場合>

- 本人との合意書に必要的記載事項が含まれていない場合や，その内容が法の定める水準に達していなかった場合及び同意以外の要件（例えば年収要件）を

満たさない労働者について本人の同意を得て対象として取り扱っていた場合は，当該労働者に対する適用除外の効果は認められず，法第32条違反等の問題が生じ得る。

- 合意書の内容が適正に履行されなくなった場合は，その時点から当該労働者に対する適用除外の効果が認められなくなり，法第32条違反等の問題が生じ得る。
- なお，そもそも対象労働者の同意がない場合は，当然当該労働者に対する適用除外の効果は認められず，法第32条違反等の問題が生じ得る。

なお，上記のいずれのケースについても，法第32条違反等とは別に，新しい自律的な労働時間制度の手続違反について，その根拠規定の違反として別途罰則を科すことにより，適正な運用を確保するという手法についても検討する必要がある。

また，法律で定める要件又は手続の違背はあるが，その内容が軽微なものである場合の取扱いについては，速やかに改善がなされた場合に⑶〈時間規制の適用除外：筆者注〉の法的効果を否定しない等の取扱いを行うことや，判断基準の明確化の観点からそのような取扱いを法令に明記すること等についても検討を行う必要があると考えられる。

さらに，法律に定める要件又は手続違背によって法32条違反等が生じ得ると整理した場合，不適正な取扱いがなされていた期間中に生じた法定時間外労働について，使用者は，その時間数に応じて割増賃金を支払わなければならないこととなる。

＜以下略＞

なお，高プロ制度の下で労働する義務は，適正な労使委員会の決議自体で発生するものではなく，同制度の下で労働すべき義務付け規定が就業規則等で約定され，その約定に基づき，労働者が同意した場合に初めて発生することを忘れてはなりません。

⑼　制度の履行確保

対象労働者の適切な労働条件の確保を図るため，高プロ指針が定められ（改正法41条の２第４項)，本制度の届出を行った使用者には，健康・福祉確保措置の実施状況を改正労基則34条の２の２に従い様式14の３により報告せねばなりません（同条２項)。

改正労基則34条の２の２第１項によれば，報告は，労使委員会による決議が行われた日から起算して６か月以内ごとに，所定の様式（14の３）により，所轄労働基準監督署長にしなければなりません。

また，報告は，健康管理時間の状況及び健康確保措置の実施状況についても行うものとされています（同条２項)。また，様式において，「同意をした者の数」「同意を撤回した者の数」を記入する欄が設けられています（厚労省 HP 参照)。

⑽　年少者への適用

本制度は年少者には適用されません（改正法60条１項)。

２　実務的留意点

⑴　要件・手続遵守の必要性

前述**１**（8）の通り，労使委員会決議事項や同委員の選出方法，決議方法，決議事項の届出等につき（企画業務型裁量労働制の決議方法，届出手続を準用する改正法41条の２第３項)，懈怠や違法性があり，有効性を欠く点があれば，全体的に労働時間規制の除外効果が排除され得ることを念頭に置いて同制度利用の採否を決すべきでしょう。

換言すれば，高プロの適用要件は，対象も手続とその適切な運用についても厳しい規制が及んでいるうえ，各企業においては，企業の賃金水準や対象者の有無等を踏まえつつ，制度の利用の長所や短所を十分に吟味したうえで，同制度利用の採否や中止等を決すべきでしょう。

今後，公表され，更新されて行くであろう Q&A 等をも十分に留意したうえで，制度構築や運用が図られるべきは当然です。

⑵　健康管理時間と労働時間算定の関係・過重労働に対する健康配慮義務への留意

さらに，国会やマスコミの議論でも指摘された通り，労働側からは，厳密な労働時間算定がし難いことが指摘されていますが，逆に，使用者側から見ると，高プロ制度での健康管理時間と実労働時間の関係が曖昧で，健康管理時間が労働時間算定の基礎資料となり，これが労災認定における，いわゆる過重労働の判断基準である時間的基準の月80時間や100時間という過労死ラインに近いものになった場合（詳細は，岩出・大系518頁以下参照），精神障害等を発症した場合には，労災に関係する責任は回避し難く，労災認定や民事賠償事件を発生させる危険があることに留意した健康配慮義務の履行は不可欠です（詳細は，岩出・大系540頁以下，高プロ指針第３の６⑵ロ等参照）。

第4章

改正労働時間等設定改善法

勤務間インターバル制度の普及促進等

Ⅰ　改正労働時間等設定改善法の概要

改正労働時間等設定改善法（以下，「時間改善法」という）の概要は，**図表13**の通りです（以下につき，岩出・働き方〔岩楯めぐみ〕102頁以下参照）。

【図表13】改正労働時間等設定改善法の概要

2　勤務間インターバル制度の普及促進等（労働時間等設定改善法）

○ **勤務間インターバル制度の普及促進等**
事業主は，前日の終業時刻と翌日の始業時刻の間に一定時間の休息の確保に努めなければならないこととする。

○ **企業単位での労働時間等の設定改善に係る労使の取組促進** 平成27年法案と同内容
企業単位での労働時間等の設定改善に係る労使の取組を促進するため，企業全体を通じて一の労働時間等設定改善企業委員会の決議をもって，年次有給休暇の計画的付与等に係る労使協定に代えることができることとする。

（衆議院において修正）
○ 事業主の責務として，短納期発注や発注の内容の頻繁な変更を行わないよう配慮するよう努めるものとする。

（出所：厚労省ＨＰ）

Ⅱ　改 正 点

1　「労働時間等の設定」の定義の見直し

「労働時間等の設定」の定義に，「深夜業の回数」及び「終業から始業までの時間」が追加されました。

2　勤務間インターバル制度等の追加

(1)　勤務間インターバル制度等

時間改善法には，労働時間等の設定の改善に向けた自主的な努力を促進するための措置等が定められていますが，「労働時間等の設定」の定義について，従前の「労働時間，休日数，年次有給休暇を与える時季その他の労働時間等に関する事項を定めること」に，①「深夜業の回数」及び②「終業から始業までの時間」が追加されました（時間改善法１条の２第２項）。②は，いわゆる「勤務間インターバル制度」といわれるもので，前日の終業時刻と翌日の始業時刻の間に一定時間の休息を確保する制度となります。

本件に関する改正法の施行日は，2019年４月１日です。

【図表14】改正労働時間等設定改善法の概要

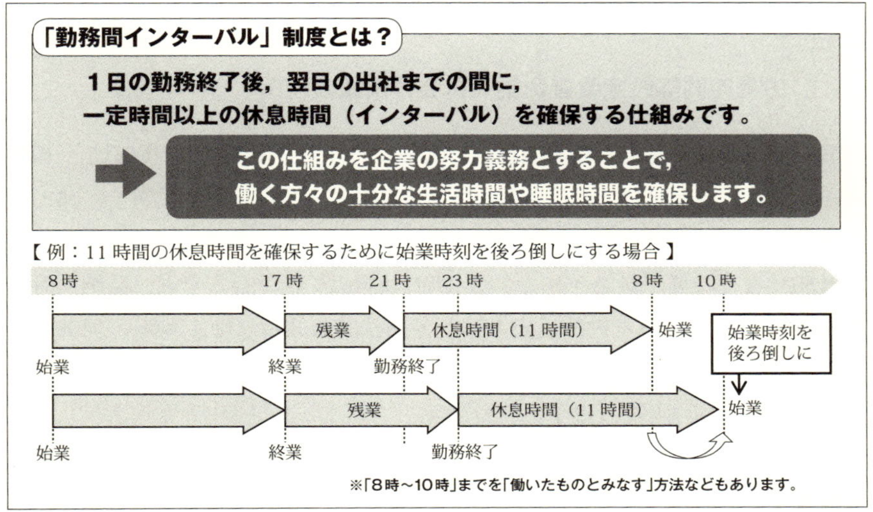

（出所：厚労省ＨＰ）

⑵　実務対応上の留意点

勤務間インターバル制度の導入は，措置を講ずるよう努めなければならないとする努力義務であり，具体的な実施義務ではありませんが，労働者の健康を確保するための方策のひとつであるため，この機会に導入を検討するとよいでしょう。

また，他の事業主との取引を行う場合の配慮についても，勤務間インターバル制度の導入と同様に，必要な配慮をするよう努めなければならないとする努力義務に留まるものではありますが，取引先の労働時間等の設定の改善に向けて協力するため，著しく短い期限の発注や発注内容を頻繁に変更することがないか等について点検し，そのような取引が確認された場合は，改善策がないか検討すべきでしょう。

3　企業単位での取組促進

(1)　労働時間等設定改善企業委員会の決議の特例

各企業における労働時間等の設定の改善に向けて労使の自主的取組を一層促進するため，企業単位で設置された「労働時間等設定改善企業委員会」において決議が行われたときは，当該決議を労基法で定める労使協定の一部に代えることができる特例が新設されました（時間改善法７条の２）。なお，特例の対象となる労基法で定める労使協定とは，労基法37条３項（代替休暇），同39条４項（年次有給休暇の時間単位付与）及び同39条６項（年次有給休暇の計画的付与）の３つの労使協定となります。

この特例を適用するためには，事業場ごとに，当該事業場の労働者の過半数で組織する労働組合がある場合はその労働組合，当該労働組合がない場合においては労働者の過半数を代表する者との書面により，労働時間等の設定の改善に関する事項について「労働時間等設定改善企業委員会」に調査審議させ，事業主に意見を述べさせることを定めること，「労働時間等設定改善企業委員会」の委員の半数については，事業主の雇用する労働者の過半数で組織する労働組合がある場合はその労働組合，当該労働組合がない場合においては労働者の過半数を代表する者の推薦に基づき指名されていること，「労働時間等設定改善企業委員会」の委員の５分の４以上の多数により決議が行われていること，「労働時間等設定改善企業委員会」の議事録が作成され，保存されていること等の対応が必要です。

(2)　衛生委員会を労働時間等設定改善企業委員会とみなす規定の廃止

これまでは，「労働時間等設定改善企業委員会」が設置されていない事業場において労使協定を締結することにより，衛生委員会（安全衛生委員会も含む。以下同じ）を「労働時間等設定改善企業委員会」とみなすことができる規定がありましたが，労働時間等の設定の改善を図るための措置について調査審議の機会をより適切に確保する観点から当該規定は廃止されました（時間改善法７条２項の削除）。

(3) 施行日

本件に関する時間改善法の施行日は，2019年４月１日です。ただし，衛生委員会を労働時間等設定改善企業委員会とみなす規定の廃止に関しては，衛生委員会の決議について，2022年３月31日（2019年３月31日を含む期間を定めているもので，その期間が2022年３月31日を超えないものについては，その期間の末日）までは有効とする経過措置が設けられています。

(4) 実務対応

代替休暇（労基法37条３項），時間単位年休（同法39条４項）及び計画的付与（同法39条６項）の制度について，各事業場で労使協定を締結する等して導入するのではなく，企業単位で導入する場合は，上記(1)の方法により「労働時間等設定改善企業委員会」を組織して決議する対応を検討するとよいでしょう。

また，これまで衛生委員会で決議を行い，労使協定の代替としていた場合は，経過措置に該当する場合を除き，別途新たに労使協定の締結が必要となります。

第5章

改正安衛法

産業医・産業保健機能の強化

Ⅰ　改正安衛法の概要

改正安衛法（以下，「改正法」という）の概要は，面接指導等の徹底と産業医制度の活用が中心となっていますが，下記の図解の通りです（以下につき，岩出・働き方〔織田康嗣〕65頁以下参照）。

【図表15】改正安衛法の概要

3　産業医・産業保健機能の強化（労働安全衛生法等）

○　事業者は，衛生委員会に対し，産業医が行った労働者の健康管理等に関する勧告の内容等を報告しなければならないこととする。（産業医の選任義務のある労働者数50人以上の事業場）等。

○　事業者は，産業医に対し産業保健業務を適切に行うために必要な情報を提供しなければならないこととする。（産業医の選任義務のある労働者数50人以上の事業場）等。

（出所：厚労省ＨＰ）

Ⅱ　改正内容と実務的留意点

1　面接指導の一定の労働者への義務化

⑴　改正前の面接指導の概要

改正前安衛法では，おおむね「週40時間を超える労働が１月当たりで100時間を超え，かつ，疲労の蓄積が認められるときで，労働者の申出がある場合」に，当該労働者に対し，事業者は，医師による面接指導を行わなければならないと定められていました（改正前法66条の８第１項，安衛則52条の２第１項）。

このように，改正前安衛法においては，法律上医師による面接指導の実施義務が生じるのは，労働者からの申出があった場合のみでした。

⑵　面接指導実施義務のある労働者

ところが，2017年６月６日の労政審議会安全衛生分科会「働き方改革実行計画を踏まえた今後の産業医・産業保健機能の強化について（報告）」を受けた改正後の安衛法では，以下の通り，労働者からの申出の有無にかかわらず，面接指導義務が生じる労働者が新たに定められました。

㋐　新技術・新商品等の研究開発業務従事者

第１に，前述のように（68頁），新たな技術，商品又は役務の研究開発に係る業務に従事する労働者で，その労働時間が労働者の健康の保持を考慮して，休憩時間を除き１週間当たり40時間を超えて労働させた場合におけるその超えた時間について，１月当たり100時間を超える場合です（改正法66条の８の２第１項，改正労基法36条11項，改正安衛則52条の７の２）。

今回の働き方改革によって，時間外労働の上限規制が設けられましたが（54～75頁参照），新技術・新商品等の研究開発業務従事者に関しては，その適用除外とされています（改正労基法36条11項）。そのため，当該業務に従事する労働者の健康確保措置として，医師による面接指導が義務化されました。

(イ)　高プロの対象労働者

第２に，前述のように，今回の働き方改革によって労基法に新設された，高プロ対象労働者で（前述92～129頁参照），その健康管理時間が当該労働者の健康の保持を考慮して，改正安衛則の定めに従い，休憩時間を除き１週間当たり40時間を超えて労働させた場合におけるその超えた時間について，１月当たり100時間を超える場合です（改正法66条の８の４第１項）。罰則も設けられました（改正法120条１項）。

ここでいう「健康管理時間」とは，対象労働者が事業場内にいた時間と事業場外において労働した時間との合計時間を意味します（改正法66条の８の４第１項，改正労基法41条の２第１項３号。117～119頁参照）。

高プロは，労働時間，休憩，休日及び深夜割増賃金に関する規定を適用除外とする制度であることから，過重労働により労働者の健康を害さないよう，健康確保措置として面接指導が義務化されました。

改正安衛則52条の７の４，52条の８により，以下の点が定められています（高プロ解説21頁，高プロ通達第２の１～２参照）。

- 厚生労働省令で定める時間は，１週間当たりの健康管理時間が40時間を超えた場合におけるその超えた時間について，１か月当たり100時間とする。
- 面接指導の実施手続等については，労働安全衛生法第66条の８の２の面接指導に係る規定に準じて定める。
- 面接指導の義務の対象となる労働者以外の労働者から申出があった場合には，面接指導を行うよう努めなければならないこととする。
- 併せて，面接指導に係る事項について，産業医の職務及び産業医に対し情報提供する事項として追加されています。

2　面接指導の要件の厳格化

今回の改正によって，前記のように，一定の労働者に対しては，申出の有無にかかわらず，面接指導が義務化されましたが，それ以外の場合についても，面接指導の要件が厳格化されています。

すなわち，労働者からの申出によって面接指導を行う義務が生じる場合について，改正前安衛法では，前記の通り，「週40時間を超える労働が１月当たりで100時間を超え，かつ，疲労の蓄積が認められるとき」と定められていましたが，これが，「休憩時間を除き１週間当たり40時間を超えて労働させた場合におけるその超えた時間が１月当たり80時間を超え，かつ，疲労の蓄積が認められる場合」（改正安衛則52条の２第１項）に変更されました。

3　労働時間の状況の把握方法の法制化と実務的留意点

さらに，今回の改正により，高プロ対象労働者を除き，面接指導を実施するために，タイムカード及びパーソナルコンピュータ等の電子計算機による記録等の客観的な方法その他適切な方法により，労働者の労働時間の状況を把握しなければならないことが定められました（改正法66条の８の３，改正安衛則52条の７の３）。

従前から，厚労省の「労働時間の適正な把握のために使用者が講ずべき措置に関するガイドライン」にて，労働時間の把握方法等が定められていましたが，今回の改正により，法律上，労働者の労働時間の状況の把握義務が法令で明文化されました。

分かり難いところですが，「労働者の労働時間の状況」とは「いかなる時間帯にどのくらいの時間，労務を提供しうる状態にあったかという概念」で，労働時間そのものとは区別されています（上限規制解説７頁）。

留意すべきは，「高プロ労働者を除き」との文言は，反対解釈として，管理監督者や，事業場外労働制，裁量労働制等の適用対象労働者についても，改正労働安全衛生法上の労働時間状況把握義務があることが明確にされたことです。

その結果，面接指導のための「労働者の労働時間の状況」の把握された時間数が，間接的に，名ばかり管理職や裁量労働制等の要件不備の労働者の残業代請求において，労働時間数として転用される可能性が高まったという点です。

この点が残業代請求や，過重労働の存否・軽重の判断に関して出会う可能性が高く，従前に比すれば客観的な労働時間算定が期待されます。

労働者の健康確保を図る観点から，使用者において適正な労働時間管理を行う責務があることは，従前から変わりはありませんが，今一度，社内において従業員の労働時間が適正に把握できているかを確認することが必要です。

４　義務的面接指導義務違反への罰則の新設と留意点

前述１の改正によって義務付けられた面接指導を受けさせる義務を遵守させるため，改正法においては，同義務に違反した場合の罰則が設けられました（改正法120条１項）。

また，過労死等の民事賠償事案発生の際にも，面接指導を受けさせる義務を遵守していたからといって，当然に免責されることはありませんが，少なくとも，これを遵守していなければ容易に健康配慮義務違反を問われる可能性が高くなると言えます（岩出・大系486頁参照）。

したがって，罰則を回避することはもちろん，民事上の賠償リスクを回避するためにも，事業者は労働者に対し，適切に面接指導を受けさせる必要があります。

５　産業医制度の充実化

(1)　産業医・産業保健機能の強化の必要性

産業医制度は，事業場において，労働者の健康を保持するための措置，作業環境の維持管理，作業の管理，健康管理，健康教育等及び衛生教育に関すること等を行う者として，必要な能力を有する医師を選任し，これらの事項を行わせる制度です。

しかしながら，近時では，過労死等の防止対策やメンタルヘルス対策，治療と仕事の両立支援対策などが課題となってきており，産業医を中心とした産業保健機能の強化が必要になってきています。

安衛法の改正においては，長時間労働やメンタル面の不調などにより過労死等のリスクが高い状況にある労働者を見逃さないために，産業医による面接指導や健康相談等が確実に実施されるようにし，企業における労働者の健康管理を強化することが図られています（詳細は，“働き方改革関連法により2019年４月１日から「産業医・産業保健機能」と「長時間労働者に対する面接指導等」が強化されます”厚労省 HP 掲載啓発用パンフ参照）。

【図表16】産業医・産業保健機能の強化

⑴　産業医の活動環境の整備

（現在）

産業医は，労働者の健康を確保するために必要があると認めるときは，事業者に対して勧告することができます。

（改正後）

事業者から産業医への情報提供を充実・強化します。

事業者は，長時間労働者の状況や労働者の業務の状況など産業医が労働者の健康管理等を適切に行うために必要な情報を提供しなければならないこととします。

（現在）

事業者は，産業医から勧告を受けた場合は，その勧告を尊重する義務があります。

（改正後）

産業医の活動と衛生委員会との関係を強化します。

事業者は，産業医から受けた勧告の内容を事業場の労使や産業医で構成する衛生委員会に報告することとしなければならないこととし，衛生委員会での実効性のある健康確保対策の検討に役立てます。

⑵　労働者に対する健康相談の体制整備，労働者の健康情報の適正な取扱いルールの推進

（現在）

事業者は，労働者の健康相談等を継続的かつ計画的に行う必要があります（努力義務）。

（改正後）

産業医等による労働者の健康相談を強化します。

事業者は，産業医等が労働者からの健康相談に応じるための体制整備に努めなければならないこととします。

事業者による労働者の健康情報の適正な取扱いを推進します。

事業者による労働者の健康情報の収集，保管，使用及び適正な管理について，指針を定め，労働者が安心して事業場における健康相談や健康診断を受けられるようにします。

（出所：厚労省ＨＰ）

⑵　産業医への事業者による情報提供義務

長時間労働者への就業上の措置に対し，産業医が適確に関与するためには，就業上の措置の内容を産業医が適切に把握していることが必要です。

そこで，事業者は，産業医に対し，労働者の労働時間に関する情報その他の産業医が労働者の健康管理等を適切に行うために必要な情報として，以下の情報を提供しなければならないこととなりました（改正法13条４項，改正安衛則14条の２第１項）。

①　健康診断や面接指導後の就業上の措置の内容に関する情報（措置を講じない場合にあっては，その旨及びその理由）

②　休憩時間を除き１週間当たり40時間を超えて労働させた場合におけるその超えた時間が１月当たり80時間を超えた労働者の氏名及び当該労働者に係る超えた時間に関する情報

③　その他労働者の業務に関する情報であって産業医が労働者の健康管理等を適切に実施するために必要なもの

なお，従前から，産業医の選任義務がない事業場においては，労働者の健康管理等を行うのに必要な医学に関する知識を有する医師等に，労働者の健康管理等の全部又は一部を行わせるように努めなければならないこととされていましたが（安衛法13条の２第１項），今回の改正により，上記の情報提供努力義務も課されました（改正法13条の２第２項）。

⑶　産業医から事業者に対する勧告制度の強化

改正前の規定においても，産業医は，労働者の健康を確保するため必要があると認めるときは，事業者に対し，労働者の健康管理等について必要な勧告をすることができると定められていました（改正前法13条３項）。このとき，産業医の勧告等がなされたことを理由として，産業医に対し，解任その他不利益な取扱いをしないようにしなければならないことも併せて定められていました（改正前安衛則14条４項）。

しかしながら，産業医の勧告が十分に機能していなかったことを踏まえ，今回の改正では，事業者は，産業医による勧告を尊重しなければならないこと（改正法13条５項），事業者が当該勧告を受けた場合には，当該勧告の内容その他の厚生労働省令で定める事項を衛生委員会又は安全衛生委員会に報告しなければならないこと（改正法13条６項）が加えられました。

さらに，産業医による勧告の実効性を確保するためには，その勧告内容が当該事業場の実情等も十分に考慮されたものであること，産業医の勧告内容が事業者に十分に理解され，社内で適切に共有されること等が必要です。

そこで，産業医が勧告をしようとするときには，あらかじめ，当該勧告の内容について，事業者の意見を求めること，事業者が当該勧告を受けたときには，当該勧告の内容及び当該勧告を踏まえて講じた措置の内容等を記録し，保存しなければならないことも併せて規定されました（改正安衛則14条の３第１項，第２項）。

(4)　産業医の活動環境整備

事業者は，過重な長時間労働やメンタル面の不調などにより過労死等のリスクが高い労働者を見逃さないために，労働者が安心して健康相談を受けられる仕組みを整備することが必要です。

そこで，改正法では，産業医を選任した事業者は，その事業場における産業医の業務の具体的内容，産業医に対する健康相談の申出の方法，産業医による労働者の心身の状態に関する情報の取扱いの方法について，労働者へ周知させなければならないこととなりました（改正法101条２項。なお，産業医を置かない事業主に対しては周知義務が努力義務として課されています。同条３項）。

そして，その周知の方法としては，常時各作業場の見やすい場所に掲示し，又は備え付けること，書面を労働者に交付すること，磁気テープ，磁気ディスクその他これらに準ずる物に記録し，かつ，各作業場に労働者が当該記録の内容を常時確認できる機器を設置することが挙げられています（改正安衛則98条の２第１項）。

また，事業者は，産業医等による労働者の健康管理等の適切な実施を図るため，産業医等が労働者からの健康相談に応じ，適切に対応するために必要な体制の整備その他の必要な措置を講ずるように努めなければなりません（改正法13条の３）。

６　労働者の心身の状態に関する情報の適正な取扱いのために事業者が講ずべき措置に関する指針

事業者は，医師による面接指導や健康診断の結果等から，労働者の必要な健康情報を取得し，その健康管理を行う必要があります。

労働者の健康情報に関しては，他人に知られたくない情報も多分に含まれますから，労働者が自身の雇用管理上不利益に取り扱われる不安等を払拭し，安心して産業医等による健康相談を受けられる環境を構築する必要があります。

そこで，改正法では，安衛法又は同法に基づく命令による措置の実施に関し，「労働者の心身の状態に関する情報を収集し，保管し，又は使用するに当たつては，本人の同意がある場合を除き，労働者の健康の確保に必要な範囲内で労働者の心身の状態に関する情報を保管し，および使用しなければならない」こと（改正法104条１項），「事業者は，労働者の心身の状態に関する情報を適正に管理するために必要な措置を講じなければならない」こと（改正法104条２項）が新たに定められました。

さらに，厚生労働大臣は，労働者の健康情報の適正な取扱いが図られるよう，事業者が講ずべき必要な措置の適切かつ有効な実施を図るために，必要な指針を公表するものとされました（改正法104条３項。既に，2018年９月７日労働者の心身の状態に関する情報の取扱いの在り方に関する検討会にて，「労働者の心身の状態に関する情報の適正な取扱いのために事業者が講ずべき措置に関する指針」公示第１号が告示されています。同指針を踏まえた社内制度の整備については，「事業場における労働者の健康情報等の取扱規程を策定するための手引き」（厚労省 HP 掲載啓発用パンフ）が参考になります）。

そして，当該指針に従い，必要があると認められるときには，厚生労働大臣は，事業者等に対し，当該指針に関して必要な指導等をすることになりました（改正法104条４項）。

第6章

パート有期法，労契法，派遣法の改正

雇用形態にかかわらない公正な待遇の確保

はじめに

図表17（次頁）の概要のように，2018年6月29日に成立，7月6日に公布された働き方改革関連法（以下，「働き方改革法」という）による労契法，パート法，派遣法の改正等により，同一企業内における正規雇用労働者と非正規雇用労働者の間の不合理な待遇差についての実効性のある是正が求められています。これにより，安価な非正規労働者の非基幹的業務への利用という枠組から，非正規労働者の人材育成により，是正された賃金に見合った，生産性の高い，基幹的業務への利用方法の修得等の人材活用の構造的変化を引き起こすことになるでしょう。

改正内容とその解釈上の論点，従来の裁判例との関係，各法改正が今後の判例や裁判例に与える影響等とあわせて，人事労務にかかる実務上の留意点を解説します。

【図表17】パートタイム労働法，労働契約法，労働者派遣法の改正

「働き方改革実行計画」に基づき，以下に示す法改正を行うことにより，同一企業内における正規雇用労働者と非正規雇用労働者の間の不合理な待遇差の実効ある是正を図る。

1．不合理な待遇差を解消するための規定の整備

○短時間・有期雇用労働者に関する同一企業内における正規雇用労働者との不合理な待遇の禁止に関し，個々の待遇ごとに，当該待遇の性質・目的に照らして適切と認められる事情を考慮して判断されるべき旨を明確化。
（有期雇用労働者を法の対象に含めることに伴い，題名を改正（「短時間労働者及び有期雇用労働者の雇用管理の改善等に関する法律」））
○有期雇用労働者について，正規雇用労働者と，①職務内容，②職務内容・配置の変更範囲が同一である場合の均等待遇の確保を義務化。
○派遣労働者について，①派遣先の労働者との均等・均衡待遇，②一定の要件（同種業務の一般の労働者の平均的な賃金と同等以上の賃金であること等）を満たす労使協定による待遇のいずれかを確保することを義務化。
○また，これらの事項に関するガイドラインの根拠規定を整備。

2．労働者に対する待遇に関する説明義務の強化

○短時間労働者・有期雇用労働者・派遣労働者について，正規雇用労働者との待遇差の内容・理由等に関する説明を義務化。

3．行政による履行確保措置及び裁判外紛争解決手続（行政ＡＤＲ）の整備

○1. の義務や2. の説明義務について，行政による履行確保措置及び行政ＡＤＲを整備。

（出所：厚労省ＨＰ）

Ⅰ　パート・有期雇用法（改正パート法，労契法）の内容と改正前の裁判例の動向

1　パート有期労働者の不合理な待遇の禁止（８条）

⑴　改正の概要

働き方改革法の主要点の１つが，改正前労契法20条を取り込んだ８条によるパート有期労働者の不合理な待遇の禁止です。

以下で詳述するように，８条における不合理性有否判断の判断要素・枠組については，厚労省から2016年12月20日に公表された同一労働同一賃金ガイドライン案（以下，「同一指針案」という）および，後述153頁の最高裁判例の内容等が加筆修正され，2018年12月28日に告示された「短時間・有期雇用労働者及び派遣労働者に対する不合理な待遇の禁止等に関する指針」（以下，「不合理指針」という）において示されました（上記最高裁判例の内容の他に，新たに正社員の待遇を一方的に引き下げて実現することは望ましくないとの考え方などが盛り込まれています）。

事業主は，その雇用するパート有期労働者の「基本給，賞与その他の待遇のそれぞれについて，当該待遇に対応する通常の労働者」（以下，「正社員」という※）「の待遇との間において」，当該パート有期労働者及び正社員の「業務の内容及び当該業務に伴う責任の程度（以下「職務の内容」という），当該職務の内容及び配置の変更の範囲その他の事情のうち，当該待遇の性質及び当該待遇を行う目的に照らして適切と認められるものを考慮して，不合理と認められる相違を設けてはならない。」こととされました（６条。従前は，「短時間労働者の待遇の原則」とされていました）。

８条でも，労働条件の相違があれば直ちに不合理とされるものではなく，８条に列挙されている要素を考慮し，不合理な労働条件の相違と認められる場合が禁止されています。

※　「通常の労働者」は，厳密には，正規型の労働者が居ない場合は，当該業務に基幹的に従事するフルタイム労働者を示す場合もありますが（平26基発0724第２第１の２（５イ。菅野）351頁参照），圧倒的多数の企業において問題となるのは正社員との比較であるため，ここでは，正社員と称します。荒木516頁も，「いわゆるフルタイムの正社員」と説明しています。

【図表18】不合理な待遇差をなくすための規定の整備

① 不合理な待遇差をなくすための規定の整備

裁判の際に判断基準となる「均衡待遇規定」「均等待遇規定」をパート・有期・派遣で統一的に整備します※。

※派遣については派遣先との均等・均衡または労使協定による待遇決定

(1)パートタイム労働者・有期雇用労働者

「均衡待遇規定」の内容
①職務内容※，②職務内容・配置の変更範囲，③その他の事情の相違を考慮して不合理な待遇差を禁止

「均等待遇規定」の内容
①職務内容※，②職務内容・配置の変更範囲が同じ場合は差別的取扱い禁止
※職務内容とは，業務の内容＋責任の程度をいいます。

（現在）
○ **均衡待遇規定**
パートタイム労働者…規定あり ／ 有期雇用労働者…規定あり
○ **均等待遇規定**
パートタイム労働者…規定あり ／ **有期雇用労働者…規定なし**

（改正後）
❶均衡待遇規定の明確化
それぞれの待遇（※）ごとに，当該待遇の性質・目的に照らして適切と認められる事情を考慮して判断されるべき旨を明確化。
※基本給，賞与，役職手当，食事手当，福利厚生，教育訓練など
❷均等待遇規定
新たに**有期雇用労働者**も対象とする。

（現在）
どのような待遇差が不合理に当たるか，明確性を高める必要がありました。

（改正後）
❸
待遇ごとに判断することを明確化し，ガイドラインの策定などによって規定の解釈を明確に示します。

【改正前→改正後】○：規定あり △：配慮規定 ×：規定なし ◎：明確化

	パート	有期	派遣
均衡待遇規定	○ → ◎	○ → ◎ ❶	△ → ○＋労使協定 ❹
均等待遇規定	○ → ○	× → ○ ❷	× → ○＋労使協定
ガイドライン	× → ○	× → ○ ❸	× → ○ ❺

（出所：厚労省ＨＰ）

⑵　禁止対象の労働条件

８条の禁止対象は，明示された「基本給，賞与」だけでなく，「その他の待遇」の中には，賃金や労働時間等の狭義の労働条件のみならず，労働契約の内容となっている災害補償，服務規律，休職制度，教育訓練，付随義務，福利厚生等労働者に対する一切の待遇が包含されます（不合理指針第２参照）。

⑶　ハマキョウレックス事件・長澤運輸事件最高裁判決との関係

改正前労契法20条に関するハマキョウレックス事件・最二小判平30・６・１労経速2346号３頁や長澤運輸事件・最二小判平30・６・１労経速2346号10頁（以下，両判決を一括して「6.1最判」ともいう）は，その判示上からも，８条の条文や同一指針案の趣旨・手法を取り込んでおり，実質的に，８条に関する最高裁の判断枠組を示した重要判例と解されます。以下は，かかる認識の下で，6.1最判を踏まえて，８条を分析します※。

※　6.1最判では，従前の下級審の裁判例に沿い（日本郵便事件・大阪地判平30・２・21労経速2338号３頁等），改正前労契法20条における「『期間の定めがあることにより』とは，有期契約労働者と無期契約労働者との労働条件の相違が期間の定めの有無に関連して生じたものであることをいうものと解するのが相当である」と判断しました。しかし，８条では，この要件自体が明文で無くなっています。

⑷　均衡処遇の原則

８条は，職務の内容等の違いがあっても，「違いに応じた均衡のとれた処遇を求め」た規定です。そのため，企業が８条対策として，正社員とパート有期労働者との間で職務を峻別する対策をしても，均衡処遇を完全に拒否する根拠とはなり得ないことになります。

すなわち，6.1最判の判示を踏まえると，８条は，パート有期労働者については，無期労働契約の正社員と比較して「合理的な労働条件の決定が行われにくく，両者の労働条件の格差が問題となっていたこと等を踏まえ」，パート有期労働者の「公正な処遇を図るため，その労働条件につき，期間の定めがあることにより不合理なものとすることを禁止したもの」です。

そして，同条は，パート有期労働者と正社員「との間で労働条件に相違があり得ることを前提に，職務の内容，当該職務の内容及び配置の変更の範囲その他の事情（以下「職務の内容等」という。）を考慮して，その相違が不合理と認められるものであってはならないとするものであり，職務の内容等の違いに応じた均衡のとれた処遇を求める規定である」と解されます。

⑸　法的効果

㈠　不合理な相違の無効と補充効の否定

８条は，私法上の効力を有し※，処遇の相違に不合理性が認められる場合には相違が無効となりますが，労基法13条のように，正社員の就業規則等と同一の処遇をなすべき効果（補充効）を定める規定がなく，補充効はありません。したがって，パート有期労働者と正社員との労働条件の相違が不合理であっても，同条の効力により当該パート有期労働者の労働条件が比較の対象である正社員の労働条件と同一のものとなるものではありません※※。

※　6.1最判の判示を踏まえると，「不合理と認められる相違を設けてはならない」と規定していることや（改正前の「不合理と認められるものであってはならない」との措辞の違いがここでの補充効の否定には影響しないものと解されます），その趣旨がパート有期労働者の「公正な処遇を図ることにあること等に照らせば，同条の規定は私法上の効力を有するものと解するのが相当で」，パート「有期労働契約のうち同条に違反する労働条件の相違を設ける部分は無効」となります。同旨，菅野・344～345頁，荒木510～512頁等。なお，水町349頁は，就業規則等の補充的解釈で補充効を認める可能性を指摘していますが，この点は，上記，菅野，荒木も同旨と解されます。

※※　6.1最判の判示を踏まえれば，８条は，パート有期契約労働者について無期契約の正社員「との職務の内容等の違いに応じた均衡のとれた処遇を求める規定であり，文言上も，両者の労働条件の相違が同条に違反する場合に」，当該

パート有期契約労働者の労働条件が比較の対象である正社員「の労働条件と同一のものとなる旨を定めていない」ことが理由とされます。

(イ)　就業規則の別個独立化による就業規則の合理的解釈による補充の困難

正社員に適用される就業規則や給与規程と，パート有期労働者に適用されるパート有期労働者就業規則とが，別個独立のものとして作成されている場合などには，両者の労働条件の相違が同条に違反する場合に，正社員就業規則又は正社員給与規程の定めがパート有期労働者契約社員に適用されることとなると解することは，就業規則の合理的な解釈としても困難である，とされています。従前の裁判例では，就業規則の合理的な解釈により非正規労働者を保護する例がありました。たとえば，芝電化事件・東京地判平22・６・25労判1016号46頁では，正規従業員と同様の雇用実態に合った労働者につき，退職金の支給がない「パートタイマー」であったとする会社の主張につき，「同項ただし書にいう『パートタイマー』とは，単に正規従業員（正社員）と格差のある待遇を受けている従業員一般を指すものではなく，あくまで当該雇用契約上，当該企業において正規（フルタイム）の所定労働時間（日数）よりも少ない時間（日数）で働くことが予定された，本来的な意味におけるパートタイマー労働者をいうものと解するのが相当である」と判示し，会社が「雇用契約の締結に当たって，上記のような意味におけるパートタイマーとして……雇い入れたと認めるに足る的確な証拠は見当たらない」として，会社の主張を退けました（同傾向と評される例として，豊商事事件・東京地判平25・12・13労判1089号76頁〈更新手続がなされた形跡がないこと等から，期間の定めのない労働契約と評価すべきで，退職年金規程の除外事由に該当しない社員であるとされた〉/ディエスヴィ・エアーシー事件・東京地判平25・12・５労判1093号79頁〈「一定期間を定めて臨時に雇い入れられた者」の意義を限定して退職金規程の適用を認めた〉等。岩出・大系130頁参照）。

6.1最判が，これらの解釈を全て否定するものではないでしょうが，パート有期労働者用の就業規則，給与規程等を別個独立のものとして作成されている場合には従前のような補充的な解釈は困難になったと言えるでしょう。

㈑ 地位確認の否定

上記㈠の補充効が否定される結果，正社員の就業規則等と同一の処遇をなすべき地位確認請求や差額賃金請求は認められません。なぜなら，6.1最判の判示を踏まえれば，仮に賃金等に係る相違が８条に違反するとしても，パート有期労働者の賃金等に係る労働条件が正社員の労働条件と同一のものとなるものではないため，パート有期労働者が，賃金等に関し，正社員と同一の権利を有する地位にあることの確認を求める確認請求は理由がなく，また，同一の権利を有する地位にあることを前提とする差額賃金請求も理由がない，とされているからです。

㈓ 不法行為による差額賠償責任

(A) 不法行為該当事由

不合理とされる処遇の相違を設けていたことが不法行為とされ，差額相当額の損害賠償によって処理されます。たとえば，ハマキョウレックス事件最判はそれほど不法行為の要件について論じていませんが，長澤運輸事件6.1最判の判示によれば，「会社が，本件組合との団体交渉において，嘱託乗務員の労働条件の改善を求められていたという経緯に鑑みても，会社が，嘱託乗務員に精勤手当を支給しないという違法な取扱いをしたことについては，過失があった」，労契20条違反の「違法な取扱いをしたことについては，過失があった」としています。

(B) 差額請求の範囲

しかし，８条が均衡処遇の規定であれば，「職務の内容等の違いに応じた均衡のとれた処遇」で足りるはずで，差額の全額賠償に限らず，割合的認容もあり得るはずです。

たとえば，日本郵便（時給制契約社員ら）事件・東京地判平29・9・14労判1164号５頁では，民訴法248条を援用して損害額の割合認定の手法を採用して割合的認容をしていますが，８条を均衡処遇の規定と理解した場合には，民訴法の援用によらずとも，違いに応じて差額の全額賠償は不均衡な場合があり得るものと解されます（丸子警報器事件・長野地上田支判平８・３・15労判690号32頁参照）。

既に，学校法人大阪医科大学事件・大阪高判平31・２・15労判1199号５頁では，正職員の賞与額の約６割の支払いを命じ，東京メトロコマース事件・東京高判平31・２・20労判1198号５頁では，退職金の内，正社員の取得額の内少なくとも25％は支払われるべきとしています。なお，日本郵便（非正規格差）事件・大阪高判平31・１・24労判1197号５頁は，地裁判決のような割合的認定を取らなかったのですが，不合理と言える対象者を勤続５年超過者に限定し，均衡を図っています。

⑹　不合理性の判断

㈠　不合理性の意義

８条にいう「不合理と認められる相違」とは，パート有期労働者と正社員との労働条件の相違が不合理であると評価することができるものであることをいいます（6.1最判の判示を踏まえれば，８条が「不合理と認められる相違を設けてはならない。」と規定していることに照らせば，同条はあくまでも労働条件の相違が不合理と評価されるか否かを問題とするものと解することが文理に沿うものといえます。菅野337～338頁，土田795～796頁に近い立場と見られます）。

逆に言えば，合理的でないものと同義ではなく，合理的とは言えないが不合理とも言えないグレーゾーンを許容することを明示したことになるものと解されます。しかも，職務が違っても均衡を求めたうえで，不合理か否かの判断要素に，「労使間の交渉や使用者の経営判断を尊重すべき面があること」を認めています。

ただし，この経営判断には，会社法の「経営判断の原則」（江頭471頁参照）で使われるよりは縛りがあるようで，８条により，「その他の事情のうち，当該待遇の性質及び当該待遇を行う目的に照らして適切と認められるものを考慮」するとして適切性という規範的判断による歯止めがかかっています。

(イ) 不合理性の立証責任

8条にいう，パート有期労働者と正社員の労働条件の相違が不合理であるか否かの判断は規範的評価を伴うものですから，当該相違が不合理であるとの評価を基礎付ける事実については当該相違が同条に違反することを主張する者，つまり，パート有期労働者側が，当該相違が不合理であるとの評価を妨げる事実については当該相違が同条に違反することを争う者，つまり使用者側が，それぞれ主張立証責任を負うものと解されます（ハマキョウレックス事件最判が，従前の裁判例を踏襲しています。前掲日本郵便事件・大阪地判平30・2・21等。学説も同旨：菅野338頁，荒木510頁，水町349頁等）。

(ウ) 不合理性判断要素

(A) 職務内容及び変更範囲以外の広範な「その他の事情」の考慮肯定

(i) 職務内容及び変更範囲

不合理性判断要素として，8条で「業務の内容及び当該業務に伴う責任の程度（以下「職務の内容」という），当該職務の内容及び配置の変更の範囲その他の事情」は明記されています。

しかし，「その他の事情」については，その内容を職務内容及び変更範囲に関連する事情に限定すべきではないと解されます。すなわち，前掲長澤運輸事件最判では，「労働者の賃金に関する労働条件は，労働者の職務内容及び変更範囲により一義的に定まるものではなく，使用者は，雇用及び人事に関する経営判断の観点から，労働者の職務内容及び変更範囲にとどまらない様々な事情を考慮して，労働者の賃金に関する労働条件を検討するもの」であることと，「労働者の賃金に関する労働条件の在り方については，基本的には，団体交渉等による労使自治に委ねられるべき部分が大きい」ことも理由に挙げています。

(ii) その他の事情としての定年後再雇用の要素

パート有期労働者が定年退職後に再雇用された者であることは，当該パート有期労働者と正社員との労働条件の相違が不合理と認められるものであるか否かの判断において，「その他の事情」として考慮されます。

すなわち，長澤運輸事件・東京高判平28・11・2労判1144号16頁がこれを認めていましたが，長澤運輸事件最判では，使用者が定年退職者を有期労働契約により再雇用する場合，当該者を長期間雇用することは通常予定されておらず，定年退職後に再雇用される有期契約労働者は，定年退職するまでの間，無期契約労働者として賃金の支給を受けてきた者であり，一定の要件を満たせば老齢厚生年金の支給を受けることも予定されていることなどの事情は，定年退職後に再雇用される有期契約労働者の賃金体系の在り方を検討するに当たって，その基礎になるとしています。既に不合理指針第３の１の（注）２に下記のように反映されています。

すなわち，同指針では，

“２　定年に達した後に継続雇用された有期雇用労働者の取扱い

定年に達した後に継続雇用された有期雇用労働者についても，短時間・有期雇用労働法の適用を受けるものである。このため，通常の労働者と定年に達した後に継続雇用された有期雇用労働者との間の賃金の相違については，実際に両者の間に職務の内容，職務の内容及び配置の変更の範囲その他の事情の相違がある場合は，その相違に応じた賃金の相違は許容される。

さらに，有期雇用労働者が定年に達した後に継続雇用された者であることは，通常の労働者と当該有期雇用労働者との間の待遇の相違が不合理と認められるか否かを判断するに当たり，短時間・有期雇用労働法第８条のその他の事情として考慮される事情に当たりうる。定年に達した後に有期雇用労働者として継続雇用する場合の待遇について，様々な事情が総合的に考慮されて，通常の労働者と当該有期雇用労働者との間の待遇の相違が不合理と認められるか否かが判断されるものと考えられる。したがって，当該有期雇用労働者が定年に達した後に継続雇用された者であることのみをもって，直ちに通常の労働者と当該有期雇用労働者との間の待遇の相違が不合理ではないと認められるものではない。”と指摘しています。

長澤運輸事件最判の言及した点が圧縮されている点に留意すべきです。企業としては，同指針のみにとらわれず，より上位の規範たる長澤運輸事件最判に従った判断をすることもあり得ます。

(B) 個々の賃金項目の趣旨を個別考慮した不合理性判断の枠組

(i) 個々の賃金項目の趣旨を個別考慮した不合理性判断の必要性

8条に明記されたように,「基本給,賞与その他の待遇のそれぞれについて,…当該待遇の性質及び当該待遇を行う目的に照らして適切と認められるものを考慮して」,すなわち,個々の賃金項目の趣旨・必要性を個別考慮して,不合理性の存否判断がなされます。

すなわち,「労働者の賃金が複数の賃金項目から構成されている場合,個々の賃金項目に係る賃金は,通常,賃金項目ごとに,その趣旨を異にするものである」ところから,パート有期労働者と正社員との賃金項目に係る労働条件の相違が不合理と認められるものであるか否かを判断するに当たっては,当該賃金項目の趣旨により,その考慮すべき事情や考慮の仕方も異なり得ます(長澤運輸事件最判。ハマキョウレックス事件最判はこの基準を明言しないものの,この法理を前提に,個々の手当等の不合理性審査に入っています。おおむね,同一指針案の手法に沿っています)。

また,ある賃金項目の有無及び内容が,他の賃金項目の有無及び内容を踏まえて決定される場合もあり得ます(長澤運輸事件最判では,皆勤手当の不支給の不合理性が割増賃金の差額の不合理性に関連付けられています)。

6.1最判の個々の手当の不合理性判断においては,住宅手当,賞与,家族手当等については必ずしも説得力や整合性を欠き,同一指針案との乖離する判示もあり,この点は,今後の判例の集積を待たねばならないでしょう。ただし,6.1最判もおおむね同一指針案を踏まえた判断をしているところからも,実務的な視点からは,今後の裁判例も同様な判断をする可能性が高いであろうことを想定した対応が労使に求められるでしょう。

(ii)　正社員とパート有期労働者との間に賃金の決定基準・ルールの相違がある場合の取扱い

もっとも注目すべきは，同指針第3の1の注1では，「通常の労働者と短時間・有期雇用労働者との間に基本給，賞与，各種手当等の賃金に相違がある場合において，その要因として通常の労働者と短時間・有期雇用労働者の賃金の決定基準・ルールの相違があるときは，『通常の労働者と短時間・有期雇用労働者との間で将来の役割期待が異なるため，賃金の決定基準・ルールが異なる』等の主観的又は抽象的な説明では足りず，賃金の決定基準・ルールの相違は，通常の労働者と短時間・有期雇用労働者の職務の内容，当該職務の内容及び配置の変更の範囲その他の事情のうち，当該待遇の性質及び当該待遇を行う目的に照らして適切と認められるものの客観的及び具体的な実態に照らして，不合理と認められるものであってはならない。」としている点です。

しかし，その具体的適用についてはあいまいで，今後の裁判例の集積を待つほかありません。たとえば，従前の判例・裁判例では不合理性が否定されてきた賞与につき，前掲学校法人大阪医科大学事件・大阪高判平31・2・15では，大学の正職員に支給される賞与は金額が年齢や成績に一切連動していないことから，一定期間働いたことへの対価の性質があり，賞与が全く支払われないことは不合理と判断しました。正職員には取得が認められている夏季休暇と病気休暇も「生活保障の必要性がある」などとして待遇差は不合理と認定しました。

(iii)　賃金総額の比較のみでなく，個々の賃金項目趣旨の個別考慮の必要性

パート有期契約労働者と正社員との個々の賃金項目に係る労働条件の相違が不合理と認められるものであるか否かを判断するに当たっては，両者の賃金の総額を比較することのみによるのではなく，当該賃金項目の趣旨を個別に考慮すべきものと解するのが相当であると解されています（長澤運輸事件最判）。この解釈は，逆に，総額の相違幅も不合理性判断の要素となることを前提としていることになります。

その点，同事件での差額が2割程度であった点の影響の有無については慎重な検討を要します。たとえば，学究社（定年後再雇用）事件・東京地立川支判

平30・1・29労判1176号５頁では３割程度の相違を不合理でないとしています。

なお，人事院が，2018年８月10日，国家公務員の65歳への定年延長について，60歳を超す職員の給与は現役時代の７割の水準が妥当だとする意見を政府と国会に提出し，近く国家公務員法改正案が提出されることも斟酌されることになるでしょう（2018.8.10朝日新聞記事）。

(C) 不合理性判断比較対象労働者

6.1最判では，比較対象労働者が主たる論点になっていませんが，同一指針案では，“いわゆる「正社員」を含む無期雇用フルタイム労働者全体を念頭においている”，と指摘していましたが，確定した不合理指針では「通常の労働者」と記述するのみで，パート有期基本通達第１の２(3)の前述（151頁）の定義によれば，「いわゆるフルタイムの正社員」と同じとなると解されます。なお，説明義務に関する指針が実務的には影響してくることが予想されます（170頁参照）。

なお，パート有期基本通達第１の２(3)では，「通常の労働者」につき，下記のように詳述しています。

> (3) 法第２条の「通常の労働者」とは，社会通念に従い，比較の時点で当該事業主において「通常」と判断される労働者をいうこと。当該「通常」の概念については，就業形態が多様化している中で，いわゆる「正規型」の労働者が事業所や特定の業務には存在しない場合も出てきており，ケースに応じて個別に判断をすべきものである。具体的には，「通常の労働者」とは，いわゆる正規型の労働者及び事業主と期間の定めのない労働契約を締結しているフルタイム労働者（以下「無期雇用フルタイム労働者」という。）をいうものであること。
>
> また，法が業務の種類ごとに短時間労働者を定義していることから，「通常」の判断についても業務の種類ごとに行うものであること…。
>
> この場合において，いわゆる正規型の労働者とは，労働契約の期間の定めがないことを前提として，社会通念に従い，当該労働者の雇用形態，賃金体系等（例えば，長期雇用を前提とした待遇を受けるものであるか，賃金の主たる部分の支給形態，賞与，退職金，定期的な昇給又は昇格の有無）を総合的に勘案して判断

するものであること。また，無期雇用フルタイム労働者は，その業務に従事する無期雇用労働者（事業主と期間の定めのない労働契約を締結している労働者をいう。以下同じ。）のうち，１週間の所定労働時間が最長の労働者のことをいうこと。このため，いわゆる正規型の労働者の全部又は一部が，無期雇用フルタイム労働者にも該当する場合があること。

この点，改正前労契法20条に関する下級審の裁判例では，いわゆる限定正社員との比較をする傾向が表れています。すなわち，職務内容及び変更範囲を主要な要素として，地域・職種限定正社員との均衡が問題とされることが少なくないのです（限定正社員と比較した前掲日本郵便（時給制契約社員ら）事件・東京地判平29・9・14，前掲日本郵便事件・大阪地判平30・2・21，日本郵便事件・福岡高判平30・5・24労経速2352号３頁等，全正社員と比較した東京メトロコマース事件・東京地判平29・3・23労判1154号５頁，前掲同控訴事件・東京高判平31・2・20，学校法人大阪医科薬科大学（旧大阪医科大学）事件・大阪地判平30・1・24労判1175号５頁，前掲同控訴事件・大阪高判平31・2・15等）。しかし，今後の判例の動向を注視する必要があります。

※　国会での審議では，“非正規労働者は，自らの選択した正規労働者との手当や基本給の違いを指摘して，均等，均衡に違反していることを主張することになる。したがって，正規労働者の賃金が複線化している企業では，正規労働者間の賃金のバランスが取れていないと，労働者からバランスを失した（他に比べて高額な）正規労働者と比較されることとなる”旨の政府答弁がなされています（平成30年５月16日㈬衆議院厚生労働委員会等。なお，不合理指針確定前の同指針案の中では，同旨が「事業主が，雇用管理区分を新たに設け，当該雇用管理区分に属する通常の労働者の待遇の水準を他の通常の労働者よりも低くしたとしても，当該他の通常の労働者と短時間・有期雇用労働者等との間でも不合理な待遇の相違等を解消する必要がある。また，事業主が，通常の労働者と短時間・有期雇用労働者等との間で職務の内容等を分離した場合であっても，通常の労働者と短時間・有期雇用労働者等の間で不合理な待遇の相違等を解消する必要がある。」とされたことがありますが，確定版の不合理指針には反映されていません）。

2　正社員と同視すべきパート有期労働者に対する差別的取扱いの禁止（9条）

(1)「職務内容同一パート有期労働者」と「正社員と同視すべきパート有期労働者」との区分

「事業主は，職務の内容が当該事業所に雇用される」正社員と同一のパート有期労働者（以下，「職務内容同一パート有期労働者」という）「であって，当該事業所における慣行その他の事情から見て，当該事業主との雇用関係が終了するまでの全期間において，その職務の内容及び配置が当該」正社員「の職務の内容及び配置の変更の範囲と同一の範囲で変更されることが見込まれるもの」（以下，「正社員と同視すべきパート有期労働者」という）に「ついては，パート有期「労働者であることを理由として，基本給，賞与その他の待遇のそれぞれについて，差別的取扱いをしてはならない」（9条）と均等待遇が義務付けられています。

すなわち，2018年改正により，前記Ⅰ1(1)の通り，均衡処遇に関する改正前労契法20条の8条への統合と共に，従前，均等待遇の規定がなかった有期労働者にも均等待遇の定めを設け，差別禁止対象労働条件も8条との整合性を持たせた改正がなされたものです（その他の改正点等の詳細は新旧対照条文，パート有期基本通達第3の4等厚労省ＨＰ参照）。9条の「職務内容同一パート有期労働者」に留まる者に関しては8条での処理を前提としているものと解されます。

なお，長澤運輸事件最判では，職務内容及び変更範囲の同一性が認められているため，今後は9条の問題として処理される可能性は一応あり得ます（菅野360頁も同旨か）。

厚労省ＨＰでの9条の紹介でも，有期労働者について，正社員と「①職務内容，②職務内容・配置の変更範囲が同一である場合の均等待遇の確保を義務化」したとして，上記を前提とした趣旨を明言しています。しかし，9条の適用には，「当該事業所における慣行その他の事情からみて，当該事業主との雇用関係が終了するまでの全期間において」という要件が必要です。パート有期基本通達第3の4(6)～(8)でも，下記のように言及しているにもかかわらず，厚労省「パートタイム・有期雇用労働法対応のための取組手順書」等では，その点への検討がなされぬままに均等待遇を求めており，疑問が残ります。

パート有期基本通達第3の4

(6)「当該事業所における慣行」とは，当該事業所において繰り返し行われることによって定着している人事異動等の態様を指すものであり，「その他の事情」とは，例えば人事規程等により明文化されたものや当該企業において，当該事業所以外に複数事業所がある場合の他の事業所における慣行等が含まれるものであること。

なお，ここでいう「その他の事情」とは，職務の内容及び配置の変更の範囲（人材活用の仕組み，運用等）を判断するに当たって，当該事業所における「慣行」と同じと考えられるべきものを指すものであり，短時間・有期雇用労働者と通常の労働者の待遇の相違の不合理性を判断する考慮要素としての法第8条の「その他の事情」とは異なるものであること。

(7)「当該事業主との雇用関係が終了するまでの全期間」とは，当該短時間・有期雇用労働者が通常の労働者と職務の内容が同一となり，かつ，職務の内容及び配置の変更の範囲（人材活用の仕組み，運用等）が通常の労働者と同一となってから雇用関係が終了するまでの間であること。すなわち，事業主に雇い入れられた後，上記要件を満たすまでの間に通常の労働者と職務の内容が異なり，また，職務の内容及び配置の変更の範囲（人材活用の仕組み，運用等）が通常の労働者と異なっていた期間があっても，その期間まで「全期間」に含めるものではなく，同一となった時点から将来に向かって判断するものであること。

(8)「見込まれる」とは，将来の見込みも含めて判断されるものであること。したがって，有期雇用労働者の場合にあっては，労働契約が更新されることが未定の段階であっても，更新をした場合にはどのような扱いがされるかということを含めて判断されるものであること。

⑵　差別禁止対象

パート有期基本通達第３の４⑼によると，差別禁止は相当に徹底したものとなっています。

すなわち，同通達では，事業主はパート有期「労働者であることを理由として，全ての賃金，教育訓練，福利厚生施設，休憩，休日，休暇，安全衛生，災害補償，解雇等の全ての待遇（労働時間及び労働契約期間を除く。）について差別的取扱いをしてはならない……。この場合，待遇の取扱いが同じであっても，個々の労働者について査定や業績評価等を行うに当たり，意欲，能力，経験，成果等を勘案することにより個々の労働者の賃金水準が異なることは」，正社員「であっても生じうることであって問題とはならないが，当然，当該査定や業績評価は客観的かつ公正に行われるべきである」。「また，労働時間が短いことに比例した取扱いの差異として，査定や業績評価が同じである場合であっても賃金が時間比例分少ないといった合理的な差異は許容される」。「なお，経営上の理由により解雇等の対象者の選定をする際は」正社員と同視すべきパート有期労働者については，正社員より先に解雇することは，「解雇等の対象者の選定基準において差別的取扱いがなされていることとなり，法第９条違反となる」などとされています。

⑶　差別禁止の法的効果・性格

差別禁止の私法的効果について，改正前９条に関する裁判例においては，９条の「差別的取扱いの禁止」対象となっても，同８条と同様に補充効は認められず不法行為による損害賠償で処理されることとされており（ニヤクコーポレーション事件・大分地判平25･12･10労判1090号44頁，京都市立浴場運営財団ほか事件・京都地判平29・9・20労判1167号34頁〈「旧パート法には，労基法13条のような補充的効果を定めた条文は見当たらず，旧パート法８条１項違反によって」，規程に基づく退職金請求権が直ちに発生するとは認めがたい。しかし，同違反は不法行為に該当し損害賠償請求をなし得る。嘱託職員の基本給は正規職員のそれより低く抑えられていたこと，財団の退職金が基本給に勤続年数に応じた係数をかけて機械的に算出されるものであることに鑑みれば，規程に基づき算出された退職金相当額が嘱託職員らの損害と認められる）と判示〉)，９条についても同様の処理が予想されます。

有力学説も，「解雇，配転などの法律行為であれば無効となり，事実行為としては不法行為の違法性を備え，損害賠償責任を生じさせると解される」としながら，補充効を否定し，同旨を示しています（菅野360頁，土田817〜818頁)。しかし，この場合でも，労働契約等の規定や労使慣行等の総合的解釈により，当該差額請求等の内容が，契約内容として合理的意思解釈とし得るか否かが検討され得ます（菅野360頁，荒木517頁もその余地は認めています)。

３　賃　金（10条）

事業主は，正社員との均衡を考慮しつつ，その雇用するパート有期労働者の職務の内容，職務の成果，意欲，能力又は経験その他の就業の実態に関する事項を勘案し，その賃金を決定する努力義務が課せられています。ただし，正社員と同視すべきパート有期労働者には適用除外とされ（この除外は，11条２項，12条２項にも適用)，また，通勤手当についても，10条の賃金に関する均衡確保の努力義務の対象外とされていますが，職務に密接に関連して支払われるものを除くこととされています（パート有期則３条)※。

※　立法論としては，パート有期則による諸手当の除外は，８条や同一指針における個別の手当ごとの不合理性の審査と矛盾する内容となっていますが，厳密には，改正規則文上ではその問題は解消されていません。

４　教育訓練に係る均衡の確保（11条）

事業主は，正社員に対して実施する教育訓練で，当該正社員が従事する職務の遂行に必要な能力を付与するためのものについては，職務内容同一パート有期労働者が既に当該職務に必要な能力を有している場合を除き，職務内容同一パート有期労働者に対しても，実施せねばなりません（11条１項)。

上記のほか，正社員との均衡を考慮しつつ，その雇用するパート有期労働者の職務の内容，職務の成果，意欲，能力及び経験等に応じ，当該パート有期労働者に対して教育訓練を実施するように努めなければなりません（同条２項）。

5　福利厚生に係る均衡の確保（12条）

事業主は，正社員に対して利用の機会を与える福利厚生施設で，健康の保持又は業務の円滑な遂行に資するものとして給食施設，休憩室，更衣室等につき（パート有期則５条），雇用するパート有期労働者に対しても，利用の機会を与えなければなりません（12条）。2018年改正により，従前の配慮義務から実施義務へと強化されました。

6　正社員への転換の推進（13条）

事業主は，正社員への転換を推進するため，雇用するパート有期労働者につき，次のいずれかの措置を講じなければなりません（13条）※。

① 正社員の募集を行う場合，当該募集に係る事業所に掲示すること等により，その者が従事すべき業務の内容，賃金，労働時間その他の当該募集に係る事項を当該事業所において雇用するパート有期労働者に周知すること

② 正社員の配置を新たに行う場合において，当該配置の希望を申し出る機会を当該配置に係る事業所において雇用する短時間労働者に対して与えること

③ 一定の資格を有するパート有期労働者を対象とした正社員への転換のための試験制度を設けることその他の通常の労働者への転換を推進するための措置を講ずること

※　阪急バス事件・大阪地判平28・2・25労判1139号28頁，判時2282号３頁は，正社員登用試験の受験の機会を与えなかったことが債務不履行等にあたらないとされました。

７　待遇の決定に当たって考慮した事項の説明（14条）

⑴　雇入れ時の説明義務（１項）

事業主は，パート有期労働者を雇い入れたときは，速やかに８条～13条までの規定により措置を講ずべきこととされている事項（労基則５条で定める事項及び特定事項を除く）に関して講ずることとしている措置の内容について，当該パート有期労働者に説明しなければなりません。

労基則５条で定める事項及び（６条１項の）特定事項については，労基法又はパート有期則により，別途，文書等の交付等による明示が義務付けられていることから，本項による説明義務の対象とはされません（詳細は，パート有期基本通達第３の10（2）～(4）等参照)。2018年改正により説明事項に８条が追加されました。

⑵　労働者の求めに応じた待遇決定における考慮事項等の説明義務（２項）

事業主は，雇い入れた後，その雇用するパート有期労働者から求めがあったときは，当該パート有期労働者と正社員との間の待遇の相違の内容及び理由並びに６条から13条までの規定により措置を講ずべきとされている事項に関する決定をするに当たって考慮した事項について，当該パート有期労働者に説明しなければなりません。2018年改正により８条に関する事項が追加されました。

８条関係で言えば，ここでの説明内容が同条の不合理性審査の要素になり得ることを踏まえた説明が必要となります。ただし，パート有期指針第３の２⑴では，不合理指針よりは，説明すべき比較対象労働者が限定され（162～163頁参照)，「職務の内容，職務の内容及び配置の変更の範囲等が，短時間・有期雇用労働者の職務の内容，職務の内容及び配置の変更の範囲等に最も近いと事業主が判断する通常の労働者」とされています（パート有期基本通達第３の10⑹)。

【図表19】説明義務の強化

事業主が労働者に対して説明しなければならない内容を，パート・有期・派遣で統一的に整備します。

❶ 有期雇用労働者に対し，本人の待遇内容及び待遇決定に際しての考慮事項に関する説明義務を創設。

❷ パートタイム労働者・有期雇用労働者・派遣労働者について，事業主に正規雇用労働者との待遇差の内容・理由等の説明義務（求めた場合）を創設。

❸ 説明を求めた場合の不利益取扱い禁止を創設。

★ 改正によって，非正規雇用労働者は，「正社員との待遇差の内容や理由」についても説明を受けられるようになります。

【改正前→改正後】○：説明義務の規定あり　×：説明義務の規定なし

	パート	有期	派遣
待遇内容（※）	○ → ○	× → ○ ❶	○ → ○
待遇決定に際しての考慮事項	○ → ○	× → ○ ❶	○ → ○
待遇差の内容・理由	× → ○ ❷	× → ○ ❷	× → ○ ❷

＋ 説明を求めた場合の不利益取扱いを禁止 ❸

※賃金，福利厚生，教育訓練など

（出所：厚労省ＨＰ）

⑶　説明を求めたことへの不利益取扱い禁止（３項）

事業主は，パート有期労働者が，本項に基づき説明を求めたことを理由として当該パート有期労働者に対して不利益な取扱いをしてはなりません（14条３項)。2018年改正により通達内容が法文化され強化されました（**図表19参照**)。

８　不合理指針（15条）

不合理指針が，後述（182頁～）の行政上の指導・勧告・調停等の基準となるだけでなく（18条・19条・22条～26条)，私法上も前述の８条の不合理性判断基準として利用されることが予想されます。

具体的な不合理な処遇の排除の手順等については，「パートタイム・有期雇用労働法対応のための取組手順書」や「不合理な待遇差解消のための点検・検討マニュアル（業界別マニュアル）」厚労省 HP 掲載啓発用パンフが詳細です。

9　紛争解決援助制度への修正

パート有期法上の紛争解決援助制度等も，基本的に，均等法上の手続を採用しています。すなわち，労働局長による助言・指導・勧告等が設けられ（24条），都道府県基準局の紛争調整委員会に設置される均衡待遇調停会議への調停申請手続も利用でき（25条・26条），紛争調整手続等利用者への不利益取扱い禁止も設けられ（24条２項・25条２項），厚労大臣による助言，指導，勧告（18条１項）と，差別的取扱い禁止問題等も含めた一定の法違反事項への違反に対する企業名公表制度も設けられています（18条２項）。

留意すべきは，この制度の利用は，パート有期法上のすべての紛争ではなく，事業主が措置しなければならない事項のうち，労働条件の明示，差別的取扱い禁止，教育訓練，福利厚生施設，通常の労働者への転換，待遇の説明に関する紛争に限られている点です（18条２項，22条・23条）。特に，助言勧告については，不合理な待遇の禁止（８条）も対象となり得ますが（18条１項），企業名公表制度について，８条関係の適用がない点です（同条２項）。

【図表20】同一労働同一賃金ガイドラインの概要

- **対象は，基本給，昇給，ボーナス，各種手当といった賃金にとどまらず，教育訓練や福利厚生もカバー。**
- 原則となる考え方を示すとともに，中小企業の方にもわかりやすいよう，**典型的な事例として整理できるものについては，問題とならない例，問題となる例として，事例も多く取り入れている。**
- ガイドラインに記載していない待遇を含め，**不合理な待遇差の是正を求める労働者が裁判で争えるよう，その根拠となる法律を整備。**
- 本ガイドラインは，同一の企業・団体における，正規雇用労働者と非正規雇用労働者の間の不合理な待遇差を是正することを目的としているため，**正規雇用労働者と非正規雇用労働者の間に実際に待遇差が存在する場合に参照されることを目的としている。**このため，**そもそも客観的にみて待遇差が存在しない場合については，本ガイドラインは対象としていない。**

ガイドラインの構造

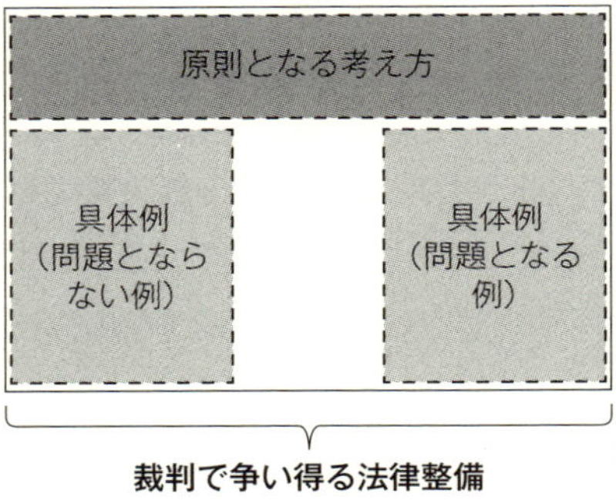

原則となる考え方

具体例（問題とならない例）　具体例（問題となる例）

裁判で争い得る法律整備

①基本給の均等・均衡待遇の確保

- **基本給**が，職務に応じて支払うもの，職業能力に応じて支払うもの，勤続に応じて支払うものなど，その**趣旨・性格が様々である現実を認めた上で，それぞれの趣旨・性格に照らして，実態に違いがなければ同一の，違いがあれば違いに応じた支給を求める。**
すなわち，均衡だけでなく，均等にも踏み込んだものとしている。
- **昇給**についても，勤続による職業能力の向上に応じて行おうとする場合には，同様の職業能力の向上には同一の，違いがあれば違いに応じた昇給を求める。

②各種手当の均等・均衡待遇の確保

- **ボーナス（賞与）**について，会社の業績等への貢献に応じて支給しようとする場合，同一の貢献には同一の，違いがあれば違いに応じた支給を求める。
- **役職手当**についても，役職の内容，責任の範囲・程度に対して支給しようとする場合，同一の役職・責任には同一の，違いがあれば違いに応じた支給を求める。
- そのほか，業務の危険度等に応じて支給される**特殊作業手当**，交代制勤務などに応じて支給される**特殊勤務手当**，所定労働時間を超えて同一の時間外労働を行った場合に支給される**時間外労働手当の割増率**，深夜・休日労働を行った場合に支給される**深夜・休日労働手当の割増率，通勤手当・出張旅費**，勤務時間内に食事時間が挟まれている際の**食事手当**，同一の支給要件を満たす場合の**単身赴任手当**，特定の地域で働くことに対する補償として支給する**地域手当**等については，同一の支給を求める。

- なお，基本給や各種手当といった賃金に差がある場合において，その要因として賃金の決定基準・ルールの違いがあるときは，**「無期雇用フルタイム労働者と有期雇用労働者又はパートタイム労働者は将来の役割期待が異なるため，賃金の決定基準・ルールが異なる」という主観的・抽象的説明に終始しがちであるが，**これでは足りず，**職務内容，職務内容・配置の変更範囲，その他の事情の客観的・具体的な実態に照らして，不合理なものであってはならない。**

③福利厚生や教育訓練の均等・均衡待遇の確保

- 食堂，休憩室，更衣室といった**福利厚生施設**の利用，転勤の有無等の要件が同一の場合の転勤者用社宅，**慶弔休暇**，健康診断に伴う勤務免除・有給保障については，同一の利用・付与を求める。
- **病気休職**については，無期雇用パートタイム労働者には無期雇用フルタイム労働者と同一の，有期雇用労働者にも労働契約の残存期間については同一の付与を求める。
- **法定外年休・休暇**については，勤続期間に応じて認めている場合には，同一の勤続期間であれば同一の付与を求め，特に有期労働契約を更新している場合には，当初の契約期間から通算した期間を勤続期間として算定することを要することとする。
- **教育訓練**については，現在の職務に必要な技能・知識を習得するために実施しようとする場合，同一の職務内容であれば同一の，違いがあれば違いに応じた実施を行わなければならない。

④派遣労働者の取扱

- 派遣元事業者は派遣労働者に対し，派遣先の労働者と職務内容，職務内容・配置の変更範囲，その他の事情が同一であれば同一の，違いがあれば違いに応じた賃金の支給，福利厚生，教育訓練の実施が求められる。

（出所：厚労省ＨＰ）

【図表 21】同一労働同一賃金ガイドラインの概要

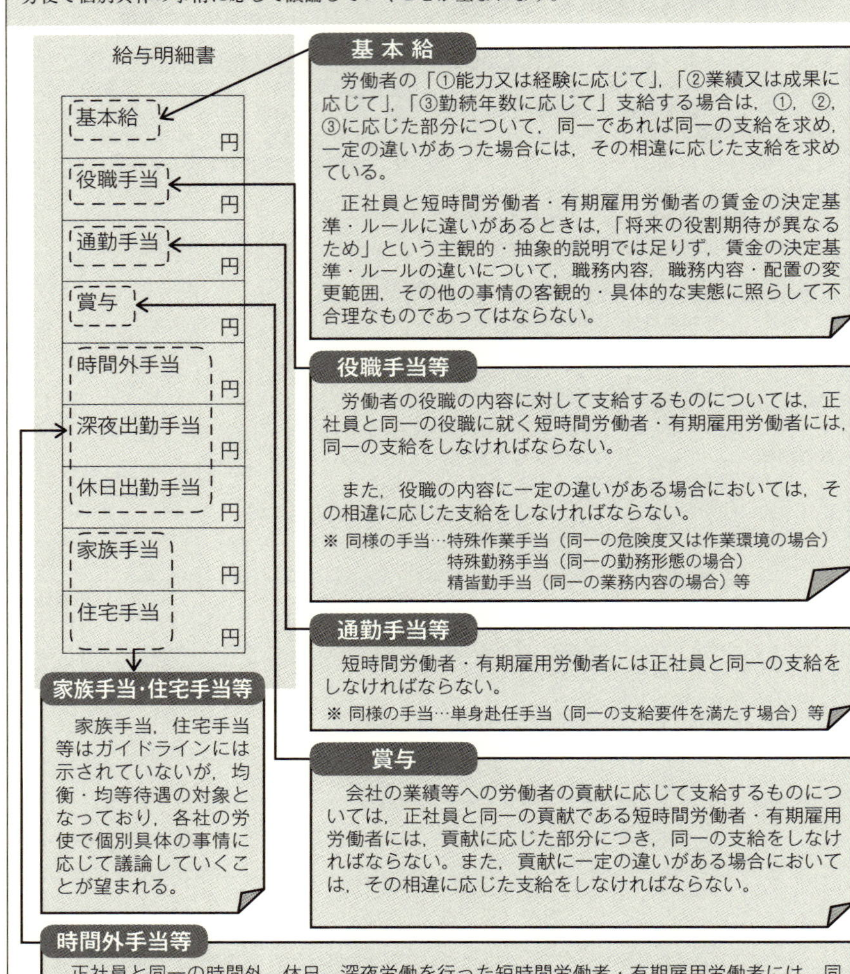

（出所：厚労省ＨＰ）

Ⅱ　派遣法における公正な待遇の確保

1　公正な待遇の確保

2018年改正により，以下のように，派遣労働者について，①派遣先の労働者との均等・均衡待遇，②一定の要件（同種業務の一般の労働者の平均的な賃金と同等以上の賃金であること等）を満たす労使協定による待遇のいずれかを確保す

【図表22】派遣労働者と派遣先労働者の待遇差

（現在）

○ 派遣労働者と派遣先労働者の待遇差 ⇒ 配慮義務規定のみ

★ 派遣労働者の待遇差に関する規定の整備にあたっては，
「派遣先均等・均衡方式」と「労使協定方式」の選択制になります。

〈考え方〉
- 派遣労働者の就業場所は派遣先であり，待遇に関する派遣労働者の納得感を考慮する上で，派遣先の労働者との均等・均衡は重要な観点です。
- しかし，派遣先の賃金水準と職務の難易度が常に整合的とは言えないため，結果として，派遣労働者の段階的・体系的なキャリアアップ支援と不整合な事態を招くこともあり得ます。
- こうした状況を踏まえ，以下の２つの方式の選択制とします。

1)派遣先の労働者との均等・均衡待遇
2)一定の要件を満たす労使協定による待遇

（改正後）

○**下のいずれかを確保することを義務化します。**

　(1)　**派遣先の労働者との均等・均衡待遇**
　(2)　**一定の要件を満たす労使協定による待遇**

※併せて，派遣先になろうとする事業主に対し，派遣先労働者の待遇に関する派遣元への情報提供義務を新設します。

○**派遣先事業主に，**派遣元事業主が上記(1)(2)を順守できるよう**派遣料金の額の配慮義務を創設。**

○均等・均衡待遇規定の解釈の明確化のため，**ガイドライン（指針）の策定。根拠を規定。**

（出所：厚労省ＨＰ）

ることを義務化，③労働者に対する待遇に関する説明義務の強化がなされました（施行は2020年４月１日）。

２　派遣先の派遣元に対する情報提供義務

⑴　派遣先の派遣元に対する情報提供義務の趣旨

従前の派遣先指針で努力義務とされていた情報提供につき，改正法は，派遣先が，新たに労働者派遣契約を締結するに当たって，あらかじめ，派遣元に対し，改正派遣規則で定めるところにより，当該労働者派遣に係る派遣労働者が従事する業務ごとに，比較対象労働者の賃金その他の待遇に関する情報その他の改正派遣規則で定める情報を提供すべきとの情報提供義務が新設されました（改正法26条７項，改正則24条の３，同条の４。詳細は，ロア・働き方解説〔山﨑貴広〕254～258頁参照）。

⑵　提供する情報

派遣先が派遣元に対して提供しなければならない情報は，以下の内容です。

①　比較対象労働者の賃金その他の待遇に関する情報（改正法26条７項）。

②　労働者派遣契約に，当該労働者派遣契約に基づく労働者派遣に係る派遣労働者を協定対象派遣労働者（協定対象派遣労働者の詳細は後述Ⅱ５を参照）に限定しないことを定める場合は，次の(i)から(v)の情報（改正則24条の４第１項）。

(i)　比較対象労働者の職務の内容，当該職務の内容及び配置の変更の範囲並びに雇用形態

(ii)　当該比較対象労働者を選定した理由

(iii)　当該比較対象労働者の待遇のそれぞれの内容（昇給，賞与その他の主な待遇がない場合には，その旨を含む。）

(iv)　当該比較対象労働者の待遇のそれぞれの性質及び当該待遇を行う目的

(v)　当該比較対象労働者の待遇のそれぞれについて，職務の内容，当該職

務の内容及び配置の変更その他の事情のうち，当該待遇に係る決定をするに当たって考慮したもの

③　労働者派遣契約に，当該労働者派遣契約に基づく労働者派遣に係る派遣労働者を協定対象派遣労働者に限定する場合は，次の情報（改正則24条の4第2項）。

(i)　改正法40条2項の教育訓練の内容（当該教育訓練がない場合には，その旨）

(ii)　改正則32条の3各号に掲げる福利厚生施設の内容（当該福利厚生施設がない場合には，その旨）

なお，派遣元は，関係者（派遣労働者，派遣先等）に対し，派遣労働者の数，派遣先の数，いわゆるマージン率，教育訓練に関する事項等に加え，(i)労使協定を締結しているか否か，(ii)労使協定を締結している場合には，労使協定の対象となる派遣労働者の範囲及び労使協定の有効期間を，原則として，常時インターネットの利用により，情報提供しなければなりません（改正派遣元指針第2の16）。

(3)　情報提供の方法

派遣先は，待遇情報の提供を書面の交付等（書面の交付，ファクシミリ，電子メール等）により行わなければなりません（改正則24条の3第1項）。

そして，派遣元は当該書面等を，派遣先は当該書面等の写しを，当該労働者派遣契約に基づく労働者派遣が終了した日から起算して3年を経過する日まで保存しなければなりません（改正則24条の3第2項）。

(4)　提供した待遇情報の変更時の情報提供義務

派遣先は，上記(2)で提供した情報に変更があったときは，遅滞なく，派遣元に対し，当該変更の内容に関する情報を提供しなければなりません（改正法26条10項，改正則24条の6第1項）。

ただし，次のいずれかに該当する場合には，派遣先は，この情報提供義務は

課されません。

① 派遣労働者を協定対象派遣労働者に限定しないことを定めた労働者派遣契約に基づき行われている労働者派遣に係る派遣労働者の中に協定対象派遣労働者以外の者がいない場合。

なお，この場合，当該派遣労働者の中に新たに協定対象派遣労働者以外の者が含まれることとなったときは，派遣先は，遅滞なく，当該情報を提供しなければなりません（改正則24条の6第2項）。

② 労働者派遣契約が終了する日前1週間以内における変更であって，当該変更を踏まえて派遣労働者の待遇を変更しなくても改正法30条の3の規定に違反しないものであり，かつ，当該変更の内容に関する情報の提供を要しないものとして労働者派遣契約で定めた範囲を超えないものが生じた場合（改正則24条の6第3項）。

なお，提供した情報の変更時の情報提供の方法及び派遣元と派遣先それぞれが情報に係る書面等の3年間の保管義務を負う点は，労働者派遣契約締結時と同様です（改正則24条の6第4項・24条の3第2項）。

(5) 待遇情報の取扱い

派遣元は，上記(2)等で提供を受けた情報のうち，個人情報に該当するものの保管又は使用については，改正法30条の2ないし5及び31条の2第4項の規定による待遇の確保等という目的の範囲に限られ，同情報のうち個人情報に該当しないものの保管又は使用については，上記目的の範囲に限定する等の適切な対応をしなければなりません（改正派遣元事業主が講ずべき措置に関する指針（以下「改正派遣元指針」という）第2の11）。

そして，上記の情報は，改正法24条の4の派遣元が課される秘密を守る義務の対象となります（派遣元指針案要綱第4）（改正派遣元指針第2の12）。

(6)　派遣労働者と待遇を比較すべき労働者

ここで，「比較対象労働者」とは，派遣元に「雇用される通常の労働者であって，その業務の内容及び当該業務に伴う責任の程度並びに当該職務の内容及び配置の変更の範囲が，当該労働者派遣に係る派遣労働者と同一であると見込まれるものその他の当該派遣労働者と待遇を比較すべき労働者として厚生労働省令で定めるもの」と定義付けられています（改正法26条８項，改正則24条の５）。

具体的には，「比較対象労働者」は次の優先順位に従い，選定されます。①職務の内容並びに当該職務の内容及び配置の変更の範囲が派遣労働者と同一であると見込まれる通常の労働者，②①の労働者がいない場合にあっては，職務の内容が派遣労働者と同一であると見込まれる通常の労働者，③①及び②の労働者がいない場合にあっては，①及び②に掲げる者に準ずる労働者業務の内容又は責任の程度が派遣労働者と同一であると見込まれる通常の労働者，④職務の内容及び配置の変更の範囲が派遣労働者と同一であると見込まれる通常の労働者，⑤上記①から④に相当するパート・有期労働者，⑥派遣労働者と同一の職務に従事させるために新たに通常の労働者を雇い入れたと仮定した場合における当該労働者が，「比較対象労働者」に該当します（改正則24条の５）。

(7)　情報提供義務の実効性確保

派遣先の情報提供義務が定められた趣旨は，派遣元が派遣労働者について派遣先の労働者との均等・均衡待遇を実現するには，派遣先の労働者の賃金等の待遇に関する情報が不可欠となるため，派遣先に対し，これらの情報の提供義務を課した点にあります。改正法は，派遣先に上記情報提供義務を課す一方で，情報提供義務の実効性確保のため，派遣元に対し，派遣先から情報提供がなされない場合には，派遣契約を締結してはならないと定めました（改正法26条９項）。

さらに，改正法は，派遣先が情報提供義務に違反した場合を勧告・企業名公表等の対象としています（改正法49条の２第２項）。派遣先企業は，勧告・公表等のリスクを回避するためにも，派遣元に対し適切な情報を提供する必要があります。

3　不合理な待遇等の禁止（均衡待遇）

派遣元は，その雇用する派遣労働者の基本給，賞与その他の待遇のそれぞれについて，当該待遇に対応する派遣先に雇用される通常の労働者の待遇との間において，①当該派遣労働者及び通常の労働者の職務の内容，②当該職務の内容及び配置の変更の範囲，③その他の事情のうち，当該待遇の性質及び当該待遇を行う目的に照らして適切と認められるものを考慮して，不合理と認められる相違を設けてはなりません（改正法30条の３第１項）。

【図表23】派遣労働者との均等・均衡方式

(1)　派遣先労働者との均等・均衡方式

○派遣労働者と派遣先労働者との均等待遇・均衡待遇規定を創設。

○教育訓練，福利厚生施設の利用，就業環境の整備など派遣先の措置の規定を強化。

(2)　労使協定による一定水準を満たす待遇決定方式

派遣元事業主が，労働者の過半数で組織する労働組合又は労働者の過半数代表者と以下の要件を満たす労使協定を締結し，当該協定に基づいて待遇決定。（派遣先の教育訓練，福利厚生は除く。）

- ●賃金決定方法（次の(イ)，(ロ)に該当するものに限る）
  - (イ)協定対象の派遣労働者が従事する業務と同種の業務に従事する一般労働者の平均的な賃金額と同等以上の賃金額となるもの
  - (ロ)派遣労働者の職務内容，成果，意欲，能力又は経験等の向上があった場合に賃金が改善されるもの
- ●派遣労働者の職務内容，成果，意欲，能力又は経験等を公正に評価して賃金を決定すること
- ●派遣元事業主の通常の労働者（派遣労働者を除く）との間に不合理な相違がない待遇（賃金を除く）の決定方法
- ●派遣労働者に対して段階的・体系的な教育訓練を実施すること

（出所：厚労省ＨＰ）

前述のパート有期法８条の均衡待遇規定と同趣旨の定めですが（150～163頁参照），比較対象が，派遣先の通常の労働者（通常はフルタイム正社員で，以下，「派遣先正社員」という）である点が異なります。本規定の留意点は，個別の待遇ごとに，派遣先正社員の①～③を検討するという判断手法が用いられる点にあります。すなわち，派遣元は，個別の待遇ごとに，派遣先正社員との間で当該派遣労働者の当該待遇が不合理といえないような待遇決定を行わなければなりません（具体的な判断方法については不合理指針第４参照）。

４　差別的取扱いの禁止（均等待遇）

上記に加え，改正法は，派遣元は，職務の内容が派遣先正社員と同一の派遣労働者であって，当該労働者派遣契約及び当該派遣先における慣行その他の事情からみて，当該派遣先における派遣就業が終了するまでの全期間において，その職務の内容及び配置が当該派遣先との雇用関係が終了するまでの全期間における当該正社員の職務の内容及び配置の変更の範囲と同一の範囲で変更されることが見込まれるものについては，正当な理由がなく，基本給，賞与その他の待遇のそれぞれについて，当該待遇に対応する当該正社員の待遇に比して不利なものとしてはなりません（改正法30条の３第２項）。

パート有期法９条の差別禁止（均等待遇）規定と同趣旨の規定です。本条は，ある派遣労働者が，派遣先に派遣される期間中，派遣先正社員と職務内容や配置等が同一と見込まれる場合に，賃金等を不利なものにしてはならないという規定です。派遣元としては，派遣先から提供される情報を十分に検討し，当該派遣労働者の業務内容や配置の変更の範囲が派遣先の正社員と同様か否かを検討した上で，仮に業務内容等が派遣先の正社員と同様と見込まれた場合には，当該労働者の賃金等を下回ることのないよう当該派遣労働者の賃金等を定めなければなりません。

実際には，派遣労働者には，派遣先でのキャリアアップや昇進等は想定できず，適用対象者の存否等の点で実効性には疑問が残ります。

5　不合理指針への対応の必要

同一労働同一賃金ガイドライン案では記載がなかった派遣労働者に関しても，不合理指針第４は，**3**の均衡待遇と**4**の均等処遇について，以下の指摘をしており，各処遇の具体的内容を示すものとして，行政的な助言，指導又は勧告（改正法48条１項）への対策としてはもちろん，民事的な損害賠償等への対策としても，対応が求められます。中でも，１(4)の（注）に留意すべきです。

> 派遣労働者（協定対象派遣労働者を除く。以下この第４において同じ。）の待遇に関して，原則となる考え方及び具体例は次のとおりである。
>
> １　基本給
>
> (1)　基本給であって，労働者の能力又は経験に応じて支給するもの
>
> 基本給であって，派遣先及び派遣元事業主が，労働者の能力又は経験に応じて支給するものについて，派遣元事業主は，派遣先に雇用される通常の労働者と同一の能力又は経験を有する派遣労働者には，能力又は経験に応じた部分につき，派遣先に雇用される通常の労働者と同一の基本給を支給しなければならない。また，能力又は経験に一定の相違がある場合においては，その相違に応じた基本給を支給しなければならない。
>
> （問題とならない例）
>
> イ　基本給について，労働者の能力又は経験に応じて支給している派遣先であるＡ社において，ある能力の向上のための特殊なキャリアコースを設定している。Ａ社の通常の労働者であるＸは，このキャリアコースを選択し，その結果としてその能力を習得したため，その能力に応じた基本給をＸに支給している。これに対し，派遣元事業主であるＢ社からＡ社に派遣されている派遣労働者であるＹは，その能力を習得していないため，Ｂ社はその能力に応じた基本給をＹには支給していない。
>
> ロ　派遣先であるＡ社においては，定期的に職務の内容及び勤務地の変更がある通常の労働者の総合職であるＸは，管理職となるためのキャリアコースの一環として，新卒採用後の数年間，店舗等において，派遣元事業主であるＢ社からＡ社に派遣されている派遣労働者であってＡ社で就業する間は職務の内容及び配置に変更のないＹの助言を受けながら，Ｙと同様の

定型的な業務に従事している。A社がXにキャリアコースの一環として当該定型的な業務に従事させていることを踏まえ，B社はYに対し，当該定型的な業務における能力又は経験はXを上回っているものの，Xほど基本給を高く支給していない。

ハ　派遣先であるA社においては，かつては有期雇用労働者であったが，能力又は経験が一定の水準を満たしたため定期的に職務の内容及び勤務地に変更がある通常の労働者として登用されたXと，派遣元事業主であるB社からA社に派遣されている派遣労働者であるYとが同一の職場で同一の業務に従事している。B社は，A社で就業する間は職務の内容及び勤務地に変更がないことを理由に，Yに対して，Xほど基本給を高く支給していない。

ニ　派遣先であるA社に雇用される通常の労働者であるXと，派遣元事業主であるB社からA社に派遣されている派遣労働者であるYとが同一の能力又は経験を有しているところ，B社は，A社がXに適用するのと同じ基準をYに適用し，就業の時間帯や就業日が土日祝日か否か等の違いにより，A社がXに支給する時間当たりの基本給との間に差を設けている。

（問題となる例）

派遣先であるA社及び派遣元事業主であるB社においては，基本給について，労働者の能力又は経験に応じて支給しているところ，B社は，A社に派遣されている派遣労働者であるYに対し，A社に雇用される通常の労働者であるXに比べて経験が少ないことを理由として，A社がXに支給するほど基本給を高く支給していないが，Xのこれまでの経験はXの現在の業務に関連性を持たない。

(2)　基本給であって，労働者の業績又は成果に応じて支給するもの

基本給であって，派遣先及び派遣元事業主が，労働者の業績又は成果に応じて支給するものについて，派遣元事業主は，派遣先に雇用される通常の労働者と同一の業績又は成果を有する派遣労働者には，業績又は成果に応じた部分につき，派遣先に雇用される通常の労働者と同一の基本給を支給しなければならない。また，業績又は成果に一定の相違がある場合においては，その相違に応じた基本給を支給しなければならない。

なお，基本給とは別に，労働者の業績又は成果に応じた手当を支給する場合も同様である。

（問題とならない例）

イ　派遣先であるA社及び派遣元事業主であるB社においては，基本給の一部について，労働者の業績又は成果に応じて支給しているところ，B社は，A社に派遣されている派遣労働者であって，所定労働時間がA社に雇用される通常の労働者の半分であるYに対し，その販売実績がA社に雇用される通常の労働者に設定されている販売目標の半分の数値に達した場合には，A社に雇用される通常の労働者が販売目標を達成した場合の半分を支給している。

ロ　派遣先であるA社においては，通常の労働者であるXは，派遣元事業主であるB社からA社に派遣されている派遣労働者であるYと同様の業務に従事しているが，XはA社における生産効率及び品質の目標値に対する責任を負っており，当該目標値を達成していない場合，待遇上の不利益を課されている。その一方で，Yは，A社における生産効率及び品質の目標値に対する責任を負っておらず，当該目標値を達成していない場合にも，待遇上の不利益を課されていない。B社はYに対し，待遇上の不利益を課していないこととの見合いに応じて，A社がXに支給するほど基本給を高く支給していない。

（問題となる例）

派遣先であるA社及び派遣元事業主であるB社においては，基本給の一部について，労働者の業績又は成果に応じて支給しているところ，B社は，A社に派遣されている派遣労働者であって，所定労働時間がA社に雇用される通常の労働者の半分であるYに対し，当該通常の労働者が販売目標を達成した場合にA社が行っている支給を，Yについて当該通常の労働者と同一の販売目標を設定し，それを達成しない場合には行っていない。

(3)　基本給であって，労働者の勤続年数（派遣労働者にあっては，当該派遣先における就業期間。以下この(3)において同じ。）に応じて支給するもの

基本給であって，派遣先及び派遣元事業主が，労働者の勤続年数に応じて支給するものについて，派遣元事業主は，派遣先に雇用される通常の労働者と同一の勤続年数である派遣労働者には，勤続年数に応じた部分につき，派遣先に雇用される通常の労働者と同一の基本給を支給しなければならない。また，勤続年数に一定の相違がある場合においては，その相違に応じた基本給を支給しなければならない。

（問題とならない例）

派遣先であるA社及び派遣元事業主であるB社は，基本給について，

労働者の勤続年数に応じて支給しているところ，Ｂ社は，Ａ社に派遣している期間の定めのある労働者派遣契約を更新している派遣労働者であるＹに対し，Ａ社への労働者派遣の開始時から通算して就業期間を評価した上で基本給を支給している。

（問題となる例）

派遣先であるＡ社及び派遣元事業主であるＢ社は，基本給について，労働者の勤続年数に応じて支給しているところ，Ｂ社は，Ａ社に派遣している期間の定めのある労働者派遣契約を更新している派遣労働者であるＹに対し，ＹのＡ社への労働者派遣の開始時から通算して就業期間を評価せず，その時点の労働者派遣契約に基づく派遣就業の期間のみにより就業期間を評価した上で基本給を支給している。

⑷　昇給であって，労働者の勤続（派遣労働者にあっては，当該派遣先における派遣就業の継続。以下この⑷において同じ。）による能力の向上に応じて行うもの

昇給であって，派遣先及び派遣元事業主が，労働者の勤続による能力の向上に応じて行うものについて，派遣元事業主は，派遣先に雇用される通常の労働者と同様に勤続により能力が向上した派遣労働者には，勤続による能力の向上に応じた部分につき，派遣先に雇用される通常の労働者と同一の昇給を行わなければならない。また，勤続による能力の向上に一定の相違がある場合においては，その相違に応じた昇給を行わなければならない。

（注）派遣先に雇用される通常の労働者と派遣労働者との間に賃金の決定基準・ルールの相違がある場合の取扱い

派遣先に雇用される通常の労働者と派遣労働者の間に基本給，賞与，各種手当等の賃金に相違がある場合において，その要因として当該通常の労働者と派遣労働者の賃金の決定基準・ルールの相違があるときは，「派遣労働者に対する派遣元事業主の将来の役割期待は派遣先に雇用される通常の労働者に対する派遣先の将来の役割期待と異なるため，賃金の決定基準・ルールが異なる」等の主観的又は抽象的な説明では足りず，賃金の決定基準・ルールの相違は，当該通常の労働者と派遣労働者の職務の内容，当該職務の内容及び配置の変更の範囲その他の事情のうち，当該待遇の性質及び当該待遇を行う目的に照らして適切と認められるものの客観的及び具体的な実態に照らして，不合理と認められるものであってはならない。

2　賞与

賞与であって，派遣先及び派遣元事業主が，会社（派遣労働者にあっては，派遣先。以下この２において同じ。）の業績等への労働者の貢献に応じて支給するものについて，派遣元事業主は，派遣先に雇用される通常の労働者と同一の貢献である派遣労働者には，貢献に応じた部分につき，派遣先に雇用される通常の労働者と同一の賞与を支給しなければならない。また，貢献に一定の相違がある場合においては，その相違に応じた賞与を支給しなければならない。

（問題とならない例）

イ　派遣先であるＡ社及び派遣元事業主であるＢ社においては，賞与について，会社の業績等への労働者の貢献に応じて支給しているところ，Ｂ社は，Ａ社に派遣されている派遣労働者であって，Ａ社に雇用される通常の労働者であるＸと同一のＡ社の業績等への貢献があるＹに対して，Ａ社がＸに支給するのと同一の賞与を支給している。

ロ　派遣先であるＡ社においては，通常の労働者であるＸは，Ａ社における生産効率及び品質の目標値に対する責任を負っており，当該目標値を達成していない場合，待遇上の不利益を課されている。その一方で，Ａ社に雇用される通常の労働者であるＺや，派遣元事業主であるＢ社からＡ社に派遣されている派遣労働者であるＹは，Ａ社における生産効率及び品質の目標値に対する責任を負っておらず，当該目標値を達成していない場合にも，待遇上の不利益を課されていない。Ａ社はＸに対して賞与を支給しているが，Ｚに対しては，待遇上の不利益を課していないこととの見合いの範囲内で賞与を支給していないところ，Ｂ社はＹに対して，待遇上の不利益を課していないこととの見合いの範囲内で賞与を支給していない。

（問題となる例）

イ　派遣先であるＡ社及び派遣元事業主であるＢ社においては，賞与について，会社の業績等への労働者の貢献に応じて支給しているところ，Ｂ社は，Ａ社に派遣されている派遣労働者であって，Ａ社に雇用される通常の労働者であるＸと同一のＡ社の業績等への貢献があるＹに対して，Ａ社がＸに支給するのと同一の賞与を支給していない。

ロ　賞与について，会社の業績等への労働者の貢献に応じて支給している派遣先であるＡ社においては，通常の労働者の全員に職務の内容や会社の業績等への貢献等にかかわらず何らかの賞与を支給しているが，派遣元事業主であるＢ社においては，Ａ社に派遣されている派遣労働者であるＹに賞与を支給していない。

3　手当

(1)　役職手当であって，役職の内容に対して支給するもの

役職手当であって，派遣先及び派遣元事業主が，役職の内容に対して支給するものについて，派遣元事業主は，派遣先に雇用される通常の労働者と同一の内容の役職に就く派遣労働者には，派遣先に雇用される通常の労働者と同一の役職手当を支給しなければならない。また，役職の内容に一定の相違がある場合においては，その相違に応じた役職手当を支給しなければならない。

（問題とならない例）

イ　派遣先であるA社及び派遣元事業主であるB社においては，役職手当について，役職の内容に対して支給しているところ，B社は，A社に派遣されている派遣労働者であって，A社に雇用される通常の労働者であるXの役職と同一の役職名（例えば，店長）であって同一の内容（例えば，営業時間中の店舗の適切な運営）の役職に就くYに対し，A社がXに支給するのと同一の役職手当を支給している。

ロ　派遣先であるA社及び派遣元事業主であるB社においては，役職手当について，役職の内容に対して支給しているところ，B社は，A社に派遣されている派遣労働者であって，A社に雇用される通常の労働者であるXの役職と同一の役職名であって同一の内容の役職に就くYに，所定労働時間に比例した役職手当（例えば，所定労働時間がA社に雇用される通常の労働者の半分の派遣労働者にあっては，当該通常の労働者の半分の役職手当）を支給している。

（問題となる例）

派遣先であるA社及び派遣元事業主であるB社においては，役職手当について，役職の内容に対して支給しているところ，B社は，A社に派遣されている派遣労働者であって，A社に雇用される通常の労働者であるXの役職と同一の役職名であって同一の内容の役職に就くYに対し，A社がXに支給するのに比べ役職手当を低く支給している。

(2)　業務の危険度又は作業環境に応じて支給される特殊作業手当

派遣元事業主は，派遣先に雇用される通常の労働者と同一の危険度又は作業環境の業務に従事する派遣労働者には，派遣先に雇用される通常の労働者と同一の特殊作業手当を支給しなければならない。

(3) 交替制勤務等の勤務形態に応じて支給される特殊勤務手当

派遣元事業主は，派遣先に雇用される通常の労働者と同一の勤務形態で業務に従事する派遣労働者には，派遣先に雇用される通常の労働者と同一の特殊勤務手当を支給しなければならない。

（問題とならない例）

イ　派遣先であるA社においては，就業する時間帯又は曜日を特定して就業する通常の労働者には労働者の採用が難しい早朝若しくは深夜又は土日祝日に就業する場合に時給に上乗せして特殊勤務手当を支給するが，就業する時間帯及び曜日を特定していない通常の労働者には労働者の採用が難しい時間帯又は曜日に勤務する場合であっても時給に上乗せして特殊勤務手当を支給していない。派遣元事業主であるB社は，A社に派遣されている派遣労働者であって，就業する時間帯及び曜日を特定して就業していないYに対し，採用が難しい時間帯や曜日に勤務する場合であっても時給に上乗せして特殊勤務手当を支給していない。

ロ　派遣先であるA社においては，通常の労働者であるXについては，入社に当たり，交替制勤務に従事することは必ずしも確定しておらず，業務の繁閑等生産の都合に応じて通常勤務又は交替制勤務のいずれにも従事する可能性があり，交替制勤務に従事した場合に限り特殊勤務手当が支給されている。派遣元事業主であるB社からA社に派遣されている派遣労働者であるYについては，A社への労働者派遣に当たり，派遣先で交替制勤務に従事することを明確にし，かつ，基本給にA社において通常の労働者に支給される特殊勤務手当と同一の交替制勤務の負荷分が盛り込まれている。A社には，職務の内容がYと同一であり通常勤務のみに従事することが予定され，実際に通常勤務のみに従事する労働者であるZがいるところ，B社はYに対し，A社がZに対して支給するのに比べ基本給を高く支給している。A社はXに対して特殊勤務手当を支給しているが，B社はYに対して特殊勤務手当を支給していない。

(4) 精皆勤手当

派遣元事業主は，派遣先に雇用される通常の労働者と業務の内容が同一の派遣労働者には，派遣先に雇用される通常の労働者と同一の精皆勤手当を支給しなければならない。

（問題とならない例）

派遣先であるA社においては，考課上，欠勤についてマイナス査定を行い，かつ，それが待遇に反映される通常の労働者であるXには，一定の日数以上出勤した場合に精皆勤手当を支給しているが，派遣元事業主であるB社は，B社からA社に派遣されている派遣労働者であって，考課上，欠勤についてマイナス査定を行っていないYには，マイナス査定を行っていないこととの見合いの範囲内で，精皆勤手当を支給していない。

(5)　時間外労働に対して支給される手当

派遣元事業主は，派遣先に雇用される通常の労働者の所定労働時間を超えて，当該通常の労働者と同一の時間外労働を行った派遣労働者には，当該通常の労働者の所定労働時間を超えた時間につき，派遣先に雇用される通常の労働者と同一の割増率等で，時間外労働に対して支給される手当を支給しなければならない。

(6)　深夜労働又は休日労働に対して支給される手当

派遣元事業主は，派遣先に雇用される通常の労働者と同一の深夜労働又は休日労働を行った派遣労働者には，派遣先に雇用される通常の労働者と同一の割増率等で，深夜労働又は休日労働に対して支給される手当を支給しなければならない。

（問題とならない例）

派遣元事業主であるB社においては，派遣先であるA社に派遣されている派遣労働者であって，A社に雇用される通常の労働者であるXと時間数及び職務の内容が同一の深夜労働又は休日労働を行ったYに対し，A社がXに支給するのと同一の深夜労働又は休日労働に対して支給される手当を支給している。

（問題となる例）

派遣元事業主であるB社においては，派遣先であるA社に派遣されている派遣労働者であって，A社に雇用される通常の労働者であるXと時間数及び職務の内容が同一の深夜労働又は休日労働を行ったYに対し，Yが派遣労働者であることから，深夜労働又は休日労働に対して支給される手当の単価を当該通常の労働者より低く設定している。

(7)　通勤手当及び出張旅費

派遣元事業主は，派遣労働者にも，派遣先に雇用される通常の労働者と同一の通勤手当及び出張旅費を支給しなければならない。

（問題とならない例）

イ　派遣先であるA社においては，本社の採用である労働者に対し，交通費実費の全額に相当する通勤手当を支給しているが，派遣元事業主であるB社は，それぞれの店舗の採用である労働者については，当該店舗の近隣から通うことができる交通費に相当する額に通勤手当の上限を設定して当該上限の額の範囲内で通勤手当を支給しているところ，B社の店舗採用であってA社に派遣される派遣労働者であるYが，A社への労働者派遣の開始後，本人の都合で通勤手当の上限の額では通うことができないところへ転居してなお通い続けている場合には，当該上限の額の範囲内で通勤手当を支給している。

ロ　派遣先であるA社においては，通勤手当について，所定労働日数が多い（例えば，週4日以上）通常の労働者に，月額の定期券の金額に相当する額を支給しているが，派遣元事業主であるB社においては，A社に派遣されている派遣労働者であって，所定労働日数が少ない（例えば，週3日以下）又は出勤日数が変動する派遣労働者に，日額の交通費に相当する額を支給している。

(8)　労働時間の途中に食事のための休憩時間がある労働者に対する食費の負担補助として支給される食事手当

派遣元事業主は，派遣労働者にも，派遣先に雇用される通常の労働者と同一の食事手当を支給しなければならない。

（問題とならない例）

派遣先であるA社においては，その労働時間の途中に昼食のための休憩時間がある通常の労働者であるXに食事手当を支給している。その一方で，派遣元事業主であるB社においては，A社に派遣されている派遣労働者であって，その労働時間の途中に昼食のための休憩時間がない（例えば，午後2時から午後5時までの勤務）派遣労働者であるYに支給していない。

（問題となる例）

派遣先であるA社においては，通常の労働者であるXに食事手当を支給している。派遣元事業主であるB社においては，A社に派遣されている派遣労働者であるYにA社がXに支給するのに比べ食事手当を低く支給している。

(9)　単身赴任手当

派遣元事業主は，派遣先に雇用される通常の労働者と同一の支給要件を満たす派遣労働者には，派遣先に雇用される通常の労働者と同一の単身赴任手当を支給しなければならない。

⑽　特定の地域で働く労働者に対する補償として支給される地域手当

派遣元事業主は，派遣先に雇用される通常の労働者と同一の地域で働く派遣労働者には，派遣先に雇用される通常の労働者と同一の地域手当を支給しなければならない。

（問題とならない例）

派遣先であるＡ社においては，通常の労働者であるＸについて，全国一律の基本給の体系を適用し，転勤があることから，地域の物価等を勘案した地域手当を支給している。一方で，派遣元事業主であるＢ社においては，Ａ社に派遣されている派遣労働者であるＹについては，Ａ社に派遣されている間は勤務地の変更がなく，その派遣先の所在する地域で基本給を設定しており，その中で地域の物価が基本給に盛り込まれているため，地域手当を支給していない。

（問題となる例）

派遣先であるＡ社に雇用される通常の労働者であるＸは，その地域で採用され転勤はないにもかかわらず，Ａ社はＸに対し地域手当を支給している。一方，派遣元事業主であるＢ社からＡ社に派遣されている派遣労働者であるＹは，Ａ社に派遣されている間転勤はなく，Ｂ社はＹに対し地域手当を支給していない。

４　福利厚生

⑴　福利厚生施設（給食施設，休憩室及び更衣室をいう。以下この⑴において同じ。）

派遣先は，派遣先に雇用される通常の労働者と同一の事業所で働く派遣労働者には，派遣先に雇用される通常の労働者と同一の福利厚生施設の利用を認めなければならない。

なお，派遣元事業主についても，労働者派遣法第30条の３の規定に基づく義務を免れるものではない。

⑵　転勤者用社宅

派遣元事業主は，派遣先に雇用される通常の労働者と同一の支給要件（例えば，転勤の有無，扶養家族の有無，住宅の賃貸又は収入の額）を満たす派遣労働者には，派遣先に雇用される通常の労働者と同一の転勤者用社宅の利用を認めなければならない。

⑶　慶弔休暇並びに健康診断に伴う勤務免除及び有給の保障

派遣元事業主は，派遣労働者にも，派遣先に雇用される通常の労働者と同一の慶弔休暇の付与並びに健康診断に伴う勤務免除及び有給の保障を行わなければならない。

（問題とならない例）

派遣元事業主であるＢ社においては，派遣先であるＡ社に派遣されている派遣労働者であって，Ａ社に雇用される通常の労働者であるＸと同様の出勤日が設定されているＹに対しては，Ａ社がＸに付与するのと同様に慶弔休暇を付与しているが，Ａ社に派遣されている派遣労働者であって，週２日の勤務であるＷに対しては，勤務日の振替での対応を基本としつつ，振替が困難な場合のみ慶弔休暇を付与している。

(4) 病気休職

派遣元事業主は，派遣労働者（期間の定めのある労働者派遣に係る派遣労働者である場合を除く。）には，派遣先に雇用される通常の労働者と同一の病気休職の取得を認めなければならない。また，期間の定めのある労働者派遣に係る派遣労働者にも，当該派遣先における派遣就業が終了するまでの期間を踏まえて，病気休職の取得を認めなければならない。

（問題とならない例）

派遣元事業主であるＢ社においては，当該派遣先における派遣就業期間が１年である派遣労働者であるＹについて，病気休職の期間は当該派遣就業の期間が終了する日までとしている。

(5) 法定外の有給の休暇その他の法定外の休暇（慶弔休暇を除く。）であって，勤続期間（派遣労働者にあっては，当該派遣先における就業期間。以下この(5)において同じ。）に応じて取得を認めているもの

法定外の有給の休暇その他の法定外の休暇（慶弔休暇を除く。）であって，派遣先及び派遣元事業主が，勤続期間に応じて取得を認めているものについて，派遣元事業主は，当該派遣先に雇用される通常の労働者と同一の勤続期間である派遣労働者には，派遣先に雇用される通常の労働者と同一の法定外の有給の休暇その他の法定外の休暇（慶弔休暇を除く。）を付与しなければならない。なお，当該派遣先において期間の定めのある労働者派遣契約を更新している場合には，当初の派遣就業の開始時から通算して就業期間を評価することを要する。

（問題とならない例）

派遣先であるＡ社においては，長期勤続者を対象とするリフレッシュ

休暇について，業務に従事した時間全体を通じた貢献に対する報償という趣旨で付与していることから，通常の労働者であるＸに対し，勤続10年で３日，20年で５日，30年で７日の休暇を付与している。派遣元事業主であるＢ社は，Ａ社に派遣されている派遣労働者であるＹに対し，所定労働時間に比例した日数を付与している。

５　その他

⑴　教育訓練であって，現在の職務の遂行に必要な技能又は知識を習得するために実施するもの

教育訓練であって，派遣先が，現在の業務の遂行に必要な能力を付与するために実施するものについて，派遣先は，派遣元事業主からの求めに応じ，その雇用する通常の労働者と業務の内容が同一である派遣労働者には，派遣先に雇用される通常の労働者と同一の教育訓練を実施する等必要な措置を講じなければならない。なお，派遣元事業主についても，労働者派遣法第30条の３の規定に基づく義務を免れるものではない。

また，派遣労働者と派遣先に雇用される通常の労働者との間で業務の内容に一定の相違がある場合においては，派遣元事業主は，派遣労働者と派遣先に雇用される通常の労働者との間の職務の内容，職務の内容及び配置の変更の範囲その他の事情の相違に応じた教育訓練を実施しなければならない。

なお，労働者派遣法第30条の２第１項の規定に基づき，派遣元事業主は，派遣労働者に対し，段階的かつ体系的な教育訓練を実施しなければならない。

⑵　安全管理に関する措置又は給付

派遣元事業主は，派遣先に雇用される通常の労働者と同一の業務環境に置かれている派遣労働者には，派遣先に雇用される通常の労働者と同一の安全管理に関する措置及び給付をしなければならない。

なお，派遣先及び派遣元事業主は，労働者派遣法第45条等の規定に基づき，派遣労働者の安全と健康を確保するための義務を履行しなければならない。

派遣元は，派遣先から提供される待遇情報を十分に検討し，当該派遣労働者の業務内容や配置の変更の範囲が派遣先の通常の労働者と同様か否かを検討したうえで，仮に当該派遣労働者の業務内容等が派遣先の通常の労働者と同様と見込まれた場合には，当該派遣先の通常の労働者の賃金等を下回ることのな

いよう当該派遣労働者の賃金等を定めなければなりません（ロア・働き方解説〔山﨑貴広〕268頁参照）。

6　労使協定による適用除外

(1)　概　　要

派遣元が，改正派遣則で定めるところにより（25条の６～同条の12），労働者の過半数で組織する労働組合がある場合においてはその労働組合，下記**図表24**のように，労働者の過半数で組織する労働組合がない場合においては労働者の過半数を代表する者との書面による協定により，その雇用する派遣労働者の待遇について，協定対象派遣労働者の賃金の決定の方法等の事項等の一定水準

【図表24】【労使協定方式】一定の要件を満たす労使協定による待遇

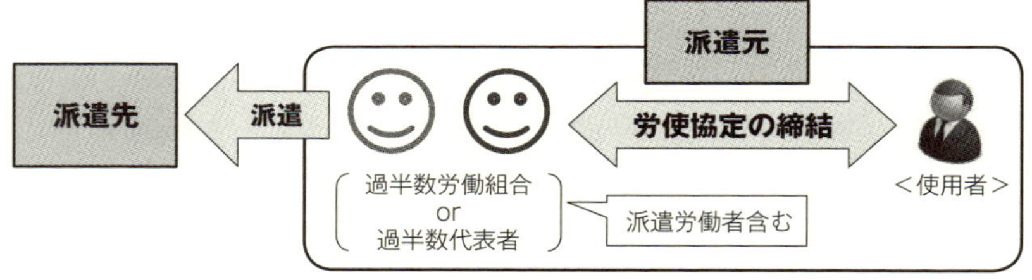

過半数労働組合又は過半数代表者（過半数労働組合がない場合に限ります）と派遣元事業主との間で一定の事項を定めた労使協定を書面で締結し，労使協定で定めた事項を遵守しているときは，一部の待遇を除き（※），**この労使協定に基づき待遇が決定**されることとなります。

ただし，労使協定が適切な内容で定められていない場合や労使協定で定めた事項を遵守していない場合には，【労使協定方式】は適用されず，【派遣先均等・均衡方式】が適用されます。

（※）次の①及び②の待遇については，労使協定方式による場合であっても，労使協定の対象とはならないため，派遣元事業主は，派遣先の通常の労働者との均等・均衡を確保する必要があります。

① 派遣先が，派遣労働者と同種の業務に従事する派遣先の労働者に対して，事業の遂行に必要な能力を付与するために実施する教育訓練（法第40条第２項の教育訓練）

② 派遣先が，派遣先の労働者に対して利用の機会を与える給食施設，休憩室及び更衣室（法第40条第３項の福利厚生施設）

（出所：厚労省ＨＰ）

を満たす派遣労働者の待遇決定を行うことを定めたときは，前記Ⅱ３及び４が適用除外となります（改正法30条の４第１項）。上記労使協定を締結することで，派遣元は，協定対象派遣労働者については，前記Ⅱ３，４の均等・均衡待遇の規定が適用除外となります。

⑵　労使協定による代替策を設けた趣旨

前記Ⅱ３及び４でみてきた通り，改正法は，派遣元に対し派遣先の労働者との均衡・均等待遇を義務付けています。しかし，常に派遣先の労働者との均等・均衡を考慮し派遣労働者の待遇等を決定することは，派遣先が変わるごとに賃金水準が変わり，派遣労働者の所得が不安定になるという問題が生じます。また，一般に賃金水準は大企業であるほど高いことから，派遣労働者の希望が大企業へ集中し，派遣元において派遣労働者のキャリア形成を考慮した派遣先への配置を困難にする等の問題が生じ得ます。

そこで，労使協定による代替策を設けたものです。厚労省の担当官の説明では，実務的には，この労使協定の利用が主流になることが想定されています。

⑶　労使協定事項

労使協定事項については以下の事項を定めることが義務付けられています（30条の４第１項）。

①　その待遇が当該協定で定めるところによることとされる派遣労働者の範囲（この労働者を「協定対象派遣労働者」といいます，同項１号）

②　①に掲げる範囲に属する派遣労働者の賃金の決定の方法（次のイ及びロ（〈通勤手当その他の厚生労働省令で定めるものにあっては，イ〉に該当するものに限る，同項２号）

イ　派遣労働者が従事する業務と同種の業務に従事する一般の労働者の平均的な賃金の額として厚生労働省令で定めるものと同等以上の賃金の額となるものであること。

ロ　派遣労働者の職務の内容，職務の成果，意欲，能力又は経験その他の就業の実態に関する事項の向上があった場合に賃金が改善されるものであること。

③　派遣元事業主が，②に掲げる賃金の決定の方法により賃金を決定するに当たっては，派遣労働者の職務の内容，職務の成果，意欲，能力又は経験その他の就業の実態に関する事項を公正に評価し，その賃金を決定すること（同項３号)。

④　①に掲げる範囲に属する派遣労働者の待遇（賃金を除く。以下④においては同じ）の決定の方法（派遣労働者の待遇のそれぞれについて，当該待遇に対応する派遣元事業主に雇用される通常の労働者（派遣労働者を除く）の待遇との間において，当該派遣労働者及び通常の労働者の職務の内容，当該職務の内容及び配置の変更の範囲その他の事情のうち，当該待遇の性質及び当該待遇を行う目的に照らして適切と認められるものを考慮して，不合理と認められる相違が生じることとならないものに限る，同項４号)

⑤　派遣元事業主は，①に掲げる範囲に属する派遣労働者に対して30条の２第１項の規定による教育訓練を実施すること（同項５号)。

⑥　①から⑤に掲げるもののほか，厚生労働省令で定める事項（同項６号)

⑥（６号）の事項は，以下の事項です（改正則25条の10)。

(i)　有効期間

なお，有効期間については，賃金の見直しとの兼ね合いで，２年以内とすることが望ましいです。

(ii)　協定対象派遣労働者の範囲を派遣労働者の一部に限定する場合は，その理由

(iii)　派遣元が特段の事情のない限り，一の労働契約期間中に，当該労働契約に係る派遣労働者について，派遣先の変更を理由として，協定対象派遣労働者であるか否かを変更しようとしないこと

なお，③（同項第３号）の評価の具体的方法としては，キャリア（スキル）マップを整備し，一定期間ごとに能力評価や派遣就業状況の確認などにより当てはめを行う，派遣労働者と面談して成果目標を設定し，一定期間後に達成

状況について改めて面談を行って評価を決めることなどが指摘されています（2018・10・2第11回労働政策審議会（職業安定分科会・雇用環境・均等分科会同一労働同一賃金部会資料参照））。

7　労使協定事項を利用する場合の留意点

労使協定を用いた待遇決定方式については，派遣元は，その運用に際し，次の点に留意しなければなりません（ロア・働き方解説〔山﨑貴広〕263～264頁参照）。

(1)　協定事項違反の場合の効果

労使協定を用いた待遇決定については，派遣元は，運用に際し，次の点に留意をする必要があります。まず，前記協定事項②，④，⑤で定めた事項を遵守しなかった場合，または，③に定める公正な評価を行わなかった場合には，適用除外の効果が認められません（改正法30条の4第1項ただし書）。

(2)　過半数代表者の選出について

協定締結の当事者となる過半数代表者は，その選出の適正性を確保するために，次の要件を満たさなければなりません（改正則25条の6第1項）。

①　労基法41条2号に規定する管理監督者の地位にある者ではないこと。

②　同条の協定をする者を選出することを明らかにして実施される投票，挙手等の民主的な方法による手続により選出された者であって，派遣元の意向に基づき選出されたものではないこと

そして，派遣元は，労働者が過半数代表者であること，過半数代表労働者になろうとしたこと，又は過半数代表者として正当な行為をしたことを理由として，当該労働者に対して不利益な取扱いをしてはなりません（改正則25条の6第2項）。また，派遣元は，過半数代表者が協定に関する事務を円滑に遂行することができるよう必要な配慮を行わなければなりません（改正則25条の6第3項）。

⑶ 労使協定の周知

次に，労使協定については，適用対象の労働者に周知する必要があります（改正法30条の４第２項）。

適用対象の労働者への周知は，次のいずれかの方法により行われなければなりません（改正派遣則25条の11）。

① 書面の交付の方法

② 労働者が希望した場合における，ファクシミリを利用してする送信の方法又は電子メール等の送信の方法（当該電子メール等の受信をする者が当該電子メール等の記録を出力することにより書面を作成することができるものに限る）

③ 電子計算機に備えられたファイル，磁気ディスクその他これらに準ずる物に記録し，かつ，労働者が当該記録の内容を常時確認できる方法

④ 当該協定の概要を①又は②の方法により周知し，かつ，常時派遣元の各事業所の見やすい場所に掲示し，又は備え付ける方法

⑷ 協定対象者の通知義務

そして，派遣元は派遣先に対して，派遣労働者がこの協定の対象者か否かを通知する必要があります。（改正35条１項２号）

⑸ 管理台帳への記載

協定の対象者か否かについては，派遣元は派遣元管理台帳に，派遣先は派遣先管理台帳に，それぞれ記載しなければなりません（改正法37条・42条，改正則36条２号）。

派遣元は派遣元管理台帳に，派遣労働者が従事する業務に伴う責任の程度についても記載しなければなりません（改正法37条１項，改正則31条２号）。

⑹　派遣労働者が従事する業務と同種の業務に従事する一般の労働者の平均的な賃金の額として厚生労働省令で定めるもの

まず，改正法30条の４第１項２号の「厚生労働省令で定める賃金は，通勤手当，家族手当，住宅手当，別居手当，子女教育手当その他の名称の如何を問わず支払われる賃金（職務の内容に密接に関連して支払われるもの以外のものを除く）とされています（改正則25条の８）。

次に，前記**６⑶**の労使協定事項②イの「派遣労働者が従事する業務と同種の業務に従事する一般の労働者の平均的な賃金の額として厚生労働省令で定めるもの」は，「派遣先の事業所その他派遣就業の場所の所在地を含む地域において派遣労働者が従事する業務と同種の業務に従事する一般の労働者であって，当該派遣労働者と同程度の能力及び経験を有する者の平均的な賃金の額とする」とされています（改正則25条の９）。なお，職種ごとの賃金等については，毎年６～７月に通知で示される予定です（平30改正派遣法概要９頁）。

⑺　その他留意事項

派遣元は，協定を締結したときは，当該協定に係る書面を，その有効期間が終了した日から起算して３年を経過するまで保存しなければなりません（改正則25条の12）。

また，派遣元は派遣労働者を協定対象労働者に限るか否かを労働者派遣契約に記載しなければなりません（同時に，派遣労働者が従事する業務に伴う責任の程度の記載も求められます）（改正則22条１号・６号）。

さらに，派遣元は，厚生労働大臣に提出する事業報告書に，当該協定を添付し，同報告書において，協定対象派遣労働者の職種ごとの人数及び職種ごとの賃金額の平均額を報告しなければなりません（改正法23条，改正則17条３項）。

⑻　不合理指針への対応の必要

同一労働同一賃金ガイドライン案では記載がなかった派遣労働者に関しても，

不合理指針第5は，労使協定方式について以下の指摘をしており，行政的な助言，指導又は勧告（改正法48条1項）への対策としてはもちろん，民事的な損害賠償等への対策としても，対応が求められます。

> 1　賃金
>
> 労働者派遣法第30条の4第1項第2号イにおいて，協定対象派遣労働者の賃金の決定の方法については，同種の業務に従事する一般の労働者の平均的な賃金の額として厚生労働省令で定めるものと同等以上の賃金の額となるものでなければならないこととされている。
>
> また，同号ロにおいて，その賃金の決定の方法は，協定対象派遣労働者の職務の内容，職務の成果，意欲，能力又は経験その他の就業の実態に関する事項の向上があった場合に賃金が改善されるものでなければならないこととされている。
>
> さらに，同項第3号において，派遣元事業主は，この方法により賃金を決定するに当たっては，協定対象派遣労働者の職務の内容，職務の成果，意欲，能力又は経験その他の就業の実態に関する事項を公正に評価し，その賃金を決定しなければならないこととされている。
>
> 2　福利厚生
>
> (1)　福利厚生施設（給食施設，休憩室及び更衣室をいう。以下この(1)において同じ。）
>
> 派遣先は，派遣先に雇用される通常の労働者と同一の事業所で働く協定対象派遣労働者には，派遣先に雇用される通常の労働者と同一の福利厚生施設の利用を認めなければならない。
>
> なお，派遣元事業主についても，労働者派遣法第30条の3の規定に基づく義務を免れるものではない。
>
> (2)　転勤者用社宅
>
> 派遣元事業主は，派遣元事業主の雇用する通常の労働者と同一の支給要件（例えば，転勤の有無，扶養家族の有無，住宅の賃貸又は収入の額）を満たす協定対象派遣労働者には，派遣元事業主の雇用する通常の労働者と同一の転勤者用社宅の利用を認めなければならない。
>
> (3)　慶弔休暇並びに健康診断に伴う勤務免除及び有給の保障
>
> 派遣元事業主は，協定対象派遣労働者にも，派遣元事業主の雇用する通常

の労働者と同一の慶弔休暇の付与並びに健康診断に伴う勤務免除及び有給の保障を行わなければならない。

（問題とならない例）

派遣元事業主であるＢ社においては，慶弔休暇について，Ｂ社の雇用する通常の労働者であるＸと同様の出勤日が設定されている協定対象派遣労働者であるＹに対しては，通常の労働者と同様に慶弔休暇を付与しているが，週２日の勤務の協定対象派遣労働者であるＷに対しては，勤務日の振替での対応を基本としつつ，振替が困難な場合のみ慶弔休暇を付与している。

(4)　病気休職

派遣元事業主は，協定対象派遣労働者（有期雇用労働者である場合を除く。）には，派遣元事業主の雇用する通常の労働者と同一の病気休職の取得を認めなければならない。また，有期雇用労働者である協定対象派遣労働者にも，労働契約が終了するまでの期間を踏まえて，病気休職の取得を認めなければならない。

（問題とならない例）

派遣元事業主であるＢ社においては，労働契約の期間が１年である有期雇用労働者であり，かつ，協定対象派遣労働者であるＹについて，病気休職の期間は労働契約の期間が終了する日までとしている。

(5)　法定外の有給の休暇その他の法定外の休暇（慶弔休暇を除く。）であって，勤続期間に応じて取得を認めているもの

法定外の有給の休暇その他の法定外の休暇（慶弔休暇を除く。）であって，勤続期間に応じて取得を認めているものについて，派遣元事業主は，派遣元事業主の雇用する通常の労働者と同一の勤続期間である協定対象派遣労働者には，派遣元事業主の雇用する通常の労働者と同一の法定外の有給の休暇その他の法定外の休暇（慶弔休暇を除く。）を付与しなければならない。なお，期間の定めのある労働契約を更新している場合には，当初の労働契約の開始時から通算して勤続期間を評価することを要する。

（問題とならない例）

派遣元事業主であるＢ社においては，長期勤続者を対象とするリフレッシュ休暇について，業務に従事した時間全体を通じた貢献に対する報償という趣旨で付与していることから，Ｂ社に雇用される通常の労働者であるＸに対し，勤続10年で３日，20年で５日，30年で７日の休暇を付与しており，協定対象派遣労働者であるＹに対し，所定労働時間に比例した日数を付与してい

る。

3　その他

(1)　教育訓練であって，現在の職務の遂行に必要な技能又は知識を習得するために実施するもの

教育訓練であって，派遣先が，現在の業務の遂行に必要な能力を付与するために実施するものについて，派遣先は，派遣元事業主からの求めに応じ，派遣先に雇用される通常の労働者と業務の内容が同一である協定対象派遣労働者には，派遣先に雇用される通常の労働者と同一の教育訓練を実施する等必要な措置を講じなければならない。なお，派遣元事業主についても，労働者派遣法第30条の3の規定に基づく義務を免れるものではない。

また，協定対象派遣労働者と派遣元事業主が雇用する通常の労働者との間で業務の内容に一定の相違がある場合においては，派遣元事業主は，協定対象派遣労働者と派遣元事業主の雇用する通常の労働者との間の職務の内容，職務の内容及び配置の変更の範囲その他の事情の相違に応じた教育訓練を実施しなければならない。

なお，労働者派遣法第30条の2第1項の規定に基づき，派遣元事業主は，協定対象派遣労働者に対し，段階的かつ体系的な教育訓練を実施しなければならない。

(2)　安全管理に関する措置及び給付

派遣元事業主は，派遣元事業主の雇用する通常の労働者と同一の業務環境に置かれている協定対象派遣労働者には，派遣元事業主の雇用する通常の労働者と同一の安全管理に関する措置及び給付をしなければならない。

なお，派遣先及び派遣元事業主は，労働者派遣法第45条等の規定に基づき，協定対象派遣労働者の安全と健康を確保するための義務を履行しなければならない。

8　公正な待遇の確保のためのその他の遵守事項

改正法は，公正な待遇の確保のため，その他，以下のような改正を行っています。

⑴　派遣元の賃金決定上の均衡確保努力義務

改正法は，派遣労働者の賃金決定につき，派遣元は，派遣先正社員との均衡を考慮しつつ，その雇用する派遣労働者の職務の内容，職務の成果，意欲，能力又は経験その他の就業の実態に関する事項を勘案し，その賃金（通勤手当その他の厚生労働省令で定めるものを除く）を決定するよう努める義務（努力義務）を負っています（改正法30条の５。ただし，協定対象労働者については適用除外とされます）。

改正法により，比較の対象が「派遣先正社員」に限定され，賃金決定における均衡措置が配慮義務（30条の３第１項）から努力義務に格下げになっています。

⑵　派遣元の説明義務の強化

㋐　雇入れ時と派遣時の説明義務

現行の派遣法は，派遣元は，派遣労働者として雇用しようとする労働者に対し，雇用した場合における賃金の見込み額その他の待遇に関する事項を説明しなければならないと定めています（改正法31条の２第１項）。

改正法は，この説明義務を次の通り強化しました。まず，説明の時期について，従来，派遣労働者を雇い入れようとするときのみであったのを，「労働者派遣をしようとするとき」を追加しました（改正法31条の２第３項）。次に，説明事項について，以下２点を加えました。

①　労働条件に関する事項のうち，労基則５条で定める事項以外のものであって改正派遣則で定めるもの（１号）

②　不合理な待遇等の禁止，労使協定の内容に関し，講ずることとしている措置の内容（２号）。そして，説明方法について，文書の交付その他改正派遣則で定める方法によると定められました（同条２項柱書，３項）。電子メール等が規定されました（改正則25条の15，派遣元指針第２の９参照）。

(イ) 派遣労働者から求めがあった場合

現行法は，派遣労働者から求めがあった場合，待遇決定に際しての考慮事項に関する説明義務を課しています（改正法31条の2第2項）。しかし，改正法は，待遇差の内容やその理由等についての説明義務も課すこととし（改正法31条の2第4項），また，説明を求めたことに対する不利益取扱いが禁止されています（改正法31条の2第5項）。

この規定の趣旨は，派遣労働者が自らの待遇をよく理解し，納得するためにも，また，待遇差について納得できない場合に，まず労使間での対話を行い，不合理な待遇差の是正につなげていく点にあります。

派遣元としては，派遣労働者から説明を求められた場合，適切な説明を果たすことで，待遇差に関する紛争を事前に防止できるようになります。一方で，十分な説明を行えなかった場合には，紛争化するリスクが高く，派遣元は，事前に説明内容等を十分に検討しておくことが肝要となる点は，パート有期法における説明義務への留意点と同様です。

9 派遣先が講じなければならない一定の措置

派遣元から労働者派遣の役務の提供を受ける「派遣先」は，その基本的義務として（詳細は，改正派遣先指針が定めている），労働者派遣契約に定められた就業条件に反することのないように適切な措置を講じなければならず（39条。この規定は業としてではない労働者派遣へも準用されています。43条），同種の業務に従事するその雇用する労働者の業務の遂行に必要な能力の付与のための教育訓練の実施（43条2項）及び派遣先労働者が利用する一定の福利厚生施設（給食施設，休憩室，更衣室）の利用の機会の付与が（同条3項），派遣先に義務付けられています。

改正法により，従前は，配慮義務であったものが強化されました（40条2項・3項）。改正法は，上記の措置を実施義務化し，加えて，これらの義務違反を勧告・企業名公表等の対象としました（改正法49条の2第2項）。上記の措置が配慮義務から実施義務となったことで，派遣先は，上記義務を怠った場合，派遣労働者に対し不法行為法的責任を負う可能性があり，加えて，勧告・企業名公表等の対象となり得ます。

Ⅲ　法改正後に予想される均等待遇・均衡待遇を巡る裁判の動向

1　6.1最判で方向性が定まった諸手当

まず，6.1最判で方向性が定まった諸手当への差額請求への訴訟等の増加が予想されます。すなわち，6.1最判で不合理性が認められたのは，皆勤手当，無事故手当，作業手当，給食手当，通勤手当，割増賃金です。

もちろん，この判断は，最高裁とはいえ，あくまで事例判決であり，今後，同種の事件でも，総合的事情が考慮されるとはいえ，判断枠組や判断基準が利用されるリスクは高まったと言えるでしょう。

近時までの，下級審での諸手当の不合理性判断を求めた資料を紹介しておきます。

【図表25】裁判例の判断状況（○不合理でない，×不合理，△不合理・割合的認定）

	最高裁（①）	下級裁判判例（②～⑬）		
職務の内容／職務の内容と配置の変更の範囲　の異同	同／異	同／異	異／異	異／同
基本給	－	－	○（②⑥⑦）	－
賞与	－	○（③⑫）	○（②⑤⑥⑨⑩⑪⑬）	－
作業手当	×	－	－	－
年末年始勤務手当	－	－	△８割（⑤） ×（⑨）	－
無事故手当	×	－	－	－
精勤手当・皆勤手当	×	－	×（⑪※１）	－
時間外労働手当	－	－	×（②）	－
住宅手当	○	－	○（②） △６割（⑤） ×（⑨⑪）	－
家族手当・扶養手当	－	－	×（⑨⑪）	－
地域手当・物価手当	－	×（⑫）	－	－
通勤手当	×	－	－	×（⑧）
食事手当・給食手当	×	－	－	－
病気休職	－	－	○（④）	－
傷病休暇	－	－	○（⑥） ×（⑤※２）	－
法定外年休・休暇	－	－	○（⑥） ×（⑤※２⑬）	－

①ハマキョウレックス事件最判 H30.６.１，②メトロコマース事件東京地判 H29.３.23，③ヤマト運輸事件仙台地判 H29.３.30，④日本郵便（休職）事件東京地判 H29.９.11，⑤日本郵便（東京）事件東京地判 H29.９.14，⑥大阪医科大学事件大阪地判 H30.１.24，⑦学究社事件東京地立川支判 H30.１.29，⑧九水運輸商事事件福岡地小倉支判 H30.２.１，⑨日本郵便（大阪）事件大阪地判 H30.２.21，⑩愛広会事件新潟地判 H30.３.15，⑪井関松山製造所事件松山地判 H30.４.24，⑫井関松山ファクトリー事件松山地判 H30.４.24，⑬日本郵便（佐賀）事件福岡高判 H30.５.24

※１　業務内容同一，業務に伴う責任の程度に相違

※２　損害の立証が原告側からなされなかったため請求棄却

（出所：労働新聞平成30年11月12日／６頁）

２　多様な雇用形態の中での不合理性判断比較対象労働者

前述の通り（162頁），不合理指針でも，典型的な正社員との待遇の相違を問題とすべきことが指摘されていますが，裁判例がこれに沿った判断をなすか否かは未だ不明です。

３　職務内容及び変更範囲の同一労働者への処理

前述のように，職務内容及び変更範囲の同一性が認められている場合，パート有期法９条や改正派遣法30条の３第２項の適用のためには，「当該事業所における慣行その他の事情からみて，当該事業主との雇用関係が終了するまでの全期間において」という要件が必要ですが（164～166頁），厚労省 HP や多くの論者がその点への検討がなされぬままに均等待遇を求めており，今後の裁判例での判断を注視すべきでしょう。

４　損害賠償の割合的認定の可否―差額全額賠償への疑問

前述のように均衡待遇の場合には（パート有期法８条，改正派遣法30条の３第１項），均衡処遇の規定と定義する以上，差額の全額賠償は不均衡ともいえ，前掲日本郵便（時給制契約社員ら）事件・東京地判平29・９・14のような割合認定の手法が，今後の裁判例においてどう利用されるのかに注目すべきです。

既に，同控訴事件・東京高判平30・12・13労経速2369号３頁は全額賠償としました。しかし，８条を均衡処遇の規定と理解した場合には，民訴法の援用によらずとも，違いに応じて差額の全額賠償は不均衡な場合があり得ます（丸子警報器事件・長野地上田支判平８・３・15労判690号32頁）。

既に，学校法人大阪医科大学事件・大阪高判平31・２・15労判1199号５頁では，正職員の賞与額の約６割の支払いを命じ，東京メトロコマース事件・東京高判平31・２・20労判1198号５頁では，退職金の内，正社員の取得額の内少なくとも25％は支払われるべきとしました。

なお，日本郵便（非正規格差）事件・大阪高判平31・１・24労経速2371号３

頁は，割合的認定を取りませんでしたが，不合理と言える対象者を勤続5年超過者に限定し，均衡を図っています。

5　定年後再雇用においても差額請求はあり得る

不合理指針も「当該有期雇用労働者が定年に達した後に継続雇用される者であることのみをもって，直ちに通常の労働者と当該有期雇用労働者との間の待遇の相違が不合理ではないとされるものではない」と指摘しているように，長澤運輸事件最高裁判決と事案が異なれば，今後も定年後再雇用においても差額請求は残ることに留意すべきです。

6　企業に求められる実務対応

(1)　諸手当の統廃合の必要

上記**Ⅲ1**の訴訟リスクを考慮すると，諸手当の趣旨・目的を整理し，不合理指針を参酌したうえで，正社員と非正規で相違の説明が困難な諸手当の統廃合は早急に実施すべきでしょう。

(2)　正規・非正規の就業規則の峻別制定の有用性の検証を踏まえた諸規程の整備

6.1最判において，「正社員に適用される就業規則である本件正社員就業規則及び本件正社員給与規程と，契約社員に適用される就業規則である本件契約社員就業規則とが，別個独立のものとして作成されていること等にも鑑みれば，両者の労働条件の相違が同条に違反する場合に，本件正社員就業規則又は本件正社員給与規程の定めが契約社員である非正規労働者に適用されることとなると解することは，就業規則の合理的な解釈としても困難である。」とされていることは，未だ別規程化していない企業における整備の必要性を示しています。

⑶　非正規労働者への待遇の相違の説明内容の精査の必要

前述のように，パート有期法も改正派遣法も，待遇差の内容やその理由等についての説明義務も課すこととし，また，説明を求めたことに対する不利益取扱いが禁止されています。不合理指針を参酌したうえで，これを巧く使いこなせば，企業としては，非正規労働者から説明を求められた場合，適切な説明を果たすことで，待遇差に関する紛争を事前に防止できるチャンスがあります。他方で，十分な説明を行えなかった場合には，紛争化するリスクが高く，事前に説明内容等を十分に検討しておくことが肝要となります。

⑷　紛争解決援助制度の利用の工夫の必要性

不合理性の判定は，不合理指針によっても微妙な点が多く，パート有期法には前からあり（22条以下），2018年改正により派遣法にも新設された（47条の６以下）調停を含めた**図表26**の紛争解決援助制度を企業側から利用して，険悪な紛争になる前に，話し合いによる均衡・均等待遇の諸問題の解決を図ることも検討すべきです。

【図表26】紛争解決援助制度

③ 行政による事業主への助言・指導等や
裁判外紛争解決手続（行政ＡＤＲ）[※]の規定を整備します

※ 事業主と労働者との間の紛争を，裁判をせずに解決する手続きのことをいいます。

行政による助言・指導等や行政ＡＤＲの規定をパート・有期・派遣で統一的に整備します。

● **有期雇用労働者・派遣労働者**について，行政による裁判外紛争解決手続（**行政ADR**）の根拠規定を整備。

★ **改正によって，「均衡待遇」や「待遇差の内容・理由」に関する説明についても，行政ＡＤＲの対象となります（無料）。**

	パート	有期	派遣
行政による助言・指導等	○ → ○	× → ○	○ → ○
行政ADR	△ → ○	× → ○	× → ○

【改正前→改正後】○：規定あり　△：部分的に規定あり　×：規定なし
（均衡待遇は対象外）

（出所：厚労省ＨＰ）

第7章

女性活躍推進法等の一部を改正する法律

パワハラ防止措置義務の立法化を中心として

Ⅰ　女性活躍推進法等改正法の制定経緯

1　改正目的

2019年３月８日，女性活躍推進法，均等法，育休法の改正に加えて，パワハラ防止措置義務等を定めた労総措置法改正を含む女性活躍推進法等改正法が成立しました。

通常国会に上程され，2019年５月29日成立した同法は，女性をはじめとする多様な労働者が活躍できる就業環境を整備するため，女性の職業生活における活躍の推進に関する取組に関する計画の策定等が義務付けられる事業主の範囲を拡大するほか，いわゆるパワハラ，セクハラ等の防止に関する国，事業主及び労働者の努力義務を定めるとともに，事業主に対してパワハラ防止のための相談体制の整備その他の雇用管理上の措置を義務付ける等の措置を講ずる必要があるところから，それらの措置を整備することを目的としています（同法の上程理由参照）。

2　改正経緯

女性活躍推進法等改正法案の上程に至るまでには，特にパワハラ防止の雇用管理上の措置義務立法化までには，「職場のいじめ・嫌がらせ問題に関する円卓会議ワーキング・グループ報告」（平24・1・30厚労省。以下，「円卓会議報告」という）の公表，同報告を踏まえた平24・9・10地発0910第5号，基発0910第3号・最終改正平27・6・4地発0604第1号・基発0604第3号が示され，これを受け，厚労省HP「職場のパワハラ対策ハンドブック」（平25・9・27），さらに平27・5・15「パワーハラスメント対策導入マニュアル（第2版）」が，実務的対応には重要な文献となっています。

さらに，円卓会議の定義や判断基準や類型を踏まえ，精緻化した判断基準や類型の分析を示した2018年3月30日「職場のパワーハラスメント防止対策についての検討会報告書」（厚労省HP掲載。以下，「パワハラ報告」という）が示され，さらに，ハラスメント全般の防止策等について労政審雇用環境・均等分科会から2018年12月14日「女性の職業生活における活躍の推進及び職場のハラスメント防止対策等の在り方について」（以下，「ハラスメント等報告」という）が示され，これに沿い，同日付けで労政審の法改正の建議がなされ，前述の通り，パワハラ防止措置義務を含む改正労総施策法30条の2第1項に「事業主は，職場において行われる優越的な関係を背景とした言動であつて，業務上必要かつ相当な範囲を超えたものによりその雇用する労働者の就業環境が害されることのないよう，当該労働者からの相談に応じ，適切に対応するために必要な体制の整備その他の雇用管理上必要な措置を講じなければならない」と規定され，セクハラ指針と同様な指針の策定や（同条3項），「優越的言動問題」と呼称して（同条1項），同問題に対する紛争解決援助制度が定められ，遅くても2020年4月から施行される予定です（中小事業主に2022年4月までは努力義務）。同指針での定められる内容は，パワハラ報告，裁判例等を踏まえた，ハラスメント等報告に報告された内容となることが予想されます。

そこで，女性活躍推進法等改正法案の「ハラスメント等報告」を以下で紹介しておきます。

平成30年12月14日

女性の職業生活における活躍の推進
及び職場のハラスメント防止対策等の在り方について
（報告書）

１．はじめに

○　女性の職業生活における活躍の推進に関する法律（女性活躍推進法）は，日本の職場での男女間の事実上の格差が大きい現状を踏まえ，職業生活における女性の活躍を迅速かつ重点的に推進するため，10年間の時限立法として整備された。女性活躍推進法が平成27年９月（一般事業主行動計画（行動計画）については，平成28年４月）に施行されて以降，民間企業における同法に基づく女性活躍の取組は着実に進展し，行動計画の策定・届出が義務付けられている301人以上企業を中心に届出数は２万社を超え，厚生労働省が運営する「女性の活躍推進企業データベース」では，約１万２千社が行動計画を掲載，約１万社が同法に基づく情報を公表している。

○　一方で，我が国の女性の年齢階級別労働力率はいわゆる「M字カーブ」を描いており，労働力率と潜在的労働力率の差は依然として大きい。年齢階級別に女性の就業形態を見ると，正規雇用の就業率は第１子出産の平均年齢より手前の「25～29歳」層でピークを迎え，その後は年齢とともに減少している。また，管理的職業従事者に占める女性割合は13.2％と諸外国に比べて低い水準である。さらに，男女間賃金格差について，長期的には減少傾向にあるものの依然として開きがある状況が続いている。このように，女性活躍推進法の施行後３年を迎える中で今なお課題が残っている。

○　今後，女性活躍推進法が目指す，男女の人権が尊重され，かつ，急速な少子高齢化の進展，国民の需要の多様化その他の社会経済情勢の変化に対応できる豊かで活力ある社会（女性活躍推進法第１条）を実現するためには，あらゆる女性が希望に応じて個性と能力を十分に発揮できるよう，職業生活に関する機会の提供や職業生活と家庭生活の両立を通じて女性の職業生活における活躍をさらに推進することが必要である。

○　職場のパワーハラスメントやセクシュアルハラスメント等の様々なハラスメントは，労働者の尊厳や人格を傷つける等の人権に関わる許されない行為であり，あってはならないものである。企業にとっても経営上の損失に繋がる。

○　職場のパワーハラスメントについては，「職場のいじめ・嫌がらせ問題に関する円卓会議」の「職場のパワーハラスメントの予防・解決に向けた提言」（平成24年３月）を踏まえ，国は，職場のパワーハラスメント防止の社会的気運を醸成するための周知・啓発等に取り組んできた。さらに，働き方改革実行計画（平成29年３月28日働き方改革実現会議決定）において，職場のパワーハラスメント防止を強化するための対策を検討することが盛り込まれたことを受けて，「職場のパワーハラスメント防止対策についての検討会」を開催し，議論を進めてきた。国際的にも，平成30年のILO総会で仕事の世界における暴力とハラスメントに関する条約について討議が行われるなど，ハラスメント問題全体に対する社会的関心が高まっている。

こうした中で，嫌がらせ，いじめ又は暴行を受けたことによる精神障害の労災認定件数は88件（平成29年度）に増え，都道府県労働局における職場の「いじめ・嫌がらせ」の相談件数も増加傾向となっている。職場のパワーハラスメント防止は喫緊の課題であり，現在，法的規制がない中で，対策を抜本的に強化することが社会的に求められている。

○　また，セクシュアルハラスメントについては，事業主に対し，平成11年に事業主に対し防止に向けた雇用管理上の配慮義務が，その後平成19年に措置義務が雇用の分野における男女の均等な機会及び待遇の確保等に関する法律（男女雇用機会均等法）により課されたが，都道府県労働局に対するセクシュアルハラスメントに関する相談件数は約７千件（平成29年度）と高水準にとどまっていること等に鑑みれば，職場のセクシュアルハラスメントの防止対策について，一層の実効性の向上が必要である。

２．今後の対策

Ⅰ．女性の職業生活における活躍の推進等について

(1)　基本的な考え方

○　今後，社会全体で女性活躍を一層推進するためには，計画的なPDCAサイクルを促す行動計画の策定や，求職者の職業選択に資する情報公表等に，より多くの企業が取り組むことが必要である。

現在，300人以下の企業については女性活躍推進法に基づく取組が努力義務とされているところ，既に多くの企業が何らかの取組を進めている一方，取組を進める企業においても課題を感じていることを踏まえれば，これらの企業においても，負担軽減に配慮しつつ，確実な取組を求めることが適当である。

○　行動計画策定や情報公表等の取組の内容については，女性活躍推進法の基

本原則を踏まえ，「職業生活に関する機会の提供」と「職業生活と家庭生活の両立」に資するものとなるよう制度を見直すとともに，企業に対するインセンティブを充実させることが適当である。

○　また，男女雇用機会均等法に沿った雇用管理の実現やポジティブ・アクションの推進に向けて，企業の実効性ある取組を促すことが必要である。

⑵　具体的な取組

1)　行動計画策定について

①　企業における女性活躍に関する計画的なPDCAサイクルを広く促すため，101人以上300人以下の企業にも行動計画策定を義務付けることが適当である。

②　状況把握については，各社の共通の課題となる４つの基礎項目について状況把握・課題分析を行い，その結果を踏まえて任意項目の状況把握・課題分析を行う仕組みが指針等で示されていることから，既に企業の実態に応じた適切な状況把握ができていると考えられ，企業が積極的な状況把握をすることができるよう，この仕組みについて丁寧に周知することが適当である。

③　数値目標の設定に当たっては，各企業の状況に応じた自主的な判断を尊重しつつ，女性活躍推進法を踏まえた取組がより一層進むよう，複数の項目を設定することとすることが適当である。その際，状況把握項目をⅰ）及びⅱ）に区分し，原則として当該区分毎に，１項目以上を選択して関連する数値目標を設定することが適当である。

ⅰ）「職業生活に関する機会の提供」に関する項目

ⅱ）「職業生活と家庭生活の両立」に関する項目

④　行動計画策定を義務付ける企業を拡大するに当たっては，行動計画策定に関する負担を軽減しつつ，効果的な計画策定が可能となるよう，働き方改革関連法の施行時期も踏まえ十分な準備期間を確保することや数値目標の設定方法について現行の301人以上の企業に義務付けられている内容とする等の配慮をすることが適当である。加えて，行動計画策定・公表方法の簡素効率化，厚生労働省のホームページやパンフレット，行動計画策定支援ツールなどの改善，セミナーの拡充を含め，策定プロセスへの手厚いサポートなどを行うことが適当である。

併せて，行動計画の策定が努力義務とされる企業についても女性活躍推進法に基づく取組が進むよう，制度の周知や支援を引き続き実施することが適当である。

⑤　また，企業における行動計画策定等の取組が形式的な内容にならないよう，女性活躍推進法の基本原則などの趣旨や理念，数値目標の設定や行動計画の策定の在り方について，丁寧に周知を行うことが適当である。

その際，行動計画に定める数値目標や取組内容が男女雇用機会均等法違反にならないようにすべきであることも，併せて分かり易く周知することが適当である。

2)　情報公表について

①　情報公表について，各企業の女性活躍の取組を促すとともに，求職者の職業選択に資するため，より多くの企業で情報公表が進むよう，101人以上300人以下の企業にも情報公表を義務付けることが適当である。

②　情報公表項目について，女性活躍推進法の基本原則を踏まえ，情報公表項目を次のⅰ）及びⅱ）に区分し，当該区分毎に，１項目以上を任意に選択して複数の項目を公表することを義務付けることが適当である。

ⅰ）「職業生活に関する機会の提供」に関する項目

ⅱ）「職業生活と家庭生活の両立」に関する項目

また，情報公表項目として，既定の定量的な項目に加えて，人材育成や両立支援等に関する「法定を上回る企業内制度」の概要も公表できることとすることが適当である。

③　情報公表を義務付ける企業を拡大するに当たっては，情報公表に関する負担を軽減できるよう，働き方改革関連法の施行時期も踏まえ十分な準備期間を確保することや，情報公表の内容について現行の301人以上の企業に義務付けられている内容とする等の配慮をすることが適当である。

併せて，情報公表が努力義務とされる企業についても女性活躍推進法に基づく取組が進むよう，制度の周知や支援を引き続き実施することが適当である。

3)　えるぼし認定について

①　インセンティブを強化し，企業における更なる女性活躍の取組を推進するため，「えるぼし認定」よりもさらに基準の高い認定制度として，「プラチナえるぼし（仮称）」制度を創設することが適当である。

②「プラチナえるぼし（仮称）」制度については，女性活躍推進の取組について客観的に優れていることや，行動計画の数値目標を達成していることなどを認定基準にした上で，プラチナくるみん制度と同様に，認

定を取得した企業については，行動計画の策定義務を免除する（ただし，取組状況の情報公表を求める）ことなど認定取得に向けたインセンティブを設けることが適当である。

③　現行のえるぼし認定の基準について，現に女性活躍の取組を積極的に進めている企業が適切にえるぼし認定を受けられるようにするため，採用の基準（男女の競争倍率の基準）について女性労働者の割合に関する別の基準を検討するなど，必要な見直しを行うことが適当である。

4)　履行確保について

①　女性活躍推進法の確実な履行確保のため，求職者の職業選択に影響を与える情報公表義務違反や虚偽の情報公表に関して勧告に従わない企業については，企業名を公表できることとすることが適当である。

②　認定制度の信頼性を確保するため，行動計画策定や情報公表が努力義務である100人以下のえるぼし，プラチナえるぼし認定取得企業であっても報告徴収を行えることとすることが適当である。

5)　男女雇用機会均等法に沿った雇用管理の実現やポジティブ・アクションの推進に向けた取組について

①　各企業における男女雇用機会均等法に沿った雇用管理の実現やポジティブ・アクションの推進に関する実効性ある取組を促すため，現在通達で選任するよう示している社内で当該業務を担当する労働者（男女雇用機会均等推進者）について，選任するよう努めることを法律に規定し，選任を促すことが適当である。また，当該推進者の役割に，女性活躍推進法に基づく行動計画や情報公表の取組の推進についても位置付けることが適当である。

②　コース別雇用管理指針において，当該指針は総合職と一般職のみを対象に想定したものではなく，無期転換した労働者についても，総合職や一般職とは異なるコース等で雇用管理が行われるのであれば，当該コースも指針の対象に含まれることを明確化することが適当である。

Ⅱ．職場のハラスメント防止対策等について

(1)　基本的な考え方

○　職場のパワーハラスメントやセクシュアルハラスメント等の様々なハラスメントは，労働者の尊厳や人格を傷つける等の人権に関わる許されない行為で

あり，あってはならないものである。また，企業にとっても経営上の損失に繋がることから，防止対策を強化することが必要である。

○　具体的には，職場のパワーハラスメントの防止について，企業の現場において確実に予防・解決に向けた措置を講じることが不可欠であることから，事業主に対し，その雇用する労働者が自社の労働者等（役員等を含む。）からパワーハラスメントを受けることを防止するための雇用管理上の措置を義務付けることが適当である。その際，現場の労使が対応しやすくなるよう，職場のパワーハラスメントの定義や考え方，企業が講ずべき措置の具体的内容を明確化していくことが必要である。

○　特に中小企業については，パワーハラスメントの防止に関するノウハウや専門知識が乏しいこと等から，その負担軽減に十分配慮し，支援を強化することが適当である。

○　取引先等の労働者等からのパワーハラスメントや顧客等からの著しい迷惑行為についても，労働者に大きなストレスを与える悪質なものであり，人権侵害にもなり得る無視できないものであるが，どこまでが相当な範囲のクレームで，どこからがそれを超えた嫌がらせなのかといった判断が自社の労働者等からのパワーハラスメント以上に難しいこと等の課題がある。このため，これらについては，自社の労働者等からのパワーハラスメントに類するものとして，相談対応等の望ましい取組を明確化し，関係省庁と連携して周知・啓発を図ることが適当である。

○　職場のセクシュアルハラスメント防止対策の実効性の向上については，まず，被害を受けた労働者が相談を行い易くするとともに，二次被害を防止するため，労働者がセクシュアルハラスメントに関する相談を行ったことを理由として不利益な取扱いが行われないよう徹底することが適当である。

○　また，社外の労働者や顧客等からセクシュアルハラスメントを受けた場合や社外の労働者に対してセクシュアルハラスメントを行った場合の対応を明確化し，取組を徹底すること，調停制度がより実効性を上げ，できるだけ多くのセクシュアルハラスメントやパワーハラスメントの紛争が解決されるよう改善を行うことが適当である。

○　職場のパワーハラスメントやセクシュアルハラスメントの行為者に対して刑事罰による制裁を科すことや，被害者による行為者等に対する損害賠償請求の根拠を法律で新たに設けることについては，現状でも悪質な行為は既存の刑法違反に該当し，または不法行為として損害賠償請求の対象となり得る中で，民法等他の法令との関係の整理や違法となる行為の要件の明確化等の種々の課題がある。このため，今回の見直しによる状況の変化を踏まえた上で，ハラスメントの問題に関する様々な動きも考慮しつつ，その必要性も含め中長期的な検討を要すると考えられる。

○　しかしながら，職場のパワーハラスメントやセクシュアルハラスメントは許されないものであり，国はその周知・啓発を行い，事業主は労働者が他の労働者（取引先等の労働者を含む。）に対する言動に注意するよう配慮し，また，事業主と労働者はその問題への理解を深めるとともに自らの言動に注意するよう努めるべきという趣旨を，法律上で明確にすることが適当である。

○　国は，就業環境を害するような職場におけるハラスメント全般について，総合的に取組を進めることが必要であり，その趣旨を法律上で明確にすることが適当である。

(2)　職場のパワーハラスメント防止対策の強化

1)　職場のパワーハラスメントの定義について

職場のパワーハラスメントの定義については，「職場のパワーハラスメント防止対策についての検討会」報告書（平成30年３月）の概念を踏まえて，以下の３つの要素を満たすものとすることが適当である。

ｉ）優越的な関係に基づく

ⅱ）業務上必要かつ相当な範囲を超えた言動により

ⅲ）労働者の就業環境を害すること（身体的若しくは精神的な苦痛を与えること）

2)　職場のパワーハラスメントの防止対策について

①　職場のパワーハラスメントを防止するため，事業主に対して，その雇用する労働者の相談に応じ，適切に対応するために必要な体制を整備する等，当該労働者が自社の労働者等からパワーハラスメントを受けることを防止するための雇用管理上の措置を講じることを法律で義務付けることが適当である。

②　事業主に対して措置を義務付けるに当たっては，男女雇用機会均等法に基づく職場のセクシュアルハラスメント防止のための指針の内容や裁判例を参考としつつ，職場のパワーハラスメントの定義や事業主が講ずべき措置の具体的内容等を示す指針を策定することが適当である。

③　取引先等の労働者等からのパワーハラスメントや顧客等からの著しい迷惑行為については，指針等で相談対応等の望ましい取組を明確にする

ことが適当である。また，取引先との関係が元請・下請関係である場合があることや，消費者への周知・啓発が必要であることを踏まえ，関係省庁等と連携した取組も重要である。

④　男女雇用機会均等法に基づく職場のセクシュアルハラスメント防止対策と同様に，職場のパワーハラスメントに関する紛争解決のための調停制度等や，助言や指導等の履行確保のための措置について，併せて法律で規定することが適当である。

⑤　その際，中小企業はパワーハラスメントの防止に関するノウハウや専門知識が乏しいこと等を踏まえ，コンサルティングの実施，相談窓口の設置，セミナーの開催，調停制度の周知等，円滑な施行のための支援等を積極的に行うことが適当である。

⑥　職場のパワーハラスメントは許されないものであり，国はその周知・啓発を行い，事業主は労働者が他の労働者に対する言動に注意するよう配慮し，また，事業主と労働者はその問題への理解を深めるとともに自らの言動に注意するよう努めるべきという趣旨を，各々の責務として法律上で明確にすることが適当である。

3)　指針において示すべき事項について

①　当該指針において，特に以下の事項を示すことが適当である。

ｉ）職場のパワーハラスメントの定義について

- ３つの要素の具体的内容
- ３つの要素を満たすものが職場のパワーハラスメントであること
- 「優越的な関係」の考え方，具体例
- 「業務上必要かつ相当な範囲」の考え方，具体例
- 「就業環境を害すること（身体的若しくは精神的な苦痛を与えること）」の考え方（「平均的な労働者の感じ方」を基準とすべきであることなど），具体例
- 「職場」とは業務を遂行する場所を指し，通常就業している場所以外の場所であっても，業務を遂行する場所については「職場」に含まれること
- 業務上の適正な範囲内の指導については職場のパワーハラスメントに当たらないこと
- 職場のパワーハラスメントの典型的な類型，パワーハラスメントに該当する例，該当しない例

ⅱ）事業主が講ずべき措置等の具体的内容について

- 事業主における，職場のパワーハラスメントがあってはならない旨の方針の明確化や，当該行為が確認された場合には厳正に対処する旨の方針やその対処の内容についての就業規則等への規定，それらの周知・啓発等の実施
- 相談等に適切に対応するために必要な体制の整備（本人が萎縮するなどして相談を躊躇する例もあることに留意すべきこと）
- 事後の迅速，適切な対応（相談者等からの丁寧な事実確認等）
- 相談者・行為者等のプライバシーの保護等併せて講ずべき措置

ⅲ）事業主が講ずることが望ましい取組について

- 職場のパワーハラスメント発生の要因を解消するための取組（コミュニケーションの円滑化，職場環境の改善等）
- 取引先等の労働者等からのパワーハラスメントや顧客等からの著しい迷惑行為に関する相談対応等の取組

(3)　職場のセクシュアルハラスメント防止対策の実効性向上

①　事業主から不利益な取扱を受けることを懸念して労働者がハラスメントに関する相談を行うことを躊躇することがないよう，事業主に対し，労働者がこれらの問題に関する相談を行ったことを理由とする解雇その他不利益な取扱いを禁止することが適当である。また，事業主が行うセクシュアルハラスメントの事実関係の確認に協力したことを理由とする解雇その他不利益な取扱いを禁止することについても，事業主の確実な取組を求めることが適当である。

なお，当該措置については，上記(2)のパワーハラスメントの防止対策や，妊娠・出産・育児休業等に関するハラスメントの防止対策においても講ずることが適当である。

②　職場のセクシュアルハラスメントは許されないものであり，国はその周知・啓発を行い，事業主は労働者が他の労働者に対する言動に注意するよう配慮し，また，事業主と労働者はその問題への理解を深めるとともに自らの言動に注意するよう努めるべきという趣旨を，各々の責務として法律上で明確にすることが適当である。

なお，当該措置については，妊娠・出産・育児休業等に関するハラスメントの防止対策においても同様とすることが適当である。

③　社外の労働者や顧客等からセクシュアルハラスメントを受けた場合や

社外の労働者に対してセクシュアルハラスメントを行った場合の対応について，以下の事項を指針等で明確にすることが適当である。

- 自社の労働者が社外の労働者や顧客等からセクシュアルハラスメントを受けた場合も，雇用管理上の措置義務の対象となること
- 自社の労働者が社外の労働者に対してセクシュアルハラスメントを行わないよう配慮するとともに，当該セクシュアルハラスメントが起こった場合に円滑な問題解決が図られるよう，他社が実施する事実確認や再発防止のための措置に協力するよう努めること

④ 調停制度について，紛争調停委員会が必要を認めた場合には，関係当事者の同意の有無に関わらず，職場の同僚等も参考人として出頭の求めや意見聴取が行えるよう，対象者を拡大することが適当である。

Ⅱ　改正内容の概要と各改正法の施行日

女性活躍推進法等改正法の概要は以下の図解の通りです。

以下，**Ⅲ**以下で，次頁の**図表27**に沿い，同改正法の内容と実務対応上の留意点を，主にパワハラ対策を中心に概説していきます。

【図表27】女性の職業生活における活躍の推進に関する法律等の一部を改正する法律案の概要

改正の趣旨

女性をはじめとする多様な労働者が活躍できる就業環境を整備するため，女性の職業生活における活躍の推進に関する一般事業主行動計画の策定義務の対象拡大，情報公表の強化，パワーハラスメント防止のための事業主の雇用管理上の措置義務等の新設，セクシュアルハラスメント等の防止対策の強化等の措置を講ずる。

改正の概要

１．　女性活躍の推進【女性活躍推進法】

⑴　一般事業主行動計画の策定義務の対象拡大
　一般事業主行動計画の策定義務の対象を，常用労働者301人以上から101人以上の事業主に拡大する。

⑵　女性の職業生活における活躍に関する情報公表の強化及びその履行確保
　情報公表義務の対象を101人以上の事業主に拡大する。また，301人以上の事業主については，現在１項目以上の公表を求めている情報公表項目を「①職業生活に関する機会の提供に関する実績」,「②職業生活と家庭生活との両立に資する雇用環境の整備に関する実績」に関する項目に区分し，各区分から１項目以上公表することとする。
　あわせて，情報公表に関する勧告に従わなかった場合に企業名公表ができることとする。

⑶　女性活躍に関する取組が特に優良な事業主に対する特例認定制度（プラチナえるぼし（仮称））の創設

２．　ハラスメント対策の強化

⑴　国の施策に「職場における労働者の就業環境を害する言動に起因する問題の解決の促進」（ハラスメント対策）を明記【労働施策総合推進法】

⑵　パワーハラスメント防止対策の法制化【労働施策総合推進法】
　①　事業主に対して，パワーハラスメント防止のための雇用管理上の措置義務（相談体制の整備等）を新設
　　あわせて，措置の適切・有効な実施を図るための指針の根拠規定を整備
　②　パワーハラスメントに関する労使紛争について，都道府県労働局長による紛争解決援助，紛争調整委員会による調停の対象とするとともに，措置義務等について履行確保のための規定を整備

⑶　セクシュアルハラスメント等の防止対策の強化【男女雇用機会均等法，育児・介護休業法，労働施策総合推進法】
　①　セクシュアルハラスメント等に起因する問題に関する国，事業主及び労働者の責務の明確化
　②　労働者が事業主にセクシュアルハラスメント等の相談をしたこと等を理由とする事業主による不利益取扱いを禁止
　　※パワーハラスメント及びいわゆるマタニティハラスメントについても同様の規定を整備

施行期日

公布日から起算して１年を超えない範囲内において政令で定める日（ただし，１⑴⑵の対象拡大は３年，２⑴は公布日。また，２⑵①について，中小事業主は公布日から起算して３年を超えない範囲内において政令で定める日までは努力義務）

（出所：厚労省ＨＰ）

Ⅲ　女性活躍の推進（女性活躍推進法の一部改正）等の内容と企業対応の留意点

1　女性活躍の推進の内容

(1)　一般事業主行動計画の策定等の義務の対象拡大

一般事業主（国及び地方公共団体以外の事業主をいう。以下同じ）のうち，一般事業主行動計画（一般事業主が実施する女性の職業生活における活躍の推進に関する取組に関する計画をいう。以下同じ）の策定及び届出（以下「策定等」という）が義務付けられる事業主の範囲について，常時雇用する労働者の数が300人を超えるものから100人を超えるものへと拡大されます（改正女性活躍推進法8条1項）。

(2)　女性活躍に関する取組が特に優良な事業主に対する特例認定制度（プラチナえるぼし（仮称））の創設

(ア)　基準に適合する特例認定一般事業主の認定等

(A)　基準に適合する特例認定一般事業主の認定

厚生労働大臣は，認定一般事業主からの申請に基づき，当該事業主について，女性の職業生活における活躍の推進に関する取組に関し，当該事業主の策定した一般事業主行動計画に基づく取組を実施し，当該一般事業主行動計画に定められた目標を達成したこと，男女雇用機会均等推進者（改正均等法13条の2で新設された男女雇用機会均等推進者をいう）及び育介法29条の定める職業家庭両立推進者を選任していること，当該女性の職業生活における活躍の推進に関する取組の実施の状況が特に優良なものであることその他の厚生労働省令で定める基準に適合するものである旨の認定を行うことができることとされます（改正女性活躍推進法12条）。

「男女雇用機会均等推進者」は改正均等法13条の２で新設された制度で，事業主は，厚生労働省令で定めるところにより，職場における男女の均等な機会及び待遇の確保が図られるようにするために講ずべき措置の適切かつ有効な実施を図るための業務を担当する者（以下「男女雇用機会均等推進者」という）を選任するように努めなければならないとされ，2026年３月31日までの間は，男女雇用機会均等推進者の担当する業務に女性活躍推進法の一般事業主行動計画に基づく取組等の推進を含めることができます。

(B)　特例認定一般事業主への一般事業主行動計画の策定等の不適用

(A)の認定を受けた一般事業主（以下「特例認定一般事業主」という）については，一般事業主行動計画の策定等に係る規定を適用されません（改正女性活躍推進法13条１項）。

(C)　特例認定一般事業主の実施報告

特例認定一般事業主は，厚生労働省令で定めるところにより，毎年少なくとも１回，女性の職業生活における活躍の推進に関する取組の実施の状況を公表しなければなりません（改正女性活躍推進法13条２項）。

(D)　プラチナえるぼし（仮称）の利用許諾と非認定者の使用禁止

特例認定一般事業主は，商品等に厚生労働大臣の定める表示（プラチナえるぼし（仮称））を付することができることとし（改正女性活躍推進法14条１項），何人もこの場合を除くほか，商品等に当該表示又はこれと紛らわしい表示を付することは禁止されます（同条２項・10条２項）。

(E)　プラチナえるぼし（仮称）認定の取消し

厚生労働大臣は，特例認定一般事業主が(A)の基準に適合しなくなったと認めるとき，次の(3)の公表をせず，又は虚偽の公表をしたとき等に該当するときは，(A)の認定を取り消すことができます（改正女性活躍推進法15条）。

⑶　女性の職業生活における活躍に関する情報公表の強化及びその履行確保

㈠　一般事業主による女性の職業選択に資する情報の公表

⒜　改正女性活躍推進法８条１項に定める一般事業主（常時雇用する労働者の数が301人以上のものに限る）は，厚生労働省令で定めるところにより，職業生活を営み，又は営もうとする女性の職業選択に資するよう，その事業における女性の職業生活における活躍に関する次に掲げる情報を定期的に公表しなければなりません（改正女性活躍推進法20条１項）。

①　その雇用し，又は雇用しようとする女性労働者に対する職業生活に関する機会の提供に関する実績

②　その雇用する労働者の職業生活と家庭生活との両立に資する雇用環境の整備に関する実績

⒝　改正女性活躍推進法８条７項に定める常時雇用する労働者の数が101人以上～300人までの一般事業主は，厚生労働省令で定めるところにより，職業生活を営み，又は営もうとする女性の職業選択に資するよう，その事業における女性の職業生活における活躍に関する上記㈠⒜に掲げる情報の内いずれか一方を定期的に公表しなければなりません（改正女性活躍推進法20条２項）。

㈡　特定事業主による女性の職業選択に資する情報の公表

特定事業主（国及び地方公共団体の機関，それらの長又はそれらの職員で政令で定めるものをいう）は，内閣府令で定めるところにより，職業生活を営み，又は営もうとする女性の職業選択に資するよう，その事務及び事業における女性の職業生活における活躍に関する次に掲げる情報を定期的に公表しなければなりません（改正女性活躍推進法21条）。

①　その任用し，又は任用しようとする女性に対する職業生活に関する機会の提供に関する実績

② その任用する職員の職業生活と家庭生活との両立に資する雇用環境の整備に関する実績

(ウ) 報告の徴収並びに助言，指導及び勧告の対象の拡大

厚生労働大臣が，この法律の施行に関し必要があると認めるときに，報告を求め，又は助言，指導若しくは勧告をすることができる者として，認定一般事業主又は特例認定一般事業主である一般事業主行動計画の策定等が努力義務となっている一般事業主が加えられました（改正女性活躍推進法30条）。

(エ) 公　　表

厚生労働大臣は，女性の職業生活における活躍に関する情報の公表をせず，若しくは虚偽の公表をした当該公表が義務となっている一般事業主又は虚偽の公表をした認定一般事業主若しくは特例認定一般事業主である当該公表が努力義務となっている一般事業主に対し，(ウ)の勧告をした場合において，当該勧告を受けた者がこれに従わなかったときは，その旨を公表することができることとなりました（改正女性活躍推進法31条）。

(4) 罰則適用範囲の拡大

前記(2)(D)の内，「商品等に当該表示又はこれと紛らわしい表示を付することは禁止」に違反した者に対する罰則が整備されました（改正女性活躍推進法35条１号）。

(5) 企業対応上の留意点

(ア) 101人以上の労働者を使う企業の負担

101人以上の労働者を使う企業に，一般事業主行動計画の策定等が義務付けられることは大きな負担ですが，適用猶予が３年あることを活かして，厚労省の手順書等を利用して（「一般事業主行動計画を策定しましょう‼」等厚労省 HP 掲載），態勢の整備が求められます。

(イ) 特例認定制度（プラチナえるぼし（仮称））の創設

特例認定制度（プラチナえるぼし（仮称））は，近時，「えるぼし最高位」を取得する企業が増える一方，セクハラ事件や過労死，過労自殺等が発生した企業から，従前の「えるぼし」マーク返納なども話題になり，人材募集面での訴求力のある認定制度が求められていた要請を受けて創設された制度です。

新制度は任意の制度ですから，正に，各企業の体力と企業文化に合わせて認定するか否かの可否・当否は判断されるべきでしょう。しかし，超人材不足とダイバーシティー経営が喧伝される中，優秀な女性労働者を採用したい企業には採用を検討すべき課題でしょう。

2 ハラスメント対策の強化のための改正内容

(1) 改正内容

(ア) 労総施策法改正による「職場における労働者の就業環境を害する言動に起因する問題の解決の促進」（ハラスメント対策）の明記

労総施策法改正により（改正労総施策法4条14号），国の施策に，「職場における労働者の就業環境を害する言動に起因する問題の解決を促進するために必要な施策を充実すること」が明記され，以下のハラスメント対策措置義務が整備・強化されました。

(イ) パワハラ防止対策の法制化とその内容

(A) 事業主に対して，パワハラ防止のための雇用管理上の措置義務（相談体制の整備等）を新設

労総施策法改正により（改正労総施策法4条14号），事業主に対して，以下のような，パワハラ防止のための雇用管理上の措置義務（相談体制の整備等）が新設されました。

(i) パワハラ防止のための雇用管理上の相談体制等の措置義務

事業主は，職場において行われる優越的な関係を背景とした言動であって，

業務上必要かつ相当な範囲を超えたものによりその雇用する労働者の就業環境が害されることのないよう，当該労働者からの相談に応じ，適切に対応するために必要な体制の整備その他の雇用管理上必要な措置を講じなければなりません（改正労総施策法30条の２第１項）。

従前，厚労省が，前述の通達やマニュアルで指導してきたパワハラ防止体制整備への根拠規定を定めたものです。

(ii)　相談関係者への不利益取扱い禁止

事業主は，労働者が(i)により相談を行ったこと又は事業主による当該相談への対応に協力した際に事実を述べたことを理由として，当該労働者に対して解雇その他不利益な取扱いをしてはなりません（改正労総施策法30条の２第２項）。

相談関係者への不利益取扱い禁止は，後述のセクハラ指針（事業主が職場における性的な言動に起因する問題に関して雇用管理上講ずべき措置についての指針・平18・10・11厚労告615，最終改正平28・８・24厚労告314））やマタハラ指針（事業主が職場における妊娠，出産等に関する言動に起因する問題に関して雇用管理上講ずべき措置についての指針・平28厚労告31）でも定められていましたが，今回の改正で，後述のように，いずれも各法文に明記され，指針から格上げがなされています。

(B)　パワハラ防止のための雇用管理上の措置の適切・有効な実施を図るための指針の根拠規定を整備

パワハラ防止のための雇用管理上の措置の適切・有効な実施を図るための指針の根拠規定が整備され（厚生労働大臣は，上記(i)(ii)に基づき事業主が講ずべき措置等に関して，その適切かつ有効な実施を図るために必要な指針（以下，「パワハラ指針」という）が定められます（改正労総施策法30条の２第３項）。追って，改正法の施行までに，パワハラ指針が示される予定です。

予想されるパワハラ指針や，次の(C)の「(ii)事業主の責務」とこれらへの対応については，後述「(2)企業対応上の留意点」で詳述します。

(C) 職場における優越的な関係を背景とした言動に起因する問題に関する国，事業主及び労働者の責務

(i) 国の責務

国は，労働者の就業環境を害する上記(イ)(A)(i)に規定する言動を行ってはならないことその他当該言動に起因する問題（以下，「優越的言動問題」という）に対する事業主その他国民一般の関心と理解を深めるため，広報活動，啓発活動その他の措置を講ずるように努めなければなりません（改正労総施策法30条の２第２項）。

これにより，改正労総施策法上では，パワハラ言動を「優越的言動」，パワハラ問題を，「優越的言動問題」と呼称することが決まりました。しかし，セクハラが均等法11条１項では，「職場における性的な言動」と定められながら，厚労省自体もセクハラ等の用語を用いているのと同様に（「事業主の皆さん　職場のセクシュアルハラスメント対策はあなたの義務です‼」厚労省 HP 参照），今後もパワハラの用語は利用され続けるでしょう。

(ii) 事業主の責務

a）優越的言動問題と労働者への配慮義務に関する啓発活動努力義務

事業主は，優越的言動問題に対するその雇用する労働者の関心と理解を深めるとともに，当該労働者が他の労働者に対する言動に必要な注意を払うよう，研修の実施その他の必要な配慮をするほか，国の講ずる前記(i)の措置に協力するように努めなければなりません（改正労総施策法30条の２第２項）。

従業員間のパワハラ問題とその防止への配慮努力義務を定めるほか，国が(i)で示す施策についての措置への協力をする努力義務を定めました。その具体的内容は，今後，厚労省から公表されるでしょう。

b）事業主・役員のパワハラ言動への注意努力義務

事業主（その者が法人である場合にあっては，その役員）は，自らも，優越的言動問題に対する関心と理解を深め，労働者に対する言動に必要な注意を払うように努めなければなりません（改正労総施策法30条の２第３項）。

裁判例等においても（岩出・大系418頁参照），事業主，役員によるパワハ

ラ言動が少なくないことを踏まえて，彼らを名宛人として，パワハラ言動への注意すべき努力義務を課したものです。

(D)　パワハラに関する労使紛争について，都道府県労働局長による紛争解決援助，紛争調整委員会による調停の対象とするとともに，措置義務等について履行確保のための規定を整備

以下のように，パワハラに関する，紛争解決援助制度利用への不利益取扱い禁止（改正労総施策法30条の２第２項・30条の６第２項），紛争解決援助制度（30条の４）等が定められました。均等法20条２項が準用されており（37条の７），調停に，パワハラの直接の加害者を優越的「言動を行ったとされる者」として参加を求め，一括解決が図られるようになっています。

(i)　紛争の解決の促進に関する特例

前記**２**(1)(イ)の(A)及び(B)に定める事項についての労働者と事業主との間の紛争については，個別労働関係紛争の解決の促進に関する法律（個別紛争法）４条，５条及び12条から19条までの規定は適用せず，次の(ii)及び(iii)によって処理されます。

(ii)　紛争の解決の援助

a）助言，指導又は勧告

都道府県労働局長は，(i)のパワハラ関連紛争に関し，当該紛争の当事者の双方又は一方からその解決につき援助を求められた場合には，当該紛争の当事者に対し，必要な助言，指導又は勧告をすることができます（改正労総施策法30条の５第１項）。

b）不利益取扱い禁止

事業主は，労働者がａ）の援助を求めたこと又は都道府県労働局長による援助を求めたことへの対応に協力した際に事実を述べたことを理由として，当該労働者に対して解雇その他不利益な取扱いをしてはなりません（改正労総施策法30条の５第２項・30条の２第２項）。

(iii)　都道府県労働局の調停

a）都道府県労働局の調停

都道府県労働局長は，(i)のパワハラ関連紛争に関し，当該紛争の当事者の双方又は一方から調停の申請があった場合，当該紛争の解決のために必要があると認めるときは，紛争調整委員会に調停を行わせるものとされました（改正労総施策法30条の６第１項）。

b）不利益取扱い禁止

事業主は，労働者がa）の調停を求めたこと又は都道府県労働局長による調停を求めたことへの対応に協力した際に事実を述べたことを理由として，当該労働者に対して解雇その他不利益な取扱いをしてはなりません（改正労総施策法30条の２第２項・30条の２第２項）。

c）均等法の準用

調停の手続については，均等法の規定を準用することとするとともに（改正労総施策法30条の７），その他調停の手続に関し必要な事項は厚生労働省令で定めることとされています（同法30条の８）。注目すべきは，均等法20条２項が準用されており，調停に，パワハラの直接の加害者を優越的「言動を行ったとされる者」として参加を求め，一括解決が図られるようになっていることです。

(iv)　企業名公表制度・罰則

パワハラ関係措置義務や不利益取扱い禁止，資料の提出，報告義務違反に対して，厚生労働大臣の勧告に従わない場合には企業名の公表制度や（改正労総施策法33条２項），報告義務違反や虚偽報告をした者については，罰則まで用意されています（同法40条）。

(ウ)　セクハラ等の防止対策の強化（均等法，育介法，労総施策法，派遣法改正）

(A)　セクハラ等に起因する問題に関する国，事業主及び労働者の責務の明確化

(i)　均等法におけるセクハラに起因する問題に関する国，事業主及び労働者の責務の明確化

いずれも努力義務ではありますが，均等法における国，事業主及び労働者の責務の明確化が図られています。

a）国は，職場において行われる性的な言動に対する対応により労働者に不利益を与える行為又は労働者の就業環境を害する当該言動を行ってはならないことその他当該言動に起因する問題に対する事業主その他国民一般の関心と理解を深めるため，広報活動，啓発活動その他の措置を講ずるように努めなければなりません（改正均等法12条の２第１項)。

b）事業主は，当該問題に対するその雇用する労働者の関心と理解を深めるとともに，当該労働者が他の労働者に対する言動に必要な注意を払うよう，研修の実施その他の必要な配慮をするほか，国の講ずるa）の措置に協力するように努めなければなりません（同条２項)。

c）事業主（その者が法人である場合にあっては，その役員）は，自らも，当該問題に対する関心と理解を深め，労働者に対する言動に必要な注意を払うように努めなければなりません（同条３項)。

d）労働者は，当該問題に対する関心と理解を深め，他の労働者に対する言動に必要な注意を払うとともに，事業主の講ずる職場における性的な言動に起因する問題に関する雇用管理上の措置に協力するように努めなければなりません（同条４項)。

(ii)　均等法におけるマタハラに起因する問題に関する国，事業主及び労働者の責務の明確化

上記(i)は，いずれも努力義務ではありますが，同様の規定が均等法におけるマタハラに起因する問題に関する国，事業主及び労働者の責務についても明確化が図られています（改正均等法11条の４第１～４項)。

(iii)　育介法におけるマタハラに起因する問題に関する国，事業主及び労働者の責務の明確化

上記(i)は，いずれも努力義務ではありますが，同様の規定が育介法におけるマタハラ等に起因する問題に関する国，事業主及び労働者の責務についても明確化が図られています（改正育介法25条の２第１～４項)。

(B) 労働者が事業主にセクハラ等の相談をしたこと等を理由とする事業主による不利益取扱い禁止等

(i) 労働者が事業主にセクハラの相談をしたこと等を理由とする事業主による不利益取扱いを禁止

a) 相談関係者への不利益取扱い禁止

事業主は，労働者が職場における性的な言動に起因する問題に関する相談を行ったこと又は事業主による当該相談への対応に協力した際に事実を述べたことを理由として，当該労働者に対して解雇その他不利益な取扱いをしてはなりません（改正均等法11条２項）。

前述のパワハラに関する**2**(1)(イ)(A)(ii)で触れたように，相談関係者への不利益取扱い禁止は，セクハラ指針やマタハラ指針でも定められていましたが，今回の改正で，各法文に明記され，指針から格上げがなされたものです。

b) 複数企業間をめぐるセクハラへの対応協力義務

事業主は，他の事業主から当該事業主の講ずる職場における性的な言動に起因する問題に関する雇用管理上の措置の実施に関し必要な協力を求められた場合には，これに応ずるように努めなければなりません（同条３項）。

セクハラ指針で言及されているように，営業担当者が顧客接待中に受けるセクハラや，取材先から受けるセクハラのように，セクハラの存否・程度・経緯等につき，他の企業の調査協力が必要な場合があります。そこで，改正法は，まずは，努力義務ではありますが，かかる場合に備えて，企業間の協力義務を定めたものです。

なお，「複数企業間をめぐるセクハラへの対応協力義務」は，セクハラに限られ，以下のマタハラ等には規定されていません。立法論的には，マタハラでも，パワハラでも，複数企業間をめぐる事象はあり得るところで，今後の適用範囲の拡大が期待されます。

c) 均等調停での参考人の範囲の拡大

2019年改正均等法20条では，「関係当事者の双方の同意があるときは」を含む同条２項が削除され，関係当事者の同意の有無にかかわらず，調停のため必要があると認めるときに，出頭を求め，意見を聴くことができる者として「関係当事者と同一の事業場に雇用される労働者その他の参考人」が加えられました。

関係当事者の周囲の者からの聞き取り等も可能となり，特に，環境型のセクハラでは（岩出・大系452頁参照），申出者以外の被害者を含めた紛争の一挙的解決が，制度上は期待できます。

(ii)　労働者が事業主にマタハラの相談をしたこと等を理由とする事業主による不利益取扱いを禁止

同様の相談関係者への不利益取扱い禁止規定が，均等法におけるマタハラに関しても（改正均等法11条の４第１～４項），育介法におけるマタハラ等に関しても（改正育介法25条の２第１～４項），整備されました。

前述の通り，相談関係者への不利益取扱い禁止は，マタハラ指針でも定められていましたが，今回の改正で，各法文に明記され，指針から格上げがなされたものです。

(C)　派遣法におけるパワハラ及びいわゆるマタハラについても同様の規定を整備

前述のパワハラ防止相談態勢等の措置義務は，セクハラ，マタハラと同様，派遣先もその義務を負担することとされました（2019年改正派遣法47条の４）。

(2)　企業対応上の留意点

(ア)　パワハラ指針の内容

今後，公表が予想されるパワハラ指針の内容については，前述Ｉ２の「ハラスメント等報告」Ⅱ(2)３)にて，下記内容（220頁より再掲）が示される予定です。

ｉ）職場のパワーハラスメントの定義について
- ３つの要素の具体的内容
- ３つの要素を満たすものが職場のパワーハラスメントであること
- 「優越的な関係」の考え方，具体例

- 「業務上必要かつ相当な範囲」の考え方，具体例
- 「就業環境を害すること（身体的若しくは精神的な苦痛を与えること）」の考え方（「平均的な労働者の感じ方」を基準とすべきであることなど），具体例
- 「職場」とは業務を遂行する場所を指し，通常就業している場所以外の場所であっても，業務を遂行する場所については「職場」に含まれること
- 業務上の適正な範囲内の指導については職場のパワーハラスメントに当たらないこと
- 職場のパワーハラスメントの典型的な類型，パワーハラスメントに該当する例，該当しない例

ⅱ）事業主が講ずべき措置等の具体的内容について

- 事業主における，職場のパワーハラスメントがあってはならない旨の方針の明確化や，当該行為が確認された場合には厳正に対処する旨の方針やその対処の内容についての就業規則等への規定，それらの周知・啓発等の実施
- 相談等に適切に対応するために必要な体制の整備（本人が萎縮するなどして相談を躊躇する例もあることに留意すべきこと）
- 事後の迅速，適切な対応（相談者等からの丁寧な事実確認等）
- 相談者・行為者等のプライバシーの保護等併せて講ずべき措置

ⅲ）事業主が講ずることが望ましい取組について

- 職場のパワーハラスメント発生の要因を解消するための取組（コミュニケーションの円滑化，職場環境の改善等）
- 取引先等の労働者等からのパワーハラスメントや顧客等からの著しい迷惑行為に関する相談対応等の取組

㈠　相談態勢の流れのイメージ

改正労総施策法30条の２第１項と指針で求められる相談態勢の流れのイメージは，基本的にセクハラ指針での対応と同じになります。図式化すれば，セクハラへの対応に近く，次頁の**図表28**のようになります。

【図表28】相談・苦情への対応の流れの例

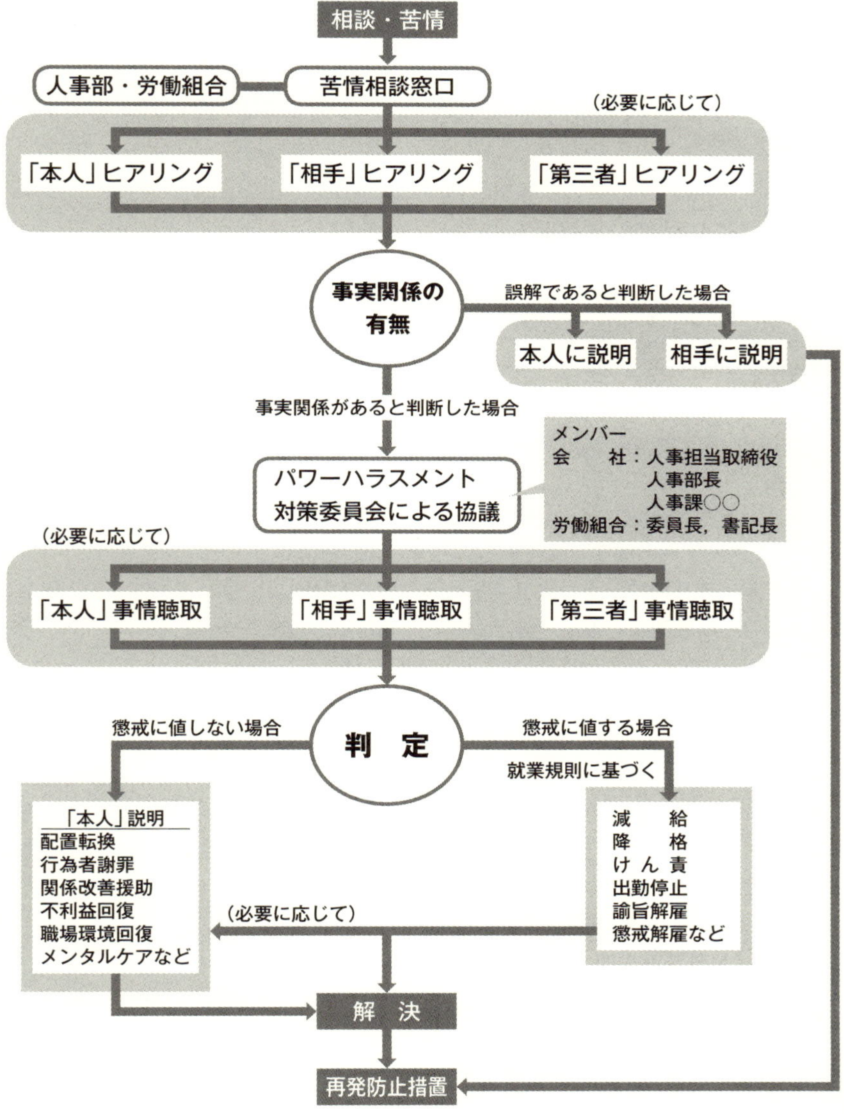

（出所：厚労省ＨＰ）

(ウ) 「業務上必要かつ相当な範囲」の考え方，具体例

予想される指針の内，「業務上必要かつ相当な範囲」の考え方，具体例については，パワハラ報告を踏まえると，以下のような内容が盛り込まれることが予想され，これへの対応が求められます（裁判例の紹介については，岩出・大系412頁以下参照）。

＜行為類型・パワハラ３要素＞

パワハラ報告にて，円卓会議報告のパワハラの行為類型につき，パワハラ３要素を踏まえて，実務的判断に資するべく，以下の通り整理されているので（パワハラ報告15～16頁），実際，それらの類型に分類される主な裁判例も紹介しておきます。

① 暴行・傷害（身体的な攻撃）

《パワハラ３要素＜以下，同様＞①から③までの要素を満たすと考えられる例》

- 上司が部下に対して，殴打，足蹴りをする

《①から③までの要素を満たさないと考えられる例》

- 業務上関係のない単に同じ企業の同僚間の喧嘩（①，②に該当しないため）

② 脅迫・名誉毀損・侮辱・ひどい暴言（精神的な攻撃）

《①から③までの要素を満たすと考えられる例》

- 上司が部下に対して，人格を否定するような発言をする

《①から③までの要素を満たさないと考えられる例》

- 遅刻や服装の乱れなど社会的ルールやマナーを欠いた言動・行動が見られ，再三注意してもそれが改善されない部下に対して上司が強く注意をする（「②，③に該当しないため」とされるが，私見では，③には該当すると解されます）

③ 隔離・仲間外し・無視（人間関係からの切り離し）

《①から③までの要素を満たすと考えられる例》

- 自身の意に沿わない社員に対して，仕事を外し，長期間にわたり，別室に隔離したり，自宅研修させたりする

《①から③までの要素を満たさないと考えられる例》

- 新入社員を育成するために短期間集中的に個室で研修等の教育を実施する（②に該当しないため）

④　業務上明らかに不要なことや遂行不可能なことの強制，仕事の妨害（過大な要求）

《①から③までの要素を満たすと考えられる例》

- 上司が部下に対して，長期間にわたる，肉体的苦痛を伴う過酷な環境下での勤務に直接関係のない作業を命ずる

《①から③までの要素を満たさないと考えられる例》

- 社員を育成するために現状よりも少し高いレベルの業務を任せる（②に該当しないため）

⑤　業務上の合理性なく，能力や経験とかけ離れた程度の低い仕事を命じることや仕事を与えないこと（過小な要求）

《①から③までの要素を満たすと考えられる例》

- 上司が管理職である部下を退職させるため，誰でも遂行可能な業務を行わせる

《①から③までの要素を満たさないと考えられる例》

- 経営上の理由により，一時的に，能力に見合わない簡易な業務に就かせる（②に該当しないため）

⑥　私的なことに過度に立ち入ること（個の侵害）

《①から③までの要素を満たすと考えられる例》

- 思想・信条を理由とし，集団で同僚１人に対して，職場内外で継続的に監視したり，他の社員と接触しないよう働きかけたり，私物の写真撮影をしたりする

《①から③までの要素を満たさないと考えられる例》

- 社員への配慮を目的として，社員の家族の状況等についてヒアリングを行う（②，③に該当しないため）

しかし，実態は，複数の類型にまたがる裁判例（損害賠償事案，懲戒事案と労災認定事案を含む）も少なくない。

さらに，これらの類型がパワハラのすべてを網羅するものではなく，また，仮に，これらの類型に外形的に該当しても，パワハラ３要素を踏まえて，次の(2)の判断基準に従った総合判断の中で違法性が否定されることはあり得る。

(エ) 猶予期間中の民事責任への影響

後述**3**のように，中小企業を含めて，改正法の施行日までの猶予期間がありますが，この期間中に，厚労省からの前述の指導や調停などはありませんが，損害賠償等において，パワハラ指針の実践状況が，企業の賠償責任や懲戒処分の際に影響を与え得ることには留意ください。

(オ) ハラスメント全体に対応するハラスメント規程の例

改正均等法，改正育介法をも含めたハラスメント全体に対応するハラスメント規程の例については，厚労省HPが公表している「職場におけるハラスメント対策マニュアル」16頁掲載の規程例や，前掲「パワーハラスメント対策導入マニュアル（第2版）」21頁以下掲載の規程等が参考となるでしょう。なお，改正労総施策法30条の2第3項の求める役員の責務が，同様な規程を整備して，執行役員や役員にも義務付けることが求められます。

3 施行期日

各企業対応でも言及してきたように，公布日から起算して1年を超えない範囲内において政令で定める日ですが，段階的適用になっていることに留意すべきです。

ただし，女性活躍推進法関係の**1**(1)(2)（223頁図表27参照。以下同じ）の対象拡大は3年後，つまり2022年中です。

ハラスメント対策の強化の**2**の内，労総施策法への位置付けの(1)は公布日（2019年6月5日）からです。

しかし，パワハラ防止措置義務関係の**2**(2)①について，大企業は，おそらく2020年4月が予想されますが，中小事業主は公布日から起算して3年を超えない範囲内（2020年6月まで）において政令で定める日までは努力義務とされています。

なお，中小企業の範囲は，改正労基法について前述した通りです（42頁参照）。

資　料

働き方改革を推進するための関係法律の整備に関する法律〈新旧対照条文〉

○労働基準法（昭和22年法律第49号）（抄）（第１条関係）

（傍線部分は改正部分）

改　正　案	現　行
第12条（略） ②（略） ③　前２項に規定する期間中に，次の各号のいずれかに該当する期間がある場合においては，その日数及びその期間中の賃金は，前２項の期間及び賃金の総額から控除する。 一～三（略） 四　育児休業，介護休業等育児又は家族介護を行う労働者の福祉に関する法律（平成３年法律第76号）第２条第１号に規定する育児休業又は同条第２号に規定する介護休業（同法第61条第３項（同条第６項において準用する場合を含む。）に規定する介護をするための休業を含む。第39条第10項において同じ。）をした期間 五（略） ④～⑧（略）	**第12条**（略） ②（略） ③　前２項に規定する期間中に，次の各号のいずれかに該当する期間がある場合においては，その日数及びその期間中の賃金は，前２項の期間及び賃金の総額から控除する。 一～三（略） 四　育児休業，介護休業等育児又は家族介護を行う労働者の福祉に関する法律（平成３年法律第76号）第２条第１号に規定する育児休業又は同条第２号に規定する介護休業（同法第61条第３項（同条第６項において準用する場合を含む。）に規定する介護をするための休業を含む。第39条第８項において同じ。）をした期間 五（略） ④～⑧（略）
（契約期間等） **第14条**　労働契約は，期間の定めのないものを除き，一定の事業の完了に必要な期間を定めるもののほかは，３年（次の各号のいずれかに該当する労働契約にあつては，５年）を超える期間について締結してはならない。 一　専門的な知識，技術又は経験（以下この号及び第41条の２第１項第１号において「専門的知識等」という。）であつて高度のものとして厚生労働大臣が定める基準に該当する専門的知識等を有する労働者（当該	**（契約期間等）** **第14条**　労働契約は，期間の定めのないものを除き，一定の事業の完了に必要な期間を定めるもののほかは，３年（次の各号のいずれかに該当する労働契約にあつては，５年）を超える期間について締結してはならない。 一　専門的な知識，技術又は経験（以下この号において「専門的知識等」という。）であつて高度のものとして厚生労働大臣が定める基準に該当する専門的知識等を有する労働者（当該高度の専門的知識等を必要と

改正後	改正前
高度の専門的知識等を必要とする業務に就く者に限る。）との間に締結される労働契約	する業務に就く者に限る。）との間に締結される労働契約
二（略）	二（略）
②・③（略）	②・③（略）
第32条の２（略）	**第32条の２**（略）
② 使用者は，厚生労働省令で定めるところにより，前項の協定を行政官庁に届け出なければならない。	② 使用者は，厚生労働省令で定めるところにより，前項の協定を行政官庁に届け出なければならない。
第32条の３ 使用者は，就業規則その他これに準ずるものにより，その労働者に係る始業及び終業の時刻をその労働者の決定に委ねることとした労働者については，当該事業場の労働者の過半数で組織する労働組合がある場合においてはその労働組合，労働者の過半数で組織する労働組合がない場合においては労働者の過半数を代表する者との書面による協定により，次に掲げる事項を定めたときは，その協定で第２号の清算期間として定められた期間を平均し１週間当たりの労働時間が第32条第１項の労働時間を超えない範囲内において，同条の規定にかかわらず，１週間において同項の労働時間又は１日において同条第２項の労働時間を超えて，労働させることができる。	**第32条の３** 使用者は，就業規則その他これに準ずるものにより，その労働者に係る始業及び終業の時刻をその労働者の決定にゆだねることとした労働者については，当該事業場の労働者の過半数で組織する労働組合がある場合においてはその労働組合，労働者の過半数で組織する労働組合がない場合においては労働者の過半数を代表する者との書面による協定により，次に掲げる事項を定めたときは，その協定で第２号の清算期間として定められた期間を平均し１週間当たりの労働時間が第32条第１項の労働時間を超えない範囲内において，同条の規定にかかわらず，１週間において同項の労働時間又は１日において同条第２項の労働時間を超えて，労働させることができる。
一 この項の規定による労働時間により労働させることができることとされる労働者の範囲	一 この条の規定による労働時間により労働させることができることとされる労働者の範囲
二 清算期間（その期間を平均し１週間当たりの労働時間が第32条第１項の労働時間を超えない範囲内において労働させる期間をいい，３箇月以内の期間に限るものとする。以下こ	二 清算期間（その期間を平均し１週間当たりの労働時間が第32条第１項の労働時間を超えない範囲内において労働させる期間をいい，１箇月以内の期間に限るものとする。次号に

の条及び次条において同じ。） 三　清算期間における総労働時間 四　その他厚生労働省令で定める事項	おいて同じ。） 三　清算期間における総労働時間 四　その他厚生労働省令で定める事項
②　清算期間が１箇月を超えるものである場合における前項の規定の適用については，同項各号列記以外の部分中「労働時間を超えない」とあるのは「労働時間を超えず，かつ，当該清算期間をその開始の日以後１箇月ごとに区分した各期間（最後に１箇月未満の期間を生じたときは，当該期間。以下この項において同じ。）ごとに当該各期間を平均し１週間当たりの労働時間が50時間を超えない」と，「同項」とあるのは「同条第１項」とする。	（新設）
③　１週間の所定労働日数が５日の労働者について第１項の規定により労働させる場合における同項の規定の適用については，同項各号列記以外の部分（前項の規定により読み替えて適用する場合を含む。）中「第32条第１項の労働時間」とあるのは「第32条第１項の労働時間（当該事業場の労働者の過半数で組織する労働組合がある場合においてはその労働組合，労働者の過半数で組織する労働組合がない場合においては労働者の過半数を代表する者との書面による協定により，労働時間の限度について，当該清算期間における所定労働日数を同条第２項の労働時間に乗じて得た時間とする旨を定めたときは，当該清算期間における日数を７で除して得た数をもつてその時間を除して得た時間）」と，「同項」とあるのは「同条第１項」とする。	（新設）

④　前条第２項の規定は，第１項各号に掲げる事項を定めた協定について準用する。ただし，清算期間が１箇月以内のものであるときは，この限りでない。	（新設）
第32条の３の２　使用者が，清算期間が１箇月を超えるものであるときの当該清算期間中の前条第１項の規定により労働させた期間が当該清算期間より短い労働者について，当該労働させた期間を平均し１週間当たり40時間を超えて労働させた場合においては，その超えた時間（第33条又は第36条第1項の規定により延長し，又は休日に労働させた時間を除く。）の労働については，第37条の規定の例により割増賃金を支払わなければならない。	（新設）
（時間外及び休日の労働）	**（時間外及び休日の労働）**
第36条　使用者は，当該事業場に，労働者の過半数で組織する労働組合がある場合においてはその労働組合，労働者の過半数で組織する労働組合がない場合においては労働者の過半数を代表する者との書面による協定をし，厚生労働省令で定めるところによりこれを行政官庁に届け出た場合においては，第32条から第32条の５まで若しくは第40条の労働時間（以下この条において「労働時間」という。）又は前条の休日（以下この条において「休日」という。）に関する規定にかかわらず，その協定で定めるところによつて労働時間を延長し，又は休日に労働させることができる。	**第36条**　使用者は，当該事業場に，労働者の過半数で組織する労働組合がある場合においてはその労働組合，労働者の過半数で組織する労働組合がない場合においては労働者の過半数を代表する者との書面による協定をし，これを行政官庁に届け出た場合においては，第32条から第32条の５まで若しくは第40条の労働時間（以下この条において「労働時間」という。）又は前条の休日（以下この項において「休日」という。）に関する規定にかかわらず，その協定で定めるところによつて労働時間を延長し，又は休日に労働させることができる。ただし，坑内労働その他厚生労働省令で定める健康上特に有害な業務の労働時間の延長は，１日について２時間を超えてはならない。

② 前項の協定においては，次に掲げる事項を定めるものとする。 一 この条の規定により労働時間を延長し，又は休日に労働させることができることとされる労働者の範囲 二 対象期間（この条の規定により労働時間を延長し，又は休日に労働させることができる期間をいい，１年間に限るものとする。第４号及び第６項第３号において同じ。） 三 労働時間を延長し，又は休日に労働させることができる場合 四 対象期間における１日，１箇月及び１年のそれぞれの期間について労働時間を延長して労働させることができる時間又は労働させることができる休日の日数 五 労働時間の延長及び休日の労働を適正なものとするために必要な事項として厚生労働省令で定める事項	（新設）
③ 前項第４号の労働時間を延長して労働させることができる時間は，当該事業場の業務量，時間外労働の動向その他の事情を考慮して通常予見される時間外労働の範囲内において，限度時間を超えない時間に限る。	（新設）
④ 前項の限度時間は，１箇月について45時間及び１年について360時間（第32条の４第１項第２号の対象期間として３箇月を超える期間を定めて同条の規定により労働させる場合にあつては，１箇月について42時間及び１年について320時間）とする。	（新設）
⑤ 第１項の協定においては，第２項各号に掲げるもののほか，当該事業場に	（新設）

おける通常予見することのできない業務量の大幅な増加等に伴い臨時的に第３項の限度時間を超えて労働させる必要がある場合において，１箇月について労働時間を延長して労働させ，及び休日において労働させることができる時間（第２項第４号に関して協定した時間を含め100時間未満の範囲内に限る。）並びに１年について労働時間を延長して労働させることができる時間（同号に関して協定した時間を含め720時間を超えない範囲内に限る。）を定めることができる。この場合において，第１項の協定に，併せて第２項第２号の対象期間において労働時間を延長して労働させる時間が１箇月について45時間（第32条の４第１項第２号の対象期間として３箇月を超える期間を定めて同条の規定により労働させる場合にあつては，１箇月について42時間）を超えることができる月数（１年について６箇月以内に限る。）を定めなければならない。	
⑥　使用者は，第１項の協定で定めるところによつて労働時間を延長して労働させ，又は休日において労働させる場合であつても，次の各号に掲げる時間について，当該各号に定める要件を満たすものとしなければならない。 一　坑内労働その他厚生労働省令で定める健康上特に有害な業務について，１日について労働時間を延長して労働させた時間　２時間を超えないこと。 二　１箇月について労働時間を延長し	（新設）

て労働させ，及び休日において労働させた時間　100時間未満であること。 三　対象期間の初日から1箇月ごとに区分した各期間に当該各期間の直前の1箇月，2箇月，3箇月，4箇月及び5箇月の期間を加えたそれぞれの期間における労働時間を延長して労働させ，及び休日において労働させた時間の1箇月当たりの平均時間　80時間を超えないこと。	
⑦　厚生労働大臣は，労働時間の延長及び休日の労働を適正なものとするため，第1項の協定で定める労働時間の延長及び休日の労働について留意すべき事項，当該労働時間の延長に係る割増賃金の率その他の必要な事項について，労働者の健康，福祉，時間外労働の動向その他の事情を考慮して指針を定めることができる。	②　厚生労働大臣は，労働時間の延長を適正なものとするため，前項の協定で定める労働時間の延長の限度，当該労働時間の延長に係る割増賃金の率その他の必要な事項について，労働者の福祉，時間外労働の動向その他の事情を考慮して基準を定めることができる。
⑧　第1項の協定をする使用者及び労働組合又は労働者の過半数を代表する者は，当該協定で労働時間の延長及び休日の労働を定めるに当たり，当該協定の内容が前項の指針に適合したものとなるようにしなければならない。	③　第1項の協定をする使用者及び労働組合又は労働者の過半数を代表する者は，当該協定で労働時間の延長を定めるに当たり，当該協定の内容が前項の基準に適合したものとなるようにしなければならない。
⑨　行政官庁は，第7項の指針に関し，第1項の協定をする使用者及び労働組合又は労働者の過半数を代表する者に対し，必要な助言及び指導を行うことができる。	④　行政官庁は，第2項の基準に関し，第1項の協定をする使用者及び労働組合又は労働者の過半数を代表する者に対し，必要な助言及び指導を行うことができる。
⑩　前項の助言及び指導を行うに当たつては，労働者の健康が確保されるよう特に配慮しなければならない。	（新設）
⑪　第3項から第5項まで及び第6項	（新設）

（第２号及び第３号に係る部分に限る。）の規定は，新たな技術，商品又は役務の研究開発に係る業務については適用しない。

第38条の４　賃金，労働時間その他の当該事業場における労働条件に関する事項を調査審議し，事業主に対し当該事項について意見を述べることを目的とする委員会（使用者及び当該事業場の労働者を代表する者を構成員とするものに限る。）が設置された事業場において，当該委員会がその委員の５分の４以上の多数による議決により次に掲げる事項に関する決議をし，かつ，使用者が，厚生労働省令で定めるところにより当該決議を行政官庁に届け出た場合において，第２号に掲げる労働者の範囲に属する労働者を当該事業場における第１号に掲げる業務に就かせたときは，当該労働者は，厚生労働省令で定めるところにより，第３号に掲げる時間労働したものとみなす。

一　事業の運営に関する事項についての企画，立案，調査及び分析の業務であつて，当該業務の性質上これを適切に遂行するにはその遂行の方法を大幅に労働者の裁量に委ねる必要があるため，当該業務の遂行の手段及び時間配分の決定等に関し使用者が具体的な指示をしないこととする業務（以下この条において「対象業務」という。）

二～七（略）

②～④（略）

第38条の４　賃金，労働時間その他の当該事業場における労働条件に関する事項を調査審議し，事業主に対し当該事項について意見を述べることを目的とする委員会（使用者及び当該事業場の労働者を代表する者を構成員とするものに限る。）が設置された事業場において，当該委員会がその委員の５分の４以上の多数による議決により次に掲げる事項に関する決議をし，かつ，使用者が，厚生労働省令で定めるところにより当該決議を行政官庁に届け出た場合において，第２号に掲げる労働者の範囲に属する労働者を当該事業場における第１号に掲げる業務に就かせたときは，当該労働者は，厚生労働省令で定めるところにより，第３号に掲げる時間労働したものとみなす。

一　事業の運営に関する事項についての企画，立案，調査及び分析の業務であつて，当該業務の性質上これを適切に遂行するにはその遂行の方法を大幅に労働者の裁量にゆだねる必要があるため，当該業務の遂行の手段及び時間配分の決定等に関し使用者が具体的な指示をしないこととする業務（以下この条において「対象業務」という。）

二～七（略）

②　前項の委員会は，次の各号に適合するものでなければならない。

⑤　第１項の委員会においてその委員の５分の４以上の多数による議決により第32条の２第１項，第32条の３第１項，第32条の４第１項及び第２項，第32条の５第１項，第34条第２項ただし書，第36条第１項，第２項及び第５項，第37条第３項，第38条の２第２項，前条第１項並びに次条第４項，第６項及び第９項ただし書に規定する事項について決議が行われた場合における第32条の２第１項，第32条の３第１項，第32条の４第１項から第３項まで，第32条の５第１項，第34条第２項ただし書，第36条，第37条第３項，第38条の２第２項，前条第１項並びに次条第４項，第６項及び第９項ただし書の規定の適用については，第32条の２第１項中「協定」とあるのは「協定若しくは第38条の４第１項に規定する委員会の決議（第106条第１項を除き，以下「決議」という。）」と，第32条の３第１項，第32条の４第１項から第３項まで，第32条の５第１項，第34条第２項ただし書，第36条第２項及び第５項から第７項まで，第37条第３項，第38条の２第２項，前条第１項並びに次条第４項，第６項及び第９項ただし書中「協

一〜三（略）

③　厚生労働大臣は，対象業務に従事する労働者の適正な労働条件の確保を図るために，労働政策審議会の意見を聴いて，第一項各号に掲げる事項その他同項の委員会が決議する事項について指針を定め，これを公表するものとする。

④（略）

⑤　第１項の委員会においてその委員の５分の４以上の多数による議決により第32条の２第１項，第32条の３，第32条の４第１項及び第２項，第32条の５第１項，第34条第２項ただし書，第36条第１項，第37条第３項，第38条の２第２項，前条第１項並びに次条第４項，第６項及び第７項ただし書に規定する事項について決議が行われた場合における第32条の２第１項，第32条の３，第32条の４第１項から第３項まで，第32条の５第１項，第34条第２項ただし書，第36条，第37条第３項，第38条の２第２項，前条第１項並びに次条第４項，第６項及び第７項ただし書の規定の適用については，第32条の２第１項中「協定」とあるのは「協定若しくは第38条の４第１項に規定する委員会の決議（第106条第１項を除き，以下「決議」という。）」と，第32条の３，第32条の４第１項から第３項まで，第32条の５第１項，第34条第２項ただし書，第36条第２項，第37条第３項，第38条の２第２項，前条第１項並びに次条第４項，第６項及び第７項ただし書中「協定」とあるのは「協定又は決議」と，第32条の４第２項中「同意を

定」とあるのは「協定又は決議」と，第32条の４第２項中「同意を得て」とあるのは「同意を得て，又は決議に基づき」と，第36条第１項中「届け出た場合」とあるのは「届け出た場合又は決議を行政官庁に届け出た場合」と，「その協定」とあるのは「その協定又は決議」と，同条第８項中「又は労働者の過半数を代表する者」とあるのは「若しくは労働者の過半数を代表する者又は同項の決議をする委員」と，「当該協定」とあるのは「当該協定又は当該決議」と，同条第９項中「又は労働者の過半数を代表する者」とあるのは「若しくは労働者の過半数を代表する者又は同項の決議をする委員」とする。

（年次有給休暇）

第39条（略）

②～⑥（略）

得て」とあるのは「同意を得て，又は決議に基づき」と，第36条第１項中「届け出た場合」とあるのは「届け出た場合又は決議を行政官庁に届け出た場合」と，「その協定」とあるのは「その協定又は決議」と，同条第３項中「又は労働者の過半数を代表する者」とあるのは「若しくは労働者の過半数を代表する者又は同項の決議をする委員」と，「当該協定」とあるのは「当該協定又は当該決議」と，同条第４項中「又は労働者の過半数を代表する者」とあるのは「若しくは労働者の過半数を代表する者又は同項の決議をする委員」とする。

（年次有給休暇）

第39条　使用者は，その雇入れの日から起算して６箇月間継続勤務し全労働日の８割以上出勤した労働者に対して，継続し，又は分割した10労働日の有給休暇を与えなければならない。

②　使用者は，１年６箇月以上継続勤務した労働者に対しては，雇入れの日から起算して６箇月を超えて継続勤務する日（以下「６箇月経過日」という。）から起算した継続勤務年数１年ごとに，前項の日数に，次の表の上欄に掲げる６箇月経過日から起算した継続勤務年数の区分に応じ同表の下欄に掲げる労働日を加算した有給休暇を与えなければならない。ただし，継続勤務した期間を６箇月経過日から１年ごとに区分した各期間（最後に１年未満の期間を

生じたときは，当該期間）の初日の前日の属する期間において出勤した日数が全労働日の８割未満である者に対しては，当該初日以後の１年間においては有給休暇を与えることを要しない。

６箇月経過日から起算した継続勤務年数	労働日
１年	１労働日
２年	２労働日
３年	４労働日
４年	６労働日
５年	８労働日
６年以上	10労働日

③　次に掲げる労働者（１週間の所定労働時間が厚生労働省令で定める時間以上の者を除く。）の有給休暇の日数については，前２項の規定にかかわらず，これらの規定による有給休暇の日数を基準とし，通常の労働者の１週間の所定労働日数として厚生労働省令で定める日数（第１号において「通常の労働者の週所定労働日数」という。）と当該労働者の１週間の所定労働日数又は１週間当たりの平均所定労働日数との比率を考慮して厚生労働省令で定める日数とする。

一　１週間の所定労働日数が通常の労働者の週所定労働日数に比し相当程度少ないものとして厚生労働省令で定める日数以下の労働者

二　週以外の期間によつて所定労働日数が定められている労働者については，１年間の所定労働日数が，前号の厚生労働省令で定める日数に１日を加えた日数を１週間の所定労働日

数とする労働者の１年間の所定労働日数その他の事情を考慮して厚生労働省令で定める日数以下の労働者

④　使用者は，当該事業場に，労働者の過半数で組織する労働組合があるときはその労働組合，労働者の過半数で組織する労働組合がないときは労働者の過半数を代表する者との書面による協定により，次に掲げる事項を定めた場合において，第１号に掲げる労働者の範囲に属する労働者が有給休暇を時間を単位として請求したときは，前３項の規定による有給休暇の日数のうち第２号に掲げる日数については，これらの規定にかかわらず，当該協定で定めるところにより時間を単位として有給休暇を与えることができる。

一　時間を単位として有給休暇を与えることができることとされる労働者の範囲

二　時間を単位として与えることができることとされる有給休暇の日数（５日以内に限る。）

三　その他厚生労働省令で定める事項

⑤　使用者は，前各項の規定による有給休暇を労働者の請求する時季に与えなければならない。ただし，請求された時季に有給休暇を与えることが事業の正常な運営を妨げる場合においては，他の時季にこれを与えることができる。

⑥　使用者は，当該事業場に，労働者の過半数で組織する労働組合がある場合においてはその労働組合，労働者の過半数で組織する労働組合がない場合においては労働者の過半数を代表する者

	との書面による協定により，第１項から第３項までの規定による有給休暇を与える時季に関する定めをしたときは，これらの規定による有給休暇の日数のうち５日を超える部分については，前項の規定にかかわらず，その定めにより有給休暇を与えることができる。
⑦　使用者は，第１項から第３項までの規定による有給休暇（これらの規定により使用者が与えなければならない有給休暇の日数が10労働日以上である労働者に係るものに限る。以下この項及び次項において同じ。）の日数のうち５日については，基準日（継続勤務した期間を６箇月経過日から１年ごとに区分した各期間（最後に１年未満の期間を生じたときは，当該期間）の初日をいう。以下この項において同じ。）から１年以内の期間に，労働者ごとにその時季を定めることにより与えなければならない。ただし，第１項から第３項までの規定による有給休暇を当該有給休暇に係る基準日より前の日から与えることとしたときは，厚生労働省令で定めるところにより，労働者ごとにその時季を定めることにより与えなければならない。	（新設）
⑧　前項の規定にかかわらず，第５項又は第６項の規定により第１項から第３項までの規定による有給休暇を与えた場合においては，当該与えた有給休暇の日数（当該日数が５日を超える場合には，５日とする。）分については，時季を定めることにより与えることを要しない。	（新設）

⑨　使用者は，第１項から第３項までの規定による有給休暇の期間又は第４項の規定による有給休暇の時間については，就業規則その他これに準ずるもので定めるところにより，それぞれ，平均賃金若しくは所定労働時間労働した場合に支払われる通常の賃金又はこれらの額を基準として厚生労働省令で定めるところにより算定した額の賃金を支払わなければならない。ただし，当該事業場に，労働者の過半数で組織する労働組合がある場合においてはその労働組合，労働者の過半数で組織する労働組合がない場合においては労働者の過半数を代表する者との書面による協定により，その期間又はその時間について，それぞれ，健康保険法（大正11年法律第70号）第40条第１項に規定する標準報酬月額の30分の１に相当する金額（その金額に，５円未満の端数があるときは，これを切り捨て，５円以上10円未満の端数があるときは，これを10円に切り上げるものとする。）又は当該金額を基準として厚生労働省令で定めるところにより算定した金額を支払う旨を定めたときは，これによらなければならない。

⑩　労働者が業務上負傷し，又は疾病にかかり療養のために休業した期間及び育児休業，介護休業等育児又は家族介護を行う労働者の福祉に関する法律第２条第１号に規定する育児休業又は同条第２号に規定する介護休業をした期間並びに産前産後の女性が第65条の規定によつて休業した期間は，第１項及

⑦　使用者は，第１項から第３項までの規定による有給休暇の期間又は第４項の規定による有給休暇の時間については，就業規則その他これに準ずるもので定めるところにより，それぞれ，平均賃金若しくは所定労働時間労働した場合に支払われる通常の賃金又はこれらの額を基準として厚生労働省令で定めるところにより算定した額の賃金を支払わなければならない。ただし，当該事業場に，労働者の過半数で組織する労働組合がある場合においてはその労働組合，労働者の過半数で組織する労働組合がない場合においては労働者の過半数を代表する者との書面による協定により，その期間又はその時間について，それぞれ，健康保険法（大正11年法律第70号）第40条第１項に規定する標準報酬月額の30分の１に相当する金額（その金額に，５円未満の端数があるときは，これを切り捨て，５円以上10円未満の端数があるときは，これを10円に切り上げるものとする。）又は当該金額を基準として厚生労働省令で定めるところにより算定した金額を支払う旨を定めたときは，これによらなければならない。

⑧　労働者が業務上負傷し，又は疾病にかかり療養のために休業した期間及び育児休業，介護休業等育児又は家族介護を行う労働者の福祉に関する法律第２条第１号に規定する育児休業又は同条第２号に規定する介護休業をした期間並びに産前産後の女性が第65条の規定によつて休業した期間は，第１項及

び第２項の規定の適用については，これを出勤したものとみなす。

（労働時間等に関する規定の適用除外）

第41条（略）

第41条の２　賃金，労働時間その他の当該事業場における労働条件に関する事項を調査審議し，事業主に対し当該事項について意見を述べることを目的とする委員会（使用者及び当該事業場の労働者を代表する者を構成員とするものに限る。）が設置された事業場において，当該委員会がその委員の５分の４以上の多数による議決により次に掲げる事項に関する決議をし，かつ，使用者が，厚生労働省令で定めるところにより当該決議を行政官庁に届け出た場合において，第２号に掲げる労働者の範囲に属する労働者（以下この項において「対象労働者」という。）であつて書面その他の厚生労働省令で定める方法によりその同意を得たものを当該事業場における第１号に掲げる業務に就かせたときは，この章で定める労働時間，休憩，休日及び深夜の割増賃金に関する規定は，対象労働者については適用しない。ただし，第３号から第５号までに規定する措置のいずれかを使用者が講じていない場合は，この限りでない。

一　高度の専門的知識等を必要とし，その性質上従事した時間と従事して得た成果との関連性が通常高くないと認められるものとして厚生労働省令で定める業務のうち，労働者に就かせることとする業務（以下この項

び第２項の規定の適用については，これを出勤したものとみなす。

（労働時間等に関する規定の適用除外）

第41条（略）

（新設）

において「対象業務」という。）

二　この項の規定により労働する期間において次のいずれにも該当する労働者であつて，対象業務に就かせようとするものの範囲

イ　使用者との間の書面その他の厚生労働省令で定める方法による合意に基づき職務が明確に定められていること。

ロ　労働契約により使用者から支払われると見込まれる賃金の額を1年間当たりの賃金の額に換算した額が基準年間平均給与額（厚生労働省において作成する毎月勤労統計における毎月きまつて支給する給与の額を基礎として厚生労働省令で定めるところにより算定した労働者1人当たりの給与の平均額をいう。）の3倍の額を相当程度上回る水準として厚生労働省令で定める額以上であること。

三　対象業務に従事する対象労働者の健康管理を行うために当該対象労働者が事業場内にいた時間（この項の委員会が厚生労働省令で定める労働時間以外の時間を除くことを決議したときは，当該決議に係る時間を除いた時間）と事業場外において労働した時間との合計の時間（第5号ロ及びニ並びに第6号において「健康管理時間」という。）を把握する措置（厚生労働省令で定める方法に限る。）を当該決議で定めるところにより使用者が講ずること。

四　対象業務に従事する対象労働者に

対し，１年間を通じ104日以上，かつ，４週間を通じ４日以上の休日を当該決議及び就業規則その他これに準ずるもので定めるところにより使用者が与えること。

五　対象業務に従事する対象労働者に対し，次のいずれかに該当する措置を当該決議及び就業規則その他これに準ずるもので定めるところにより使用者が講ずること。

イ　労働者ごとに始業から24時間を経過するまでに厚生労働省令で定める時間以上の継続した休息時間を確保し，かつ，第37条第４項に規定する時刻の間において労働させる回数を１箇月について厚生労働省令で定める回数以内とすること。

ロ　健康管理時間を１箇月又は３箇月についてそれぞれ厚生労働省令で定める時間を超えない範囲内とすること。

ハ　１年に１回以上の継続した２週間（労働者が請求した場合においては，１年に２回以上の継続した１週間）（使用者が当該期間において，第39条の規定による有給休暇を与えたときは，当該有給休暇を与えた日を除く。）について，休日を与えること。

ニ　健康管理時間の状況その他の事項が労働者の健康の保持を考慮して厚生労働省令で定める要件に該当する労働者に健康診断（厚生労働省令で定める項目を含むものに

限る。）を実施すること。

六　対象業務に従事する対象労働者の健康管理時間の状況に応じた当該対象労働者の健康及び福祉を確保するための措置であつて，当該対象労働者に対する有給休暇（第39条の規定による有給休暇を除く。）の付与，健康診断の実施その他の厚生労働省令で定める措置のうち当該決議で定めるものを使用者が講ずること。

七　対象労働者のこの項の規定による同意の撤回に関する手続

八　対象業務に従事する対象労働者からの苦情の処理に関する措置を当該決議で定めるところにより使用者が講ずること。

九　使用者は，この項の規定による同意をしなかつた対象労働者に対して解雇その他不利益な取扱いをしてはならないこと。

十　前各号に掲げるもののほか，厚生労働省令で定める事項

② 前項の規定による届出をした使用者は，厚生労働省令で定めるところにより，同項第4号から第6号までに規定する措置の実施状況を行政官庁に報告しなければならない。

③ 第38条の4第2項，第3項及び第5項の規定は，第1項の委員会について準用する。

④ 第1項の決議をする委員は，当該決議の内容が前項において準用する第38条の4第3項の指針に適合したものとなるようにしなければならない。

⑤ 行政官庁は，第3項において準用す

る第38条の４第３項の指針に関し，第１項の決議をする委員に対し，必要な助言及び指導を行うことができる。

（労働時間及び休日）

第60条　第32条の２から第32条の５まで，第36条，第40条及び第41条の２の規定は，満18才に満たない者については，これを適用しない。

②・③（略）

（法令等の周知義務）

第106条　使用者は，この法律及びこれに基づく命令の要旨，就業規則，第18条第２項，第24条第１項ただし書，第32条の２第１項，第32条の３第１項，第32条の４第１項，第32条の５第１項，第34条第２項ただし書，第36条第１項，第37条第３項，第38条の２第２項，第38条の３第１項並びに第39条第４項，第６項及び第９項ただし書に規定する協定並びに第38条の４第１項及び同条第５項（第41条の２第３項において準用する場合を含む。）並びに第41条の２第１項に規定する決議を，常時各作業場の見やすい場所へ掲示し，又は備え付けること，書面を交付することその他の厚生労働省令で定める方法によつて，労働者に周知させなければならない。

②（略）

（付加金の支払）

第114条　裁判所は，第20条，第26条若しくは第37条の規定に違反した使用者又は第39条第９項の規定による賃金を支払わなかつた使用者に対して，労働者の請求により，これらの規定により

（労働時間及び休日）

第60条　第32条の２から第32条の５まで，第36条及び第40条の規定は，満18才に満たない者については，これを適用しない。

②・③（略）

（法令等の周知義務）

第106条　使用者は，この法律及びこれに基づく命令の要旨，就業規則，第18条第２項，第24条第１項ただし書，第32条の２第１項，第32条の３，第32条の４第１項，第32条の５第１項，第34条第２項ただし書，第36条第１項，第37条第３項，第38条の２第２項，第38条の３第１項並びに第39条第４項，第６項及び第７項ただし書に規定する協定並びに第38条の４第１項及び第５項に規定する決議を，常時各作業場の見やすい場所へ掲示し，又は備え付けること，書面を交付することその他の厚生労働省令で定める方法によつて，労働者に周知させなければならない。

②（略）

（付加金の支払）

第114条　裁判所は，第20条，第26条若しくは第37条の規定に違反した使用者又は第39条第７項の規定による賃金を支払わなかつた使用者に対して，労働者の請求により，これらの規定により

使用者が支払わなければならない金額についての未払金のほか，これと同一額の付加金の支払を命ずることができる。ただし，この請求は，違反のあつた時から２年以内にしなければならない。

第119条　次の各号のいずれかに該当する者は，６箇月以下の懲役又は30万円以下の罰金に処する。

一　第３条，第４条，第７条，第16条，第17条，第18条第１項，第19条，第20条，第22条第４項，第32条，第34条，第35条，第36条第６項，第37条，第39条（第７項を除く。），第61条，第62条，第64条の３から第67条まで，第72条，第75条から第77条まで，第79条，第80条，第94条第２項，第96条又は第104条第２項の規定に違反した者

二～四（略）

第120条　次の各号のいずれかに該当する者は，30万円以下の罰金に処する。

一　第14条，第15条第１項若しくは第３項，第18条第７項，第22条第１項から第３項まで，第23条から第27条まで，第32条の２第２項（第32条の

使用者が支払わなければならない金額についての未払金のほか，これと同一額の付加金の支払を命ずることができる。ただし，この請求は，違反のあつた時から２年以内にしなければならない。

第119条　次の各号の一に該当する者は，これを６箇月以下の懲役又は30万円以下の罰金に処する。

一　第３条，第４条，第７条，第16条，第17条，第18条第１項，第19条，第20条，第22条第４項，第32条，第34条，第35条，第36条第１項ただし書，第37条，第39条，第61条，第62条，第64条の３から第67条まで，第72条，第75条から第77条まで，第79条，第80条，第94条第２項，第96条又は第104条第２項の規定に違反した者

二　第33条第２項，第96条の２第２項又は第96条の３第１項の規定による命令に違反した者

三　第40条の規定に基づいて発する厚生労働省令に違反した者

四　第70条の規定に基づいて発する厚生労働省令（第62条又は第64条の３の規定に係る部分に限る。）に違反した者

第120条　次の各号の一に該当する者は，30万円以下の罰金に処する。

一　第14条，第15条第１項若しくは第３項，第18条第７項，第22条第１項から第３項まで，第23条から第27条まで，第32条の２第２項（第32条の

3第4項，第32条の4第4項及び第32条の5第3項において準用する場合を含む。），第32条の5第2項，第33条第1項ただし書，第38条の2第3項（第38条の3第2項において準用する場合を含む。），第39条第7項，第57条から第59条まで，第64条，第68条，第89条，第90条第1項，第91条，第95条第1項若しくは第2項，第96条の2第1項，第105条（第100条第3項において準用する場合を含む。）又は第106条から第109条までの規定に違反した者	4第4項及び第32条の5第3項において準用する場合を含む。），第32条の5第2項，第33条第1項ただし書，第38条の2第3項（第38条の3第2項において準用する場合を含む。），第57条から第59条まで，第64条，第68条，第89条，第90条第1項，第91条，第95条第1項若しくは第2項，第96条の2第1項，第105条（第100条第3項において準用する場合を含む。）又は第106条から第109条までの規定に違反した者
二～五（略）	二　第70条の規定に基づいて発する厚生労働省令（第14条の規定に係る部分に限る。）に違反した者 三　第92条第2項又は第96条の3第2項の規定による命令に違反した者 四　第101条（第100条第3項において準用する場合を含む。）の規定による労働基準監督官又は女性主管局長若しくはその指定する所属官吏の臨検を拒み，妨げ，若しくは忌避し，その尋問に対して陳述をせず，若しくは虚偽の陳述をし，帳簿書類の提出をせず，又は虚偽の記載をした帳簿書類の提出をした者 五　第104条の2の規定による報告をせず，若しくは虚偽の報告をし，又は出頭しなかつた者
第138条　削除	**第138条**　中小事業主（その資本金の額又は出資の総額が3億円（小売業又はサービス業を主たる事業とする事業主については5000万円，卸売業を主たる事業とする事業主については1億円）

以下である事業主及びその常時使用する労働者の数が300人（小売業を主たる事業とする事業主については50人，卸売業又はサービス業を主たる事業とする事業主については100人）以下である事業主をいう。）の事業については，当分の間，第37条第１項ただし書の規定は，適用しない。

第139条　工作物の建設の事業（災害時における復旧及び復興の事業に限る。）その他これに関連する事業として厚生労働省令で定める事業に関する第36条の規定の適用については，当分の間，同条第５項中「時間（第２項第４号に関して協定した時間を含め100時間未満の範囲内に限る。）」とあるのは「時間」と，「同号」とあるのは「第２項第４号」とし，同条第６項（第２号及び第３号に係る部分に限る。）の規定は適用しない。

②　前項の規定にかかわらず，工作物の建設の事業その他これに関連する事業として厚生労働省令で定める事業については，平成36年３月31日（同日及びその翌日を含む期間を定めている第36条第１項の協定に関しては，当該協定に定める期間の初日から起算して１年を経過する日）までの間，同条第２項第４号中「１箇月及び」とあるのは，「１日を超え３箇月以内の範囲で前項の協定をする使用者及び労働組合若しくは労働者の過半数を代表する者が定める期間並びに」とし，同条第３項から第５項まで及び第６項（第２号及び第３号に係る部分に限る。）の規定は

（新設）

適用しない。 **第140条**　一般乗用旅客自動車運送事業（道路運送法（昭和26年法律第183号）第３条第１号ハに規定する一般乗用旅客自動車運送事業をいう。）の業務，貨物自動車運送事業（貨物自動車運送事業法（平成元年法律第83号）第２条第１項に規定する貨物自動車運送事業をいう。）の業務その他の自動車の運転の業務として厚生労働省令で定める業務に関する第36条の規定の適用については，当分の間，同条第５項中「時間（第２項第４号に関して協定した時間を含め100時間未満の範囲内に限る。）並びに１年について労働時間を延長して労働させることができる時間（同号に関して協定した時間を含め720時間を超えない範囲内に限る。）を定めることができる。この場合において，第１項の協定に，併せて第２項第２号の対象期間において労働時間を延長して労働させる時間が１箇月について45時間（第32条の４第１項第２号の対象期間として３箇月を超える期間を定めて同条の規定により労働させる場合にあつては，１箇月について42時間）を超えることができる月数（１年について６箇月以内に限る。）を定めなければならない」とあるのは，「時間並びに１年について労働時間を延長して労働させることができる時間（第２項第４号に関して協定した時間を含め960時間を超えない範囲内に限る。）を定めることができる」とし，同条第６項（第２号及び第３号に係る部分に	（新設）

限る。）の規定は適用しない。 ② 前項の規定にかかわらず，同項に規定する業務については，平成36年３月31日（同日及びその翌日を含む期間を定めている第36条第１項の協定に関しては，当該協定に定める期間の初日から起算して１年を経過する日）までの間，同条第２項第４号中「１箇月及び」とあるのは，「１日を超え３箇月以内の範囲で前項の協定をする使用者及び労働組合若しくは労働者の過半数を代表する者が定める期間並びに」とし，同条第３項から第５項まで及び第６項（第２号及び第３号に係る部分に限る。）の規定は適用しない。	
第141条 医業に従事する医師（医療提供体制の確保に必要な者として厚生労働省令で定める者に限る。）に関する第36条の規定の適用については，当分の間，同条第２項第４号中「における１日，１箇月及び１年のそれぞれの期間について」とあるのは「における」とし，同条第３項中「限度時間」とあるのは「限度時間並びに労働者の健康及び福祉を勘案して厚生労働省令で定める時間」とし，同条第５項及び第６項（第２号及び第３号に係る部分に限る。）の規定は適用しない。 ② 前項の場合において，第36条第１項の協定に，同条第２項各号に掲げるもののほか，当該事業場における通常予見することのできない業務量の大幅な増加等に伴い臨時的に前項の規定により読み替えて適用する同条第３項の厚生労働省令で定める時間を超えて労働	（新設）

させる必要がある場合において，同条第２項第４号に関して協定した時間を超えて労働させることができる時間（同号に関して協定した時間を含め，同条第５項に定める時間及び月数並びに労働者の健康及び福祉を勘案して厚生労働省令で定める時間を超えない範囲内に限る。）その他厚生労働省令で定める事項を定めることができる。

③　使用者は，第１項の場合において，第36条第１項の協定で定めるところによつて労働時間を延長して労働させ，又は休日において労働させる場合であつても，同条第６項に定める要件並びに労働者の健康及び福祉を勘案して厚生労働省令で定める時間を超えて労働させてはならない。

④　前３項の規定にかかわらず，医業に従事する医師については，平成36年３月31日（同日及びその翌日を含む期間を定めている第36条第１項の協定に関しては，当該協定に定める期間の初日から起算して１年を経過する日）までの間，同条第２項第４号中「１箇月及び」とあるのは，「１日を超え３箇月以内の範囲で前項の協定をする使用者及び労働組合若しくは労働者の過半数を代表する者が定める期間並びに」とし，同条第３項から第５項まで及び第６項（第２号及び第３号に係る部分に限る。）の規定は適用しない。

⑤　第３項の規定に違反した者は，６箇月以下の懲役又は30万円以下の罰金に処する。

第142条　鹿児島県及び沖縄県における

（新設）

砂糖を製造する事業に関する第36条の規定の適用については，平成36年３月31日（同日及びその翌日を含む期間を定めている同条第１項の協定に関しては，当該協定に定める期間の初日から起算して１年を経過する日）までの間，同条第５項中「時間（第２項第４号に関して協定した時間を含め100時間未満の範囲内に限る。）」とあるのは「時間」と，「同号」とあるのは「第２項第４号」とし，同条第６項（第２号及び第３号に係る部分に限る。）の規定は適用しない。	

○労働安全衛生法（昭和47年法律第57号）（抄）（第４条関係）

（傍線部分は改正部分）

改正案	現行
（産業医等）	（産業医等）
第13条（略）	**第13条** 事業者は，政令で定める規模の事業場ごとに，厚生労働省令で定めるところにより，医師のうちから産業医を選任し，その者に労働者の健康管理その他の厚生労働省令で定める事項（以下「労働者の健康管理等」という。）を行わせなければならない。
２（略）	２　産業医は，労働者の健康管理等を行うのに必要な医学に関する知識について厚生労働省令で定める要件を備えた者でなければならない。
３　産業医は，労働者の健康管理等を行うのに必要な医学に関する知識に基づいて，誠実にその職務を行わなければならない。	（新設）
４　産業医を選任した事業者は，産業医	（新設）

に対し，厚生労働省令で定めるところにより，労働者の労働時間に関する情報その他の産業医が労働者の健康管理等を適切に行うために必要な情報として厚生労働省令で定めるものを提供しなければならない。	
5　産業医は，労働者の健康を確保するため必要があると認めるときは，事業者に対し，労働者の健康管理等について必要な勧告をすることができる。この場合において，事業者は，当該勧告を尊重しなければならない。	3　産業医は，労働者の健康を確保するため必要があると認めるときは，事業者に対し，労働者の健康管理等について必要な勧告をすることができる。
6　事業者は，前項の勧告を受けたときは，厚生労働省令で定めるところにより，当該勧告の内容その他の厚生労働省令で定める事項を衛生委員会又は安全衛生委員会に報告しなければならない。	4　事業者は，前項の勧告を受けたときは，これを尊重しなければならない。
第13条の２（略）	**第13条の２**　事業者は，前条第１項の事業場以外の事業場については，労働者の健康管理等を行うのに必要な医学に関する知識を有する医師その他厚生労働省令で定める者に労働者の健康管理等の全部又は一部を行わせるように努めなければならない。
2　前条第４項の規定は，前項に規定する者に労働者の健康管理等の全部又は一部を行わせる事業者について準用する。この場合において，同条第４項中「提供しなければ」とあるのは，「提供するように努めなければ」と読み替えるものとする。	（新設）
第13条の３　事業者は，産業医又は前条第１項に規定する者による労働者の健	

康管理等の適切な実施を図るため，産業医又は同項に規定する者が労働者からの健康相談に応じ，適切に対応するために必要な体制の整備その他の必要な措置を講ずるように努めなければならない。

（国の援助）

第19条の３　国は，第13条の２第１項の事業場の労働者の健康の確保に資するため，労働者の健康管理等に関する相談，情報の提供その他の必要な援助を行うように努めるものとする。

（健康診断実施後の措置）

第66条の５　事業者は，前条の規定による医師又は歯科医師の意見を勘案し，その必要があると認めるときは，当該労働者の実情を考慮して，就業場所の変更，作業の転換，労働時間の短縮，深夜業の回数の減少等の措置を講ずるほか，作業環境測定の実施，施設又は設備の設置又は整備，当該医師又は歯科医師の意見の衛生委員会若しくは安全衛生委員会又は労働時間等設定改善委員会（労働時間等の設定の改善に関する特別措置法（平成４年法律第90号）第７条に規定する労働時間等設定改善委員会をいう。以下同じ。）への報告その他の適切な措置を講じなければならない。

２・３（略）

（面接指導等）

第66条の８　事業者は，その労働時間の状況その他の事項が労働者の健康の保持を考慮して厚生労働省令で定める要件に該当する労働者（次条第１項に規

（国の援助）

第19条の３　国は，第13条の２の事業場の労働者の健康の確保に資するため，労働者の健康管理等に関する相談，情報の提供その他の必要な援助を行うように努めるものとする。

（健康診断実施後の措置）

第66条の５　事業者は，前条の規定による医師又は歯科医師の意見を勘案し，その必要があると認めるときは，当該労働者の実情を考慮して，就業場所の変更，作業の転換，労働時間の短縮，深夜業の回数の減少等の措置を講ずるほか，作業環境測定の実施，施設又は設備の設置又は整備，当該医師又は歯科医師の意見の衛生委員会若しくは安全衛生委員会又は労働時間等設定改善委員会（労働時間等の設定の改善に関する特別措置法（平成４年法律第90号）第７条第１項に規定する労働時間等設定改善委員会をいう。以下同じ。）への報告その他の適切な措置を講じなければならない。

２・３（略）

（面接指導等）

第66条の８　事業者は，その労働時間の状況その他の事項が労働者の健康の保持を考慮して厚生労働省令で定める要件に該当する労働者に対し，厚生労働

定する者及び第66条の８の４第１項に規定する者を除く。以下この条において同じ。）に対し，厚生労働省令で定めるところにより，医師による面接指導（問診その他の方法により心身の状況を把握し，これに応じて面接により必要な指導を行うことをいう。以下同じ。）を行わなければならない。	省令で定めるところにより，医師による面接指導（問診その他の方法により心身の状況を把握し，これに応じて面接により必要な指導を行うことをいう。以下同じ。）を行わなければならない。
２～５（略）	２～５（略）
第66条の８の２ 事業者は，その労働時間が労働者の健康の保持を考慮して厚生労働省令で定める時間を超える労働者（労働基準法第36条第11項に規定する業務に従事する者（同法第41条各号に掲げる者及び第66条の８の４第１項に規定する者を除く。）に限る。）に対し，厚生労働省令で定めるところにより，医師による面接指導を行わなければならない。	（新設）
２　前条第２項から第５項までの規定は，前項の事業者及び労働者について準用する。この場合において，同条第５項中「作業の転換」とあるのは，「職務内容の変更，有給休暇（労働基準法第39条の規定による有給休暇を除く。）の付与」と読み替えるものとする。	
第66条の８の３ 事業者は，第66条の８第１項又は前条第１項の規定による面接指導を実施するため，厚生労働省令で定める方法により，労働者（次条第１項に規定する者を除く。）の労働時間の状況を把握しなければならない。	（新設）
第66条の８の４ 事業者は，労働基準法第41条の２第１項の規定により労働する労働者であつて，その健康管理時間	（新設）

（同項第３号に規定する健康管理時間をいう。）が当該労働者の健康の保持を考慮して厚生労働省令で定める時間を超えるものに対し，厚生労働省令で定めるところにより，医師による面接指導を行わなければならない。

２　第66条の８第２項から第５項までの規定は，前項の事業者及び労働者について準用する。この場合において，同条第５項中「就業場所の変更，作業の転換，労働時間の短縮，深夜業の回数の減少等」とあるのは，「職務内容の変更，有給休暇（労働基準法第39条の規定による有給休暇を除く。）の付与，健康管理時間（第66条の８の４第１項に規定する健康管理時間をいう。）が短縮されるための配慮等」と読み替えるものとする。

第66条の９　事業者は，第66条の８第１項，第66条の８の２第１項又は前条第１項の規定により面接指導を行う労働者以外の労働者であつて健康への配慮が必要なものについては，厚生労働省令で定めるところにより，必要な措置を講ずるように努めなければならない。

（法令等の周知）

第101条（略）

２　産業医を選任した事業者は，その事業場における産業医の業務の内容その他の産業医の業務に関する事項で厚生

第66条の９　事業者は，前条第１項の規定により面接指導を行う労働者以外の労働者であつて健康への配慮が必要なものについては，厚生労働省令で定めるところにより，必要な措置を講ずるように努めなければならない。

（法令等の周知）

第101条　事業者は，この法律及びこれに基づく命令の要旨を常時各作業場の見やすい場所に掲示し，又は備え付けることその他の厚生労働省令で定める方法により，労働者に周知させなければならない。

（新設）

改正後	改正前
労働省令で定めるものを，常時各作業場の見やすい場所に掲示し，又は備え付けることその他の厚生労働省令で定める方法により，労働者に周知させなければならない。	
3　前項の規定は，第13条の２第１項に規定する者に労働者の健康管理等の全部又は一部を行わせる事業者について準用する。この場合において，前項中「周知させなければ」とあるのは，「周知させるように努めなければ」と読み替えるものとする。	（新設）
4（略）	2　事業者は，第57条の２第１項又は第２項の規定により通知された事項を，化学物質，化学物質を含有する製剤その他の物で当該通知された事項に係るものを取り扱う各作業場の見やすい場所に常時掲示し，又は備え付けることその他の厚生労働省令で定める方法により，当該物を取り扱う労働者に周知させなければならない。
（心身の状態に関する情報の取扱い） 第104条　事業者は，この法律又はこれに基づく命令の規定による措置の実施に関し，労働者の心身の状態に関する情報を収集し，保管し，又は使用するに当たつては，労働者の健康の確保に必要な範囲内で労働者の心身の状態に関する情報を収集し，並びに当該収集の目的の範囲内でこれを保管し，及び使用しなければならない。ただし，本人の同意がある場合その他正当な事由がある場合は，この限りでない。 2　事業者は，労働者の心身の状態に関する情報を適正に管理するために必要	（新設）

改正後	改正前
な措置を講じなければならない。 3　厚生労働大臣は，前2項の規定により事業者が講ずべき措置の適切かつ有効な実施を図るため必要な指針を公表するものとする。 4　厚生労働大臣は，前項の指針を公表した場合において必要があると認めるときは，事業者又はその団体に対し，当該指針に関し必要な指導等を行うことができる。	
（健康診断等に関する秘密の保持） **第105条**　第65条の2第1項及び第66条第1項から第4項までの規定による健康診断，第66条の8第1項，第66条の8の2第1項及び第66条の8の4第1項の規定による面接指導，第66条の10第1項の規定による検査又は同条第3項の規定による面接指導の実施の事務に従事した者は，その実施に関して知り得た労働者の秘密を漏らしてはならない。	**（健康診断等に関する秘密の保持）** **第104条**　第65条の2第1項及び第66条第1項から第4項までの規定による健康診断，第66条の8第1項の規定による面接指導，第66条の10第1項の規定による検査又は同条第3項の規定による面接指導の実施の事務に従事した者は，その実施に関して知り得た労働者の秘密を漏らしてはならない。
（削る）	**第105条**　削除
（厚生労働省令への委任） **第115条の2**　この法律に定めるもののほか，この法律の規定の実施に関し必要な事項は，厚生労働省令で定める。	（新設）
第115条の3（略）	**第115条の2**（略）
第115条の4（略）	**第115条の3**（略）
第115条の5　第115条の3第1項から第3項までの罪は，刑法第4条の例に従う。	**第115条の4**　第115条の2第1項から第3項までの罪は，刑法第4条の例に従う。
第119条　次の各号のいずれかに該当する者は，6月以下の懲役又は50万円以下の罰金に処する。 一　第14条，第20条から第25条まで，	**第119条**　次の各号のいずれかに該当する者は，6月以下の懲役又は50万円以下の罰金に処する。 一　第14条，第20条から第25条まで，

第25条の２第１項，第30条の３第１項若しくは第４項，第31条第１項，第31条の２，第33条第１項若しくは第２項，第34条，第35条，第38条第１項，第40条第１項，第42条，第43条，第44条第６項，第44条の２第７項，第56条第３項若しくは第４項，第57条の４第５項，第57条の５第５項，第59条第３項，第61条第１項，第65条第１項，第65条の４，第68条，第89条第５項（第89条の２第２項において準用する場合を含む。），第97条第２項，第105条又は第108条の２第４項の規定に違反した者

二～四（略）

第120条　次の各号のいずれかに該当する者は，50万円以下の罰金に処する。

一　第10条第１項，第11条第１項，第12条第１項，第13条第１項，第15条第１項，第３項若しくは第４項，第15条の２第１項，第16条第１項，第17条第１項，第18条第１項，第25条の２第２項（第30条の３第５項において準用する場合を含む。），第26条，第30条第１項若しくは第４項，第30条の２第１項若しくは第４項，第32条第１項から第６項まで，第33条第３項，第40条第２項，第44条第５項，第44条の２第６項，第45条第１項若しくは第２項，第57条の４第１項，第59条第１項（同条第２項において準用する場合を含む。），第61条第２項，第66条第１項から第３項まで，第66条の３，第66条の６，第66条の８の２第１項，第66条の８の４

第25条の２第１項，第30条の３第１項若しくは第４項，第31条第１項，第31条の２，第33条第１項若しくは第２項，第34条，第35条，第38条第１項，第40条第１項，第42条，第43条，第44条第６項，第44条の２第７項，第56条第３項若しくは第４項，第57条の４第５項，第57条の５第５項，第59条第３項，第61条第１項，第65条第１項，第65条の４，第68条，第89条第５項（第89条の２第２項において準用する場合を含む。），第97条第２項，第104条又は第108条の２第４項の規定に違反した者

二～四（略）

第120条　次の各号のいずれかに該当する者は，50万円以下の罰金に処する。

一　第10条第１項，第11条第１項，第12条第１項，第13条第１項，第15条第１項，第３項若しくは第４項，第15条の２第１項，第16条第１項，第17条第１項，第18条第１項，第25条の２第２項（第30条の３第５項において準用する場合を含む。），第26条，第30条第１項若しくは第４項，第30条の２第１項若しくは第４項，第32条第１項から第６項まで，第33条第３項，第40条第２項，第44条第５項，第44条の２第６項，第45条第１項若しくは第２項，第57条の４第１項，第59条第１項（同条第２項において準用する場合を含む。），第61条第２項，第66条第１項から第３項まで，第66条の３，第66条の６，第87条第６項，第88条第１項から第４項

第１項，第87条第６項，第88条第１項から第４項まで，第101条第１項又は第103条第１項の規定に違反した者 二〜六（略）	まで，第101条第１項又は第103条第１項の規定に違反した者 二〜六（略）

◯労働時間等の設定の改善に関する特別措置法（平成４年法律第90号）（抄）（第６条関係）

（傍線部分は改正部分）

改　正　案	現　行
（定義） **第１条の２**（略）	（定義） **第１条の２**　この法律において「労働時間等」とは，労働時間，休日及び年次有給休暇（労働基準法（昭和22年法律第49号）第39条の規定による年次有給休暇として与えられるものをいう。以下同じ。）その他の休暇をいう。
２　この法律において「労働時間等の設定」とは，労働時間，休日数，年次有給休暇を与える時季，深夜業の回数，終業から始業までの時間その他の労働時間等に関する事項を定めることをいう。	２　この法律において「労働時間等の設定」とは，労働時間，休日数，年次有給休暇を与える時季その他の労働時間等に関する事項を定めることをいう。
（事業主等の責務） **第２条**　事業主は，その雇用する労働者の労働時間等の設定の改善を図るため，業務の繁閑に応じた労働者の始業及び終業の時刻の設定，健康及び福祉を確保するために必要な終業から始業までの時間の設定，年次有給休暇を取得しやすい環境の整備その他の必要な措置を講ずるように努めなければならない。	（事業主等の責務） **第２条**　事業主は，その雇用する労働者の労働時間等の設定の改善を図るため，業務の繁閑に応じた労働者の始業及び終業の時刻の設定，年次有給休暇を取得しやすい環境の整備その他の必要な措置を講ずるように努めなければならない。
２・３（略）	２・３（略）
４　事業主は，他の事業主との取引を行う場合において，著しく短い期限の設	４　事業主は，他の事業主との取引を行う場合において，当該他の事業主の講

定及び発注の内容の頻繁な変更を行わないこと，当該他の事業主の講ずる労働時間等の設定の改善に関する措置の円滑な実施を阻害することとなる取引条件を付けないこと等取引上必要な配慮をするように努めなければならない。

（労働時間等設定改善委員会の決議に係る労働基準法の適用の特例）

第７条　前条に規定する委員会のうち事業場ごとのものであって次に掲げる要件に適合するもの（以下この条において「労働時間等設定改善委員会」という。）が設置されている場合において，労働時間等設定改善委員会でその委員の５分の４以上の多数による議決により労働基準法第32条の２第１項，第32条の３第１項（同条第２項及び第３項の規定により読み替えて適用する場合を含む。以下この条において同じ。），第32条の４第１項及び第２項，第32条の５第１項，第34条第２項ただし書，第36条第１項，第２項及び第５項，第37条第３項，第38条の２第２項，第38条の３第１項並びに第39条第４項及び第６項の規定（これらの規定のうち，同法第32条の２第１項，第32条の３第１項，第32条の４第１項及び第２項並びに第36条第１項の規定にあっては労働者派遣事業の適正な運営の確保及び派遣労働者の保護等に関する法律（昭和60年法律第88号。以下この条において「労働者派遣法」という。）第44条第２項の規定により読み替えて適用する場合を，労働基準法第38条の２第２項及び第38条の３第１項の規定にあっ

ずる労働時間等の設定の改善に関する措置の円滑な実施を阻害することとなる取引条件を付けない等取引上必要な配慮をするように努めなければならない。

（労働時間等設定改善委員会の決議に係る労働基準法の適用の特例等）

第７条　前条に規定する委員会のうち事業場ごとのものであって次に掲げる要件に適合するもの（以下この条において「労働時間等設定改善委員会」という。）が設置されている場合において，労働時間等設定改善委員会でその委員の５分の４以上の多数による議決により労働基準法第32条の２第１項，第32条の３，第32条の４第１項及び第２項，第32条の５第１項，第34条第２項ただし書，第36条第１項，第37条第３項，第38条の２第２項，第38条の３第１項並びに第39条第４項及び第６項の規定（これらの規定のうち，同法第32条の２第１項，第32条の３，第32条の４第１項及び第２項並びに第36条第１項の規定にあっては労働者派遣事業の適正な運営の確保及び派遣労働者の保護等に関する法律（昭和60年法律第88号。以下この項において「労働者派遣法」という。）第44条第２項の規定により読み替えて適用する場合を，労働基準法第38条の２第２項及び第38条の３第１項の規定にあっては労働者派遣法第44条第５項の規定により読み替えて適用する場合を含む。以下この項において「労働時間に関する規定」とい

ては労働者派遣法第44条第５項の規定により読み替えて適用する場合を含む。以下この条において「労働時間に関する規定」という。）に規定する事項について決議が行われたときは，当該労働時間等設定改善委員会に係る事業場の使用者（労働基準法第10条に規定する使用者をいう。次条において同じ。）については，労働基準法第32条の２第１項中「協定」とあるのは「協定（労働時間等の設定の改善に関する特別措置法第７条に規定する労働時間等設定改善委員会の決議（第32条の４第２項及び第36条第８項において「決議」という。）を含む。次項，次条第４項，第32条の４第４項，第32条の５第３項，第36条第８項及び第９項，第38条の２第３項並びに第38条の３第２項を除き，以下同じ。）」と，同法第32条の４第２項中「同意」とあるのは「同意（決議を含む。）」と，同法第36条第８項中「代表する者」とあるのは「代表する者（決議をする委員を含む。次項において同じ。）」と，「当該協定」とあるのは「当該協定（当該決議を含む。）」として，労働時間に関する規定（同法第32条の４第３項並びに第36条第３項，第４項及び第６項から第11項までの規定を含む。）及び同法第106条第１項の規定を適用する。

一～三　（略）

う。）に規定する事項について決議が行われたときは，当該労働時間等設定改善委員会に係る事業場の使用者（労働基準法第10条に規定する使用者をいう。）については，労働基準法第32条の２第１項中「協定」とあるのは「協定（労働時間等の設定の改善に関する特別措置法第７条第１項に規定する労働時間等設定改善委員会の決議（第32条の４第２項及び第36条第３項において「決議」という。）を含む。次項，第32条の４第４項，第32条の５第３項，第36条第３項及び第４項，第38条の２第３項並びに第38条の３第２項を除き，以下同じ。）」と，同法第32条の４第２項中「同意」とあるのは「同意（決議を含む。）」と，同法第36条第３項中「代表する者」とあるのは「代表する者（決議をする委員を含む。次項において同じ。）」と，「当該協定」とあるのは「当該協定（当該決議を含む。）」として，労働時間に関する規定（同法第32条の４第３項及び第36条第２項から第４項までの規定を含む。）及び同法第106条第１項の規定を適用する。

一　当該委員会の委員の半数については，当該事業場に，労働者の過半数で組織する労働組合がある場合においてはその労働組合，労働者の過半数で組織する労働組合がない場合に

	おいては労働者の過半数を代表する者の推薦に基づき指名されていること。 二　当該委員会の議事について，厚生労働省令で定めるところにより，議事録が作成され，かつ，保存されていること。 三　前2号に掲げるもののほか，厚生労働省令で定める要件
（削る）	2　労働時間等設定改善委員会が設置されていない事業場において，事業主が，当該事業場に，労働者の過半数で組織する労働組合がある場合においてはその労働組合，労働者の過半数で組織する労働組合がない場合においては労働者の過半数を代表する者との書面による協定により，労働安全衛生法（昭和47年法律第57号）第18条第1項の規定により設置された衛生委員会（同法第19条第1項の規定により設置された安全衛生委員会を含む。以下同じ。）であって次に掲げる要件に適合するものに，当該事業場における労働時間等の設定の改善に関する事項を調査審議させ，事業主に対して意見を述べさせることを定めたときは，当該衛生委員会を労働時間等設定改善委員会とみなして，前項の規定を適用する。 一　当該衛生委員会の委員の半数については，当該事業場に，労働者の過半数で組織する労働組合がある場合においてはその労働組合，労働者の過半数で組織する労働組合がない場合においては労働者の過半数を代表する者の推薦に基づき指名されてい

	ること。 二　当該衛生委員会の議事について，厚生労働省令で定めるところにより，議事録が作成され，かつ，保存されていること。 三　前２号に掲げるもののほか，厚生労働省令で定める要件
（労働時間等設定改善企業委員会の決議に係る労働基準法の適用の特例） **第７条の２**　事業主は，事業場ごとに，当該事業場における労働時間等の設定の改善に関する事項について，労働者の過半数で組織する労働組合がある場合においてはその労働組合，労働者の過半数で組織する労働組合がない場合においては労働者の過半数を代表する者との書面による協定により，第６条に規定する委員会のうち全部の事業場を通じて一の委員会であって次に掲げる要件に適合するもの（以下この条において「労働時間等設定改善企業委員会」という。）に調査審議させ，事業主に対して意見を述べさせることを定めた場合であって，労働時間等設定改善企業委員会でその委員の５分の４以上の多数による議決により労働基準法第37条第３項並びに第39条第４項及び第６項に規定する事項について決議が行われたときは，当該協定に係る事業場の使用者については，同法第37条第３項中「協定」とあるのは，「協定（労働時間等の設定の改善に関する特別措置法第７条の２に規定する労働時間等設定改善企業委員会の決議を含む。第39条第４項及び第６項並びに第106	（新設）

条第１項において同じ。)」として，同項並びに同法第39条第４項及び第６項並びに第106条第１項の規定を適用する。 一　当該全部の事業場を通じて一の委員会の委員の半数については，当該事業主の雇用する労働者の過半数で組織する労働組合がある場合においてはその労働組合，当該労働者の過半数で組織する労働組合がない場合においては当該労働者の過半数を代表する者の推薦に基づき指名されていること。 二　当該全部の事業場を通じて一の委員会の議事について，厚生労働省令で定めるところにより，議事録が作成され，かつ，保存されていること。 三　前２号に掲げるもののほか，厚生労働省令で定める要件	

○労働者派遣事業の適正な運営の確保及び派遣労働者の保護等に関する法律
(昭和60年法律第88号)(抄)(第５条関係)

(傍線部分は改正部分)

改正案	現行
(契約の内容等) **第26条**　(略)	(契約の内容等) **第26条**　労働者派遣契約（当事者の一方が相手方に対し労働者派遣をすることを約する契約をいう。以下同じ。）の当事者は，厚生労働省令で定めるところにより，当該労働者派遣契約の締結に際し，次に掲げる事項を定めるとともに，その内容の差異に応じて派遣労働者の人数を定めなければならない。 一～十（略）

2・3（略）

4　派遣元事業主から新たな労働者派遣契約に基づく労働者派遣（第40条の2第1項各号のいずれかに該当するものを除く。次項において同じ。）の役務の提供を受けようとする者は，第1項の規定により当該労働者派遣契約を締結するに当たつては，あらかじめ，当該派遣元事業主に対し，当該労働者派遣の役務の提供が開始される日以後当該労働者派遣の役務の提供を受けようとする者の事業所その他派遣就業の場所の業務について同条第1項の規定に抵触することとなる最初の日を通知しなければならない。

5・6（略）

7　労働者派遣の役務の提供を受けようとする者は，第1項の規定により労働者派遣契約を締結するに当たつては，あらかじめ，派遣元事業主に対し，厚生労働省令で定めるところにより，当該労働者派遣に係る派遣労働者が従事する業務ごとに，比較対象労働者の賃金その他の待遇に関する情報その他の厚生労働省令で定める情報を提供しなければならない。

8　前項の「比較対象労働者」とは，当該労働者派遣の役務の提供を受けようとする者に雇用される通常の労働者であつて，その業務の内容及び当該業務に伴う責任の程度（以下「職務の内容」という。）並びに当該職務の内容及び配置の変更の範囲が，当該労働者派遣に係る派遣労働者と同一であると見込まれるものその他の当該派遣労働

2・3（略）

4　派遣元事業主から新たな労働者派遣契約に基づく労働者派遣（第40条の2第1項各号のいずれかに該当するものを除く。次項において同じ。）の役務の提供を受けようとする者は，第1項の規定により当該労働者派遣契約を締結するに当たり，あらかじめ，当該派遣元事業主に対し，当該労働者派遣の役務の提供が開始される日以後当該労働者派遣の役務の提供を受けようとする者の事業所その他派遣就業の場所の業務について同条第1項の規定に抵触することとなる最初の日を通知しなければならない。

5・6（略）

（新設）

（新設）

者と待遇を比較すべき労働者として厚生労働省令で定めるものをいう。	
9　派遣元事業主は，労働者派遣の役務の提供を受けようとする者から第7項の規定による情報の提供がないときは，当該者との間で，当該労働者派遣に係る派遣労働者が従事する業務に係る労働者派遣契約を締結してはならない。	（新設）
10　派遣先は，第7項の情報に変更があつたときは，遅滞なく，厚生労働省令で定めるところにより，派遣元事業主に対し，当該変更の内容に関する情報を提供しなければならない。	（新設）
11　労働者派遣の役務の提供を受けようとする者及び派遣先は，当該労働者派遣に関する料金の額について，派遣元事業主が，第30条の4第1項の協定に係る労働者派遣以外の労働者派遣にあつては第30条の3の規定，同項の協定に係る労働者派遣にあつては同項第2号から第5号までに掲げる事項に関する協定の定めを遵守することができるものとなるように配慮しなければならない。	（新設）
（不合理な待遇の禁止等）	**（均衡を考慮した待遇の確保）**
第30条の3　派遣元事業主は，その雇用する派遣労働者の基本給，賞与その他の待遇のそれぞれについて，当該待遇に対応する派遣先に雇用される通常の労働者の待遇との間において，当該派遣労働者及び通常の労働者の職務の内容，当該職務の内容及び配置の変更の範囲その他の事情のうち，当該待遇の性質及び当該待遇を行う目的に照らして適切と認められるものを考慮して，	**第30条の3**　派遣元事業主は，その雇用する派遣労働者の従事する業務と同種の業務に従事する派遣先に雇用される労働者の賃金水準との均衡を考慮しつつ，当該派遣労働者の従事する業務と同種の業務に従事する一般の労働者の賃金水準又は当該派遣労働者の職務の内容，職務の成果，意欲，能力若しくは経験等を勘案し，当該派遣労働者の賃金を決定するように配慮しなけれ

不合理と認められる相違を設けてはならない。	ばならない。
2　派遣元事業主は，職務の内容が派遣先に雇用される通常の労働者と同一の派遣労働者であつて，当該労働者派遣契約及び当該派遣先における慣行その他の事情からみて，当該派遣先における派遣就業が終了するまでの全期間において，その職務の内容及び配置が当該派遣先との雇用関係が終了するまでの全期間における当該通常の労働者の職務の内容及び配置の変更の範囲と同一の範囲で変更されることが見込まれるものについては，正当な理由がなく，基本給，賞与その他の待遇のそれぞれについて，当該待遇に対応する当該通常の労働者の待遇に比して不利なものとしてはならない。	2　派遣元事業主は，その雇用する派遣労働者の従事する業務と同種の業務に従事する派遣先に雇用される労働者との均衡を考慮しつつ，当該派遣労働者について，教育訓練及び福利厚生の実施その他当該派遣労働者の円滑な派遣就業の確保のために必要な措置を講ずるように配慮しなければならない。
第30条の４　派遣元事業主は，厚生労働省令で定めるところにより，労働者の過半数で組織する労働組合がある場合においてはその労働組合，労働者の過半数で組織する労働組合がない場合においては労働者の過半数を代表する者との書面による協定により，その雇用する派遣労働者の待遇（第40条第２項の教育訓練，同条第３項の福利厚生施設その他の厚生労働省令で定めるものに係るものを除く。以下この項において同じ。）について，次に掲げる事項を定めたときは，前条の規定は，第１号に掲げる範囲に属する派遣労働者の待遇については適用しない。ただし，第２号，第４号若しくは第５号に掲げる事項であつて当該協定で定めたもの	（新設）

を遵守していない場合又は第３号に関する当該協定の定めによる公正な評価に取り組んでいない場合は，この限りでない。

一　その待遇が当該協定で定めるところによることとされる派遣労働者の範囲

二　前号に掲げる範囲に属する派遣労働者の賃金の決定の方法（次のイ及びロ（通勤手当その他の厚生労働省令で定めるものにあつては，イ）に該当するものに限る。）

イ　派遣労働者が従事する業務と同種の業務に従事する一般の労働者の平均的な賃金の額として厚生労働省令で定めるものと同等以上の賃金の額となるものであること。

ロ　派遣労働者の職務の内容，職務の成果，意欲，能力又は経験その他の就業の実態に関する事項の向上があつた場合に賃金が改善されるものであること。

三　派遣元事業主は，前号に掲げる賃金の決定の方法により賃金を決定するに当たつては，派遣労働者の職務の内容，職務の成果，意欲，能力又は経験その他の就業の実態に関する事項を公正に評価し，その賃金を決定すること。

四　第１号に掲げる範囲に属する派遣労働者の待遇（賃金を除く。以下この号において同じ。）の決定の方法（派遣労働者の待遇のそれぞれについて，当該待遇に対応する派遣元事業主に雇用される通常の労働者（派

遣労働者を除く。）の待遇との間において，当該派遣労働者及び通常の労働者の職務の内容，当該職務の内容及び配置の変更の範囲その他の事情のうち，当該待遇の性質及び当該待遇を行う目的に照らして適切と認められるものを考慮して，不合理と認められる相違が生じることとならないものに限る。） 五　派遣元事業主は，第１号に掲げる範囲に属する派遣労働者に対して第30条の２第１項の規定による教育訓練を実施すること。 六　前各号に掲げるもののほか，厚生労働省令で定める事項 ２　前項の協定を締結した派遣元事業主は，厚生労働省令で定めるところにより，当該協定をその雇用する労働者に周知しなければならない。	
（職務の内容等を勘案した賃金の決定） **第30条の５**　派遣元事業主は，派遣先に雇用される通常の労働者との均衡を考慮しつつ，その雇用する派遣労働者（第30条の３第２項の派遣労働者及び前条第１項の協定で定めるところによる待遇とされる派遣労働者（以下「協定対象派遣労働者」という。）を除く。）の職務の内容，職務の成果，意欲，能力又は経験その他の就業の実態に関する事項を勘案し，その賃金（通勤手当その他の厚生労働省令で定めるものを除く。）を決定するように努めなければならない。	（新設）
（就業規則の作成の手続） **第30条の６**　派遣元事業主は，派遣労働	（新設）

改正後	改正前
者に係る事項について就業規則を作成し，又は変更しようとするときは，あらかじめ，当該事業所において雇用する派遣労働者の過半数を代表すると認められるものの意見を聴くように努めなければならない。	
（派遣労働者等の福祉の増進） **第30条の７**　第30条から前条までに規定するもののほか，派遣元事業主は，その雇用する派遣労働者又は派遣労働者として雇用しようとする労働者について，各人の希望，能力及び経験に応じた就業の機会（派遣労働者以外の労働者としての就業の機会を含む。）及び教育訓練の機会の確保，労働条件の向上その他雇用の安定を図るために必要な措置を講ずることにより，これらの者の福祉の増進を図るように努めなければならない。	**（派遣労働者等の福祉の増進）** **第30条の４**　前３条に規定するもののほか，派遣元事業主は，その雇用する派遣労働者又は派遣労働者として雇用しようとする労働者について，各人の希望，能力及び経験に応じた就業の機会（派遣労働者以外の労働者としての就業の機会を含む。）及び教育訓練の機会の確保，労働条件の向上その他雇用の安定を図るために必要な措置を講ずることにより，これらの者の福祉の増進を図るように努めなければならない。
（待遇に関する事項等の説明） **第31条の２**（略）	**（待遇に関する事項等の説明）** **第31条の2**（略）
２　派遣元事業主は，労働者を派遣労働者として雇い入れようとするときは，あらかじめ，当該労働者に対し，文書の交付その他厚生労働省令で定める方法（次項において「文書の交付等」という。）により，第１号に掲げる事項を明示するとともに，厚生労働省令で定めるところにより，第２号に掲げる措置の内容を説明しなければならない。 一　労働条件に関する事項のうち，労働基準法第15条第１項に規定する厚生労働省令で定める事項以外のものであつて厚生労働省令で定めるもの 二　第30条の３，第30条の４第１項及	（新設）

び第30条の５の規定により措置を講ずべきこととされている事項（労働基準法第15条第１項に規定する厚生労働省令で定める事項及び前号に掲げる事項を除く。）に関し講ずることとしている措置の内容	
３　派遣元事業主は，労働者派遣（第30条の４第１項の協定に係るものを除く。）をしようとするときは，あらかじめ，当該労働者派遣に係る派遣労働者に対し，文書の交付等により，第１号に掲げる事項を明示するとともに，厚生労働省令で定めるところにより，第２号に掲げる措置の内容を説明しなければならない。 一　労働基準法第15条第１項に規定する厚生労働省令で定める事項及び前項第１号に掲げる事項（厚生労働省令で定めるものを除く。） 二　前項第２号に掲げる措置の内容	（新設）
４　派遣元事業主は，その雇用する派遣労働者から求めがあつたときは，当該派遣労働者に対し，当該派遣労働者と第26条第８項に規定する比較対象労働者との間の待遇の相違の内容及び理由並びに第30条の３から第30条の６までの規定により措置を講ずべきこととされている事項に関する決定をするに当たつて考慮した事項を説明しなければならない。	２　派遣元事業主は，その雇用する派遣労働者から求めがあつたときは，第30条の３の規定により配慮すべきこととされている事項に関する決定をするに当たつて考慮した事項について，当該派遣労働者に説明しなければならない。
５　派遣元事業主は，派遣労働者が前項の求めをしたことを理由として，当該派遣労働者に対して解雇その他不利益な取扱いをしてはならない。	（新設）
（派遣先への通知）	**（派遣先への通知）**

第35条　派遣元事業主は，労働者派遣をするときは，厚生労働省令で定めるところにより，次に掲げる事項を派遣先に通知しなければならない。	**第35条**　派遣元事業主は，労働者派遣をするときは，厚生労働省令で定めるところにより，次に掲げる事項を派遣先に通知しなければならない。
一（略）	一　当該労働者派遣に係る派遣労働者の氏名
二　当該労働者派遣に係る派遣労働者が協定対象派遣労働者であるか否かの別	（新設）
三～六（略）	二　当該労働者派遣に係る派遣労働者が無期雇用派遣労働者であるか有期雇用派遣労働者であるかの別 三　当該労働者派遣に係る派遣労働者が第40条の２第１項第２号の厚生労働省令で定める者であるか否かの別 四　当該労働者派遣に係る派遣労働者に関する健康保険法第39条第１項の規定による被保険者の資格の取得の確認，厚生年金保険法第18条第１項の規定による被保険者の資格の取得の確認及び雇用保険法第９条第１項の規定による被保険者となつたことの確認の有無に関する事項であつて厚生労働省令で定めるもの 五　その他厚生労働省令で定める事項
２　派遣元事業主は，前項の規定による通知をした後に同項第２号から第５号までに掲げる事項に変更があつたときは，遅滞なく，その旨を当該派遣先に通知しなければならない。	２　派遣元事業主は，前項の規定による通知をした後に同項第２号から第４号までに掲げる事項に変更があつたときは，遅滞なく，その旨を当該派遣先に通知しなければならない。
（派遣元管理台帳）	**（派遣元管理台帳）**
第37条　派遣元事業主は，厚生労働省令で定めるところにより，派遣就業に関し，派遣元管理台帳を作成し，当該台帳に派遣労働者ごとに次に掲げる事項	**第37条**　派遣元事業主は，厚生労働省令で定めるところにより，派遣就業に関し，派遣元管理台帳を作成し，当該台帳に派遣労働者ごとに次に掲げる事項

を記載しなければならない。	を記載しなければならない。
一　協定対象派遣労働者であるか否かの別	（新設）
二～十三（略）	一　無期雇用派遣労働者であるか有期雇用派遣労働者であるかの別（当該派遣労働者が有期雇用派遣労働者である場合にあつては，当該有期雇用派遣労働者に係る労働契約の期間） 二　第40条の２第１項第２号の厚生労働省令で定める者であるか否かの別 三　派遣先の氏名又は名称 四　事業所の所在地その他派遣就業の場所及び組織単位 五　労働者派遣の期間及び派遣就業をする日 六　始業及び終業の時刻 七　従事する業務の種類 八　第30条第１項（同条第２項の規定により読み替えて適用する場合を含む。）の規定により講じた措置 九　教育訓練（厚生労働省令で定めるものに限る。）を行つた日時及び内容 十　派遣労働者から申出を受けた苦情の処理に関する事項 十一　紹介予定派遣に係る派遣労働者については，当該紹介予定派遣に関する事項 十二　その他厚生労働省令で定める事項
２（略）	２（略）
（適正な派遣就業の確保等）	**（適正な派遣就業の確保等）**
第40条（略）	**第40条**　派遣先は，その指揮命令の下に労働させる派遣労働者から当該派遣就業に関し，苦情の申出を受けたときは，

	当該苦情の内容を当該派遣元事業主に通知するとともに，当該派遣元事業主との密接な連携の下に，誠意をもつて，遅滞なく，当該苦情の適切かつ迅速な処理を図らなければならない。
2　派遣先は，その指揮命令の下に労働させる派遣労働者について，当該派遣労働者を雇用する派遣元事業主からの求めに応じ，当該派遣労働者が従事する業務と同種の業務に従事するその雇用する労働者が従事する業務の遂行に必要な能力を付与するための教育訓練については，当該派遣労働者が当該業務に必要な能力を習得することができるようにするため，当該派遣労働者が既に当該業務に必要な能力を有している場合その他厚生労働省令で定める場合を除き，当該派遣労働者に対しても，これを実施する等必要な措置を講じなければならない。	2　派遣先は，その指揮命令の下に労働させる派遣労働者について，当該派遣労働者を雇用する派遣元事業主からの求めに応じ，当該派遣労働者が従事する業務と同種の業務に従事するその雇用する労働者が従事する業務の遂行に必要な能力を付与するための教育訓練については，当該派遣労働者が既に当該業務に必要な能力を有している場合その他厚生労働省令で定める場合を除き，派遣労働者に対しても，これを実施するよう配慮しなければならない。
3　派遣先は，当該派遣先に雇用される労働者に対して利用の機会を与える福利厚生施設であつて，業務の円滑な遂行に資するものとして厚生労働省令で定めるものについては，その指揮命令の下に労働させる派遣労働者に対しても，利用の機会を与えなければならない。	3　派遣先は，当該派遣先に雇用される労働者に対して利用の機会を与える福利厚生施設であつて，業務の円滑な遂行に資するものとして厚生労働省令で定めるものについては，その指揮命令の下に労働させる派遣労働者に対しても，利用の機会を与えるように配慮しなければならない。
4　前３項に定めるもののほか，派遣先は，その指揮命令の下に労働させる派遣労働者について，当該派遣就業が適正かつ円滑に行われるようにするため，適切な就業環境の維持，診療所等の施設であつて現に当該派遣先に雇用される労働者が通常利用しているもの（前	4　前３項に定めるもののほか，派遣先は，その指揮命令の下に労働させる派遣労働者について，当該派遣就業が適正かつ円滑に行われるようにするため，適切な就業環境の維持，診療所等の施設であつて現に当該派遣先に雇用される労働者が通常利用しているもの（前

項に規定する厚生労働省令で定める福利厚生施設を除く。）の利用に関する便宜の供与等必要な措置を講ずるように配慮しなければならない。	項に規定する厚生労働省令で定める福利厚生施設を除く。）の利用に関する便宜の供与等必要な措置を講ずるように努めなければならない。
（削る）	5　派遣先は，第30条の3第1項の規定により賃金が適切に決定されるようにするため，派遣元事業主の求めに応じ，その指揮命令の下に労働させる派遣労働者が従事する業務と同種の業務に従事する当該派遣先に雇用される労働者の賃金水準に関する情報又は当該業務に従事する労働者の募集に係る事項を提供することその他の厚生労働省令で定める措置を講ずるように配慮しなければならない。
5　派遣先は，第30条の2，第30条の3，第30条の4第1項及び第31条の2第4項の規定による措置が適切に講じられるようにするため，派遣元事業主の求めに応じ，当該派遣先に雇用される労働者に関する情報，当該派遣労働者の業務の遂行の状況その他の情報であつて当該措置に必要なものを提供する等必要な協力をするように配慮しなければならない。	6　前項に定めるもののほか，派遣先は，第30条の2及び第30条の3の規定による措置が適切に講じられるようにするため，派遣元事業主の求めに応じ，その指揮命令の下に労働させる派遣労働者が従事する業務と同種の業務に従事する当該派遣先に雇用される労働者に関する情報，当該派遣労働者の業務の遂行の状況その他の情報であつて当該措置に必要なものを提供する等必要な協力をするように努めなければならない。
（派遣先管理台帳）	**（派遣先管理台帳）**
第42条　派遣先は，厚生労働省令で定めるところにより，派遣就業に関し，派遣先管理台帳を作成し，当該台帳に派遣労働者ごとに次に掲げる事項を記載しなければならない。	**第42条**　派遣先は，厚生労働省令で定めるところにより，派遣就業に関し，派遣先管理台帳を作成し，当該台帳に派遣労働者ごとに次に掲げる事項を記載しなければならない。
一　協定対象派遣労働者であるか否かの別	（新設）
	一　無期雇用派遣労働者であるか有期

二～十一（略）

2（略）

3　派遣先は，厚生労働省令で定めるところにより，第1項各号（第4号を除く。）に掲げる事項を派遣元事業主に通知しなければならない。

（苦情の自主的解決）

第47条の4　派遣元事業主は，第30条の3，第30条の4及び第31条の2第2項から第5項までに定める事項に関し，派遣労働者から苦情の申出を受けたとき，又は派遣労働者が派遣先に対して申し出た苦情の内容が当該派遣先から通知されたときは，その自主的な解決を図るように努めなければならない。

2　派遣先は，第40条第2項及び第3項に定める事項に関し，派遣労働者から苦情の申出を受けたときは，その自主

雇用派遣労働者であるかの別

二　第40条の2第1項第2号の厚生労働省令で定める者であるか否かの別

三　派遣元事業主の氏名又は名称

四　派遣就業をした日

五　派遣就業をした日ごとの始業し，及び終業した時刻並びに休憩した時間

六　従事した業務の種類

七　派遣労働者から申出を受けた苦情の処理に関する事項

八　紹介予定派遣に係る派遣労働者については，当該紹介予定派遣に関する事項

九　教育訓練（厚生労働省令で定めるものに限る。）を行つた日時及び内容

十　その他厚生労働省令で定める事項

2（略）

3　派遣先は，厚生労働省令で定めるところにより，第1項各号（第3号を除く。）に掲げる事項を派遣元事業主に通知しなければならない。

（新設）

的な解決を図るように努めなければならない。	
（紛争の解決の促進に関する特例）	
第47条の５　前条第１項の事項についての派遣労働者と派遣元事業主との間の紛争及び同条第２項の事項についての派遣労働者と派遣先との間の紛争については，個別労働関係紛争の解決の促進に関する法律（平成13年法律第112号）第４条，第５条及び第12条から第19条までの規定は適用せず，次条から第47条の９までに定めるところによる。	（新設）
（紛争の解決の援助）	
第47条の６　都道府県労働局長は，前条に規定する紛争に関し，当該紛争の当事者の双方又は一方からその解決につき援助を求められた場合には，当該紛争の当事者に対し，必要な助言，指導又は勧告をすることができる。 ２　派遣元事業主及び派遣先は，派遣労働者が前項の援助を求めたことを理由として，当該派遣労働者に対して不利益な取扱いをしてはならない。	（新設）
（調停の委任）	
第47条の７　都道府県労働局長は，第47条の５に規定する紛争について，当該紛争の当事者の双方又は一方から調停の申請があつた場合において当該紛争の解決のために必要があると認めるときは，個別労働関係紛争の解決の促進に関する法律第六条第一項の紛争調整委員会に調停を行わせるものとする。 ２　前条第２項の規定は，派遣労働者が前項の申請をした場合について準用する。	（新設）

（調停） 第47条の８　雇用の分野における男女の均等な機会及び待遇の確保等に関する法律第19条，第20条第１項及び第21条から第26条までの規定は，前条第１項の調停の手続について準用する。この場合において，同法第19条第１項中「前条第１項」とあるのは「労働者派遣事業の適正な運営の確保及び派遣労働者の保護等に関する法律第47条の７第１項」と，同法第20条第１項中「関係当事者」とあるのは「関係当事者又は関係当事者と同一の事業所に雇用される労働者その他の参考人」と，同法第25条第１項中「第18条第１項」とあるのは「労働者派遣事業の適正な運営の確保及び派遣労働者の保護等に関する法律第47条の７第１項」と読み替えるものとする。	（新設）
（厚生労働省令への委任） 第47条の９　この節に定めるもののほか，調停の手続に関し必要な事項は，厚生労働省令で定める。	（新設）
（事業主団体等の責務） 第47条の10（略）	（事業主団体等の責務） 第47条の４（略）
（指針） 第47条の11　厚生労働大臣は，第24条の３及び第３章第１節から第３節までの規定により派遣元事業主及び派遣先が講ずべき措置に関して，その適切かつ有効な実施を図るため必要な指針を公表するものとする。	（指針） 第47条の５　厚生労働大臣は，第24条の３及び前章第１節から第３節までの規定により派遣元事業主及び派遣先が講ずべき措置に関して，その適切かつ有効な実施を図るため必要な指針を公表するものとする。
（指導及び助言等） 第48条　厚生労働大臣は，この法律（第３章第４節の規定を除く。第49条の３	（指導及び助言等） 第48条　厚生労働大臣は，この法律（前章第４節の規定を除く。第49条の３第

第１項，第50条及び第51条第１項において同じ。）の施行に関し必要があると認めるときは，労働者派遣をする事業主及び労働者派遣の役務の提供を受ける者に対し，労働者派遣事業の適正な運営又は適正な派遣就業を確保するために必要な指導及び助言をすることができる。	１項，第50条及び第51条第１項において同じ。）の施行に関し必要があると認めるときは，労働者派遣をする事業主及び労働者派遣の役務の提供を受ける者に対し，労働者派遣事業の適正な運営又は適正な派遣就業を確保するために必要な指導及び助言をすることができる。
２・３（略）	２・３（略）
（公表等）	（公表等）
第49条の２　厚生労働大臣は，労働者派遣の役務の提供を受ける者が，第４条第３項，第24条の２，第26条第７項若しくは第10項，第40条第２項若しくは第３項，第40条の２第１項，第４項若しくは第５項，第40条の３若しくは第40条の９第１項の規定に違反しているとき，又はこれらの規定に違反して第48条第１項の規定による指導若しくは助言を受けたにもかかわらずなおこれらの規定に違反するおそれがあると認めるときは，当該労働者派遣の役務の提供を受ける者に対し，第４条第３項，第24条の２，第26条第７項若しくは第10項，第40条第２項若しくは第３項，第40条の２第１項，第４項若しくは第５項，第40条の３若しくは第40条の９第１項の規定に違反する派遣就業を是正するために必要な措置又は当該派遣就業が行われることを防止するために必要な措置をとるべきことを勧告することができる。	**第49条の２**　厚生労働大臣は，労働者派遣の役務の提供を受ける者が，第４条第３項，第24条の２，第40条の２第１項，第４項若しくは第５項，第40条の３若しくは第40条の９第１項の規定に違反しているとき，又はこれらの規定に違反して第48条第１項の規定による指導若しくは助言を受けたにもかかわらずなおこれらの規定に違反するおそれがあると認めるときは，当該労働者派遣の役務の提供を受ける者に対し，第４条第３項，第24条の２，第40条の２第１項，第４項若しくは第５項，第40条の３若しくは第40条の９第１項の規定に違反する派遣就業を是正するために必要な措置又は当該派遣就業が行われることを防止するために必要な措置をとるべきことを勧告することができる。
２（略）	２（略）

○短時間労働者の雇用管理の改善等に関する法律（平成5年法律第76号）（抄）（第7条関係）

（傍線部分は改正部分）

改　正　案	現　行
（目的） 第1条　この法律は，我が国における少子高齢化の進展，就業構造の変化等の社会経済情勢の変化に伴い，短時間・有期雇用労働者の果たす役割の重要性が増大していることに鑑み，短時間・有期雇用労働者について，その適正な労働条件の確保，雇用管理の改善，通常の労働者への転換の推進，職業能力の開発及び向上等に関する措置等を講ずることにより，通常の労働者との均衡のとれた待遇の確保等を図ることを通じて短時間・有期雇用労働者がその有する能力を有効に発揮することができるようにし，もってその福祉の増進を図り，あわせて経済及び社会の発展に寄与することを目的とする。	（目的） 第1条　この法律は，我が国における少子高齢化の進展，就業構造の変化等の社会経済情勢の変化に伴い，短時間労働者の果たす役割の重要性が増大していることにかんがみ，短時間労働者について，その適正な労働条件の確保，雇用管理の改善，通常の労働者への転換の推進，職業能力の開発及び向上等に関する措置等を講ずることにより，通常の労働者との均衡のとれた待遇の確保等を図ることを通じて短時間労働者がその有する能力を有効に発揮することができるようにし，もってその福祉の増進を図り，あわせて経済及び社会の発展に寄与することを目的とする。
（定義） 第2条　この法律において「短時間労働者」とは，1週間の所定労働時間が同一の事業主に雇用される通常の労働者（当該事業主に雇用される通常の労働者と同種の業務に従事する当該事業主に雇用される労働者にあっては，厚生労働省令で定める場合を除き，当該労働者と同種の業務に従事する当該通常の労働者）の1週間の所定労働時間に比し短い労働者をいう。	（定義） 第2条　この法律において「短時間労働者」とは，1週間の所定労働時間が同一の事業所に雇用される通常の労働者（当該事業所に雇用される通常の労働者と同種の業務に従事する当該事業所に雇用される労働者にあっては，厚生労働省令で定める場合を除き，当該労働者と同種の業務に従事する当該通常の労働者）の一週間の所定労働時間に比し短い労働者をいう。
2　この法律において「有期雇用労働者」とは，事業主と期間の定めのある労働契約を締結している労働者をいう。	（新設）
3　この法律において「短時間・有期雇	（新設）

用労働者」とは，短時間労働者及び有期雇用労働者をいう。

（基本的理念）

第２条の２　短時間・有期雇用労働者及び短時間・有期雇用労働者になろうとする者は，生活との調和を保ちつつその意欲及び能力に応じて就業することができる機会が確保され，職業生活の充実が図られるように配慮されるものとする。

（事業主等の責務）

第３条　事業主は，その雇用する短時間・有期雇用労働者について，その就業の実態等を考慮して，適正な労働条件の確保，教育訓練の実施，福利厚生の充実その他の雇用管理の改善及び通常の労働者への転換（短時間・有期雇用労働者が雇用される事業所において通常の労働者として雇い入れられることをいう。以下同じ。）の推進（以下「雇用管理の改善等」という。）に関する措置等を講ずることにより，通常の労働者との均衡のとれた待遇の確保等を図り，当該短時間・有期雇用労働者がその有する能力を有効に発揮することができるように努めるものとする。

２　事業主の団体は，その構成員である事業主の雇用する短時間・有期雇用労働者の雇用管理の改善等に関し，必要な助言，協力その他の援助を行うように努めるものとする。

（国及び地方公共団体の責務）

第４条　国は，短時間・有期雇用労働者の雇用管理の改善等について事業主その他の関係者の自主的な努力を尊重し

（新設）

（事業主等の責務）

第３条　事業主は，その雇用する短時間労働者について，その就業の実態等を考慮して，適正な労働条件の確保，教育訓練の実施，福利厚生の充実その他の雇用管理の改善及び通常の労働者への転換（短時間労働者が雇用される事業所において通常の労働者として雇い入れられることをいう。以下同じ。）の推進（以下「雇用管理の改善等」という。）に関する措置等を講ずることにより，通常の労働者との均衡のとれた待遇の確保等を図り，当該短時間労働者がその有する能力を有効に発揮することができるように努めるものとする。

２　事業主の団体は，その構成員である事業主の雇用する短時間労働者の雇用管理の改善等に関し，必要な助言，協力その他の援助を行うように努めるものとする。

（国及び地方公共団体の責務）

第４条　国は，短時間労働者の雇用管理の改善等について事業主その他の関係者の自主的な努力を尊重しつつその実

つつその実情に応じてこれらの者に対し必要な指導，援助等を行うとともに，短時間・有期雇用労働者の能力の有効な発揮を妨げている諸要因の解消を図るために必要な広報その他の啓発活動を行うほか，その職業能力の開発及び向上等を図る等，短時間・有期雇用労働者の雇用管理の改善等の促進その他その福祉の増進を図るために必要な施策を総合的かつ効果的に推進するように努めるものとする。

2　地方公共団体は，前項の国の施策と相まって，短時間・有期雇用労働者の福祉の増進を図るために必要な施策を推進するように努めるものとする。

第５条　厚生労働大臣は，短時間・有期雇用労働者の福祉の増進を図るため，短時間・有期雇用労働者の雇用管理の改善等の促進，職業能力の開発及び向上等に関する施策の基本となるべき方針（以下この条において「短時間・有期雇用労働者対策基本方針」という。）を定めるものとする。

2　短時間・有期雇用労働者対策基本方針に定める事項は，次のとおりとする。

一　短時間・有期雇用労働者の職業生活の動向に関する事項

二　短時間・有期雇用労働者の雇用管理の改善等を促進し，並びにその職業能力の開発及び向上を図るために講じようとする施策の基本となるべき事項

三　前２号に掲げるもののほか，短時間・有期雇用労働者の福祉の増進を図るために講じようとする施策の基

情に応じてこれらの者に対し必要な指導，援助等を行うとともに，短時間労働者の能力の有効な発揮を妨げている諸要因の解消を図るために必要な広報その他の啓発活動を行うほか，その職業能力の開発及び向上等を図る等，短時間労働者の雇用管理の改善等の促進その他その福祉の増進を図るために必要な施策を総合的かつ効果的に推進するように努めるものとする。

2　地方公共団体は，前項の国の施策と相まって，短時間労働者の福祉の増進を図るために必要な施策を推進するように努めるものとする。

第５条　厚生労働大臣は，短時間労働者の福祉の増進を図るため，短時間労働者の雇用管理の改善等の促進，職業能力の開発及び向上等に関する施策の基本となるべき方針（以下この条において「短時間労働者対策基本方針」という。）を定めるものとする。

2　短時間労働者対策基本方針に定める事項は，次のとおりとする。

一　短時間労働者の職業生活の動向に関する事項

二　短時間労働者の雇用管理の改善等を促進し，並びにその職業能力の開発及び向上を図るために講じようとする施策の基本となるべき事項

三　前２号に掲げるもののほか，短時間労働者の福祉の増進を図るために講じようとする施策の基本となるべき事項

本となるべき事項	
3　短時間・有期雇用労働者対策基本方針は，短時間・有期雇用労働者の労働条件，意識及び就業の実態等を考慮して定められなければならない。	3　短時間労働者対策基本方針は，短時間労働者の労働条件，意識及び就業の実態等を考慮して定められなければならない。
4　厚生労働大臣は，短時間・有期雇用労働者対策基本方針を定めるに当たっては，あらかじめ，労働政策審議会の意見を聴かなければならない。	4　厚生労働大臣は，短時間労働者対策基本方針を定めるに当たっては，あらかじめ，労働政策審議会の意見を聴かなければならない。
5　厚生労働大臣は，短時間・有期雇用労働者対策基本方針を定めたときは，遅滞なく，これを公表しなければならない。	5　厚生労働大臣は，短時間労働者対策基本方針を定めたときは，遅滞なく，これを公表しなければならない。
6　前２項の規定は，短時間・有期雇用労働者対策基本方針の変更について準用する。	6　前２項の規定は，短時間労働者対策基本方針の変更について準用する。
（労働条件に関する文書の交付等）	**（労働条件に関する文書の交付等）**
第６条　事業主は，短時間・有期雇用労働者を雇い入れたときは，速やかに，当該短時間・有期雇用労働者に対して，労働条件に関する事項のうち労働基準法（昭和22年法律第49号）第15条第１項に規定する厚生労働省令で定める事項以外のものであって厚生労働省令で定めるもの（次項及び第14条第１項において「特定事項」という。）を文書の交付その他厚生労働省令で定める方法（次項において「文書の交付等」という。）により明示しなければならない。	**第６条**　事業主は，短時間労働者を雇い入れたときは，速やかに，当該短時間労働者に対して，労働条件に関する事項のうち労働基準法（昭和22年法律第49号）第15条第１項に規定する厚生労働省令で定める事項以外のものであって厚生労働省令で定めるもの（次項及び第14条第１項において「特定事項」という。）を文書の交付その他厚生労働省令で定める方法（次項において「文書の交付等」という。）により明示しなければならない。
2（略）	2　事業主は，前項の規定に基づき特定事項を明示するときは，労働条件に関する事項のうち特定事項及び労働基準法第15条第１項に規定する厚生労働省令で定める事項以外のものについても，

	文書の交付等により明示するように努めるものとする。
（就業規則の作成の手続） **第７条**（略）	**（就業規則の作成の手続）** **第７条**　事業主は，短時間労働者に係る事項について就業規則を作成し，又は変更しようとするときは，当該事業所において雇用する短時間労働者の過半数を代表すると認められるものの意見を聴くように努めるものとする。
２　前項の規定は，事業主が有期雇用労働者に係る事項について就業規則を作成し，又は変更しようとする場合について準用する。この場合において，「短時間労働者」とあるのは，「有期雇用労働者」と読み替えるものとする。	（新設）
（不合理な待遇の禁止） **第８条**　事業主は，その雇用する短時間・有期雇用労働者の基本給，賞与その他の待遇のそれぞれについて，当該待遇に対応する通常の労働者の待遇との間において，当該短時間・有期雇用労働者及び通常の労働者の業務の内容及び当該業務に伴う責任の程度（以下「職務の内容」という。），当該職務の内容及び配置の変更の範囲その他の事情のうち，当該待遇の性質及び当該待遇を行う目的に照らして適切と認められるものを考慮して，不合理と認められる相違を設けてはならない。	**（短時間労働者の待遇の原則）** **第８条**　事業主が，その雇用する短時間労働者の待遇を，当該事業所に雇用される通常の労働者の待遇と相違するものとする場合においては，当該待遇の相違は，当該短時間労働者及び通常の労働者の業務の内容及び当該業務に伴う責任の程度（以下「職務の内容」という。），当該職務の内容及び配置の変更の範囲その他の事情を考慮して，不合理と認められるものであってはならない。
（通常の労働者と同視すべき短時間・有期雇用労働者に対する差別的取扱いの禁止） **第９条**　事業主は，職務の内容が通常の労働者と同一の短時間・有期雇用労働者（第11条第１項において「職務内容	**（通常の労働者と同視すべき短時間労働者に対する差別的取扱いの禁止）** **第９条**　事業主は，職務の内容が当該事業所に雇用される通常の労働者と同一の短時間労働者（第11条第１項におい

同一短時間・有期雇用労働者」という。）であって，当該事業所における慣行その他の事情からみて，当該事業主との雇用関係が終了するまでの全期間において，その職務の内容及び配置が当該通常の労働者の職務の内容及び配置の変更の範囲と同一の範囲で変更されることが見込まれるもの（次条及び同項において「通常の労働者と同視すべき短時間・有期雇用労働者」という。）については，短時間・有期雇用労働者であることを理由として，基本給，賞与その他の待遇のそれぞれについて，差別的取扱いをしてはならない。

（賃金）

第10条　事業主は，通常の労働者との均衡を考慮しつつ，その雇用する短時間・有期雇用労働者（通常の労働者と同視すべき短時間・有期雇用労働者を除く。次条第２項及び第12条において同じ。）の職務の内容，職務の成果，意欲，能力又は経験その他の就業の実態に関する事項を勘案し，その賃金（通勤手当その他の厚生労働省令で定めるものを除く。）を決定するように努めるものとする。

（教育訓練）

第11条　事業主は，通常の労働者に対して実施する教育訓練であって，当該通常の労働者が従事する職務の遂行に必要な能力を付与するためのものについては，職務内容同一短時間・有期雇用労働者（通常の労働者と同視すべき短時間・有期雇用労働者を除く。以下この項において同じ。）が既に当該職務

て「職務内容同一短時間労働者」という。）であって，当該事業所における慣行その他の事情からみて，当該事業主との雇用関係が終了するまでの全期間において，その職務の内容及び配置が当該通常の労働者の職務の内容及び配置の変更の範囲と同一の範囲で変更されると見込まれるもの（次条及び同項において「通常の労働者と同視すべき短時間労働者」という。）については，短時間労働者であることを理由として，賃金の決定，教育訓練の実施，福利厚生施設の利用その他の待遇について，差別的取扱いをしてはならない。

（賃金）

第10条　事業主は，通常の労働者との均衡を考慮しつつ，その雇用する短時間労働者（通常の労働者と同視すべき短時間労働者を除く。次条第２項及び第12条において同じ。）の職務の内容，職務の成果，意欲，能力又は経験等を勘案し，その賃金（通勤手当，退職手当その他の厚生労働省令で定めるものを除く。）を決定するように努めるものとする。

（教育訓練）

第11条　事業主は，通常の労働者に対して実施する教育訓練であって，当該通常の労働者が従事する職務の遂行に必要な能力を付与するためのものについては，職務内容同一短時間労働者（通常の労働者と同視すべき短時間労働者を除く。以下この項において同じ。）が既に当該職務に必要な能力を有して

に必要な能力を有している場合その他の厚生労働省令で定める場合を除き，職務内容同一短時間・有期雇用労働者に対しても，これを実施しなければならない。	いる場合その他の厚生労働省令で定める場合を除き，職務内容同一短時間労働者に対しても，これを実施しなければならない。
2　事業主は，前項に定めるもののほか，通常の労働者との均衡を考慮しつつ，その雇用する短時間・有期雇用労働者の職務の内容，職務の成果，意欲，能力及び経験その他の就業の実態に関する事項に応じ，当該短時間・有期雇用労働者に対して教育訓練を実施するように努めるものとする。	2　事業主は，前項に定めるもののほか，通常の労働者との均衡を考慮しつつ，その雇用する短時間労働者の職務の内容，職務の成果，意欲，能力及び経験等に応じ，当該短時間労働者に対して教育訓練を実施するように努めるものとする。
（福利厚生施設）	**（福利厚生施設）**
第12条　事業主は，通常の労働者に対して利用の機会を与える福利厚生施設であって，健康の保持又は業務の円滑な遂行に資するものとして厚生労働省令で定めるものについては，その雇用する短時間・有期雇用労働者に対しても，利用の機会を与えなければならない。	**第12条**　事業主は，通常の労働者に対して利用の機会を与える福利厚生施設であって，健康の保持又は業務の円滑な遂行に資するものとして厚生労働省令で定めるものについては，その雇用する短時間労働者に対しても，利用の機会を与えるように配慮しなければならない。
（通常の労働者への転換）	**（通常の労働者への転換）**
第13条　事業主は，通常の労働者への転換を推進するため，その雇用する短時間・有期雇用労働者について，次の各号のいずれかの措置を講じなければならない。	**第13条**　事業主は，通常の労働者への転換を推進するため，その雇用する短時間労働者について，次の各号のいずれかの措置を講じなければならない。
一　通常の労働者の募集を行う場合において，当該募集に係る事業所に掲示すること等により，その者が従事すべき業務の内容，賃金，労働時間その他の当該募集に係る事項を当該事業所において雇用する短時間・有期雇用労働者に周知すること。	一　通常の労働者の募集を行う場合において，当該募集に係る事業所に掲示すること等により，その者が従事すべき業務の内容，賃金，労働時間その他の当該募集に係る事項を当該事業所において雇用する短時間労働者に周知すること。

二　通常の労働者の配置を新たに行う場合において，当該配置の希望を申し出る機会を当該配置に係る事業所において雇用する短時間・有期雇用労働者に対して与えること。	二　通常の労働者の配置を新たに行う場合において，当該配置の希望を申し出る機会を当該配置に係る事業所において雇用する短時間労働者に対して与えること。
三　一定の資格を有する短時間・有期雇用労働者を対象とした通常の労働者への転換のための試験制度を設けることその他の通常の労働者への転換を推進するための措置を講ずること。	三　一定の資格を有する短時間労働者を対象とした通常の労働者への転換のための試験制度を設けることその他の通常の労働者への転換を推進するための措置を講ずること。
（事業主が講ずる措置の内容等の説明）	**（事業主が講ずる措置の内容等の説明）**
第14条　事業主は，短時間・有期雇用労働者を雇い入れたときは，速やかに，第８条から前条までの規定により措置を講ずべきこととされている事項（労働基準法第15条第１項に規定する厚生労働省令で定める事項及び特定事項を除く。）に関し講ずることとしている措置の内容について，当該短時間・有期雇用労働者に説明しなければならない。	**第14条**　事業主は，短時間労働者を雇い入れたときは，速やかに，第９条から前条までの規定により措置を講ずべきこととされている事項（労働基準法第15条第１項に規定する厚生労働省令で定める事項及び特定事項を除く。）に関し講ずることとしている措置の内容について，当該短時間労働者に説明しなければならない。
２　事業主は，その雇用する短時間・有期雇用労働者から求めがあったときは，当該短時間・有期雇用労働者と通常の労働者との間の待遇の相違の内容及び理由並びに第６条から前条までの規定により措置を講ずべきこととされている事項に関する決定をするに当たって考慮した事項について，当該短時間・有期雇用労働者に説明しなければならない。	２　事業主は，その雇用する短時間労働者から求めがあったときは，第６条，第７条及び第９条から前条までの規定により措置を講ずべきこととされている事項に関する決定をするに当たって考慮した事項について，当該短時間労働者に説明しなければならない。
３　事業主は，短時間・有期雇用労働者が前項の求めをしたことを理由として，当該短時間・有期雇用労働者に対して	（新設）

解雇その他不利益な取扱いをしてはならない。	
（指針） **第15条**　厚生労働大臣は，第６条から前条までに定める措置その他の第３条第１項の事業主が講ずべき雇用管理の改善等に関する措置等に関し，その適切かつ有効な実施を図るために必要な指針（以下この節において「指針」という。）を定めるものとする。	（指針） **第15条**　厚生労働大臣は，第６条から前条までに定めるもののほか，第３条第１項の事業主が講ずべき雇用管理の改善等に関する措置等に関し，その適切かつ有効な実施を図るために必要な指針（以下この節において「指針」という。）を定めるものとする。
２　第５条第３項から第５項までの規定は指針の策定について，同条第４項及び第５項の規定は指針の変更について，それぞれ準用する。	２　第５条第３項から第５項までの規定は指針の策定について，同条第４項及び第５項の規定は指針の変更について準用する。
（相談のための体制の整備） **第16条**　事業主は，短時間・有期雇用労働者の雇用管理の改善等に関する事項に関し，その雇用する短時間・有期雇用労働者からの相談に応じ，適切に対応するために必要な体制を整備しなければならない。	（相談のための体制の整備） **第16条**　事業主は，短時間労働者の雇用管理の改善等に関する事項に関し，その雇用する短時間労働者からの相談に応じ，適切に対応するために必要な体制を整備しなければならない。
（短時間・有期雇用管理者） **第17条**　事業主は，常時厚生労働省令で定める数以上の短時間・有期雇用労働者を雇用する事業所ごとに，厚生労働省令で定めるところにより，指針に定める事項その他の短時間・有期雇用労働者の雇用管理の改善等に関する事項を管理させるため，短時間・有期雇用管理者を選任するように努めるものとする。	（短時間雇用管理者） **第17条**　事業主は，常時厚生労働省令で定める数以上の短時間労働者を雇用する事業所ごとに，厚生労働省令で定めるところにより，指針に定める事項その他の短時間労働者の雇用管理の改善等に関する事項を管理させるため，短時間雇用管理者を選任するように努めるものとする。
（報告の徴収並びに助言，指導及び勧告等） **第18条**　厚生労働大臣は，短時間・有期雇用労働者の雇用管理の改善等を図る	（報告の徴収並びに助言，指導及び勧告等） **第18条**　厚生労働大臣は，短時間労働者の雇用管理の改善等を図るため必要が

ため必要があると認めるときは，短時間・有期雇用労働者を雇用する事業主に対して，報告を求め，又は助言，指導若しくは勧告をすることができる。

2・3（略）

（事業主等に対する援助）

第19条　国は，短時間・有期雇用労働者の雇用管理の改善等の促進その他その福祉の増進を図るため，短時間・有期雇用労働者を雇用する事業主，事業主の団体その他の関係者に対して，短時間・有期雇用労働者の雇用管理の改善等に関する事項についての相談及び助言その他の必要な援助を行うことができる。

（職業訓練の実施等）

第20条　国，都道府県及び独立行政法人高齢・障害・求職者雇用支援機構は，短時間・有期雇用労働者及び短時間・有期雇用労働者になろうとする者がその職業能力の開発及び向上を図ることを促進するため，短時間・有期雇用労働者，短時間・有期雇用労働者になろうとする者その他関係者に対して職業能力の開発及び向上に関する啓発活動

あると認めるときは，短時間労働者を雇用する事業主に対して，報告を求め，又は助言，指導若しくは勧告をすることができる。

2　厚生労働大臣は，第６条第１項，第９条，第11条第１項，第12条から第14条まで及び第16条の規定に違反している事業主に対し，前項の規定による勧告をした場合において，その勧告を受けた者がこれに従わなかったときは，その旨を公表することができる。

3　前２項に定める厚生労働大臣の権限は，厚生労働省令で定めるところにより，その一部を都道府県労働局長に委任することができる。

（事業主等に対する援助）

第19条　国は，短時間労働者の雇用管理の改善等の促進その他その福祉の増進を図るため，短時間労働者を雇用する事業主，事業主の団体その他の関係者に対して，短時間労働者の雇用管理の改善等に関する事項についての相談及び助言その他の必要な援助を行うことができる。

（職業訓練の実施等）

第20条　国，都道府県及び独立行政法人高齢・障害・求職者雇用支援機構は，短時間労働者及び短時間労働者になろうとする者がその職業能力の開発及び向上を図ることを促進するため，短時間労働者，短時間労働者になろうとする者その他関係者に対して職業能力の開発及び向上に関する啓発活動を行うように努めるとともに，職業訓練の実

を行うように努めるとともに，職業訓練の実施について特別の配慮をするものとする。

（職業紹介の充実等）

第21条 国は，短時間・有期雇用労働者になろうとする者がその適性，能力，経験，技能の程度等にふさわしい職業を選択し，及び職業に適応することを容易にするため，雇用情報の提供，職業指導及び職業紹介の充実等必要な措置を講ずるように努めるものとする。

（苦情の自主的解決）

第22条 事業主は，第６条第１項，第８条，第９条，第11条第１項及び第12条から第14条までに定める事項に関し，短時間・有期雇用労働者から苦情の申出を受けたときは，苦情処理機関（事業主を代表する者及び当該事業所の労働者を代表する者を構成員とする当該事業所の労働者の苦情を処理するための機関をいう。）に対し当該苦情の処理を委ねる等その自主的な解決を図るように努めるものとする。

（紛争の解決の促進に関する特例）

第23条 前条の事項についての短時間・有期雇用労働者と事業主との間の紛争については，個別労働関係紛争の解決の促進に関する法律（平成13年法律第112号）第４条，第５条及び第12条から第19条までの規定は適用せず，次条から第27条までに定めるところによる。

（紛争の解決の援助）

第24条（略）

施について特別の配慮をするものとする。

（職業紹介の充実等）

第21条 国は，短時間労働者になろうとする者がその適性，能力，経験，技能の程度等にふさわしい職業を選択し，及び職業に適応することを容易にするため，雇用情報の提供，職業指導及び職業紹介の充実等必要な措置を講ずるように努めるものとする。

（苦情の自主的解決）

第22条 事業主は，第６条第１項，第９条，第11条第１項及び第12条から第14条までに定める事項に関し，短時間労働者から苦情の申出を受けたときは，苦情処理機関（事業主を代表する者及び当該事業所の労働者を代表する者を構成員とする当該事業所の労働者の苦情を処理するための機関をいう。）に対し当該苦情の処理を委ねる等その自主的な解決を図るように努めるものとする。

（紛争の解決の促進に関する特例）

第23条 前条の事項についての短時間労働者と事業主との間の紛争については，個別労働関係紛争の解決の促進に関する法律（平成13年法律第112号）第４条，第５条及び第12条から第19条までの規定は適用せず，次条から第27条までに定めるところによる。

（紛争の解決の援助）

第24条 都道府県労働局長は，前条に規定する紛争に関し，当該紛争の当事者の双方又は一方からその解決につき援

2　事業主は，短時間・有期雇用労働者が前項の援助を求めたことを理由として，当該短時間・有期雇用労働者に対して解雇その他不利益な取扱いをしてはならない。

（調停の委任）

第25条（略）

2　前条第2項の規定は，短時間・有期雇用労働者が前項の申請をした場合について準用する。

（調停）

第26条　雇用の分野における男女の均等な機会及び待遇の確保等に関する法律（昭和47年法律第113号）第19条，第20条第1項及び第21条から第26条までの規定は，前条第1項の調停の手続について準用する。この場合において，同法第19条第1項中「前条第1項」とあるのは「短時間労働者及び有期雇用労働者の雇用管理の改善等に関する法律第25条第1項」と，同法第20条第1項中「関係当事者」とあるのは「関係当事者又は関係当事者と同一の事業所に雇用される労働者その他の参考人」と，同法第25条第1項中「第18条第1

助を求められた場合には，当該紛争の当事者に対し，必要な助言，指導又は勧告をすることができる。

2　事業主は，短時間労働者が前項の援助を求めたことを理由として，当該短時間労働者に対して解雇その他不利益な取扱いをしてはならない。

（調停の委任）

第25条　都道府県労働局長は，第23条に規定する紛争について，当該紛争の当事者の双方又は一方から調停の申請があった場合において当該紛争の解決のために必要があると認めるときは，個別労働関係紛争の解決の促進に関する法律第6条第1項の紛争調整委員会に調停を行わせるものとする。

2　前条第2項の規定は，短時間労働者が前項の申請をした場合について準用する。

（調停）

第26条　雇用の分野における男女の均等な機会及び待遇の確保等に関する法律（昭和47年法律第113号）第19条，第20条第1項及び第21条から第26条までの規定は，前条第1項の調停の手続について準用する。この場合において，同法第19条第1項中「前条第1項」とあるのは「短時間労働者の雇用管理の改善等に関する法律第25条第1項」と，同法第20条第1項中「関係当事者」とあるのは「関係当事者又は関係当事者と同一の事業所に雇用される労働者その他の参考人」と，同法第25条第1項中「第18条第1項」とあるのは「短時

項」とあるのは「短時間労働者及び有期雇用労働者の雇用管理の改善等に関する法律第25条第１項」と読み替えるものとする。 **（雇用管理の改善等の研究等）** **第28条** 厚生労働大臣は，短時間・有期雇用労働者がその有する能力を有効に発揮することができるようにするため，短時間・有期雇用労働者のその職域の拡大に応じた雇用管理の改善等に関する措置その他短時間・有期雇用労働者の雇用管理の改善等に関し必要な事項について，調査，研究及び資料の整備に努めるものとする。	間労働者の雇用管理の改善等に関する法律第25条第１項」と読み替えるものとする。 **（雇用管理の改善等の研究等）** **第28条** 厚生労働大臣は，短時間労働者がその有する能力を有効に発揮することができるようにするため，短時間労働者のその職域の拡大に応じた雇用管理の改善等に関する措置その他短時間労働者の雇用管理の改善等に関し必要な事項について，調査，研究及び資料の整備に努めるものとする。

○労働契約法（平成19年法律第128号）（抄）（第8条関係）

（傍線部分は改正部分）

改　　　正　　　案	現　　　　　　　行
（削る）	（期間の定めがあることによる不合理な労働条件の禁止） 第20条　有期労働契約を締結している労働者の労働契約の内容である労働条件が，期間の定めがあることにより同一の使用者と期間の定めのない労働契約を締結している労働者の労働契約の内容である労働条件と相違する場合においては，当該労働条件の相違は，労働者の業務の内容及び当該業務に伴う責任の程度（以下この条において「職務の内容」という。），当該職務の内容及び配置の変更の範囲その他の事情を考慮して，不合理と認められるものであってはならない。

【著者紹介】

岩出　誠（いわで・まこと）

現職

ロア・ユナイテッド法律事務所代表パートナー

略歴

昭和44年　都立日比谷高校卒業
　　48年　千葉大学人文学部法経学科法律専攻卒業
　　　　　東京大学大学院法学政治研究科入学（労働法専攻）／司法試験合格
　　50年　同研究科を修了
　　50年　司法研修所入所
　　52年　同所修了
　　61年　岩出綜合法律事務所を開設
平成８年　千葉県女性センター運営委員に就任
　　10年　柏市男女共同参画推進審議会会長就任（～平成14年３月）／東京簡易裁判所調停委員に就任
　　13年　厚生労働省労働政策審議会労働条件分科会公益代表委員に就任（～平成30年４月）／ロア・ユナイテッド法律事務所に改組
　　17年　青山学院大学大学院ビジネス法務専攻講師（労働法）に就任
　　18年　首都大学東京法科大学院講師（労働法），青山学院大学客員教授に各就任（～平成30年３月）
　　19年　千葉大学法科大学院講師（労働法）に就任
　　　　　人事院職員福祉局補償課精神疾患等認定基準研究会委員に就任
　　20年　千葉大学法科大学客員教授に就任（～平成29年３月）
　　22年　東京地方裁判所調停委員に就任／国土交通省「建設弘済会等に係る事業譲渡手法等の課題検討チーム」アドバイザリースタッフ就任／厚生労働省「外ぼう障害に係る障害等級の見直しに関する専門検討会」専門委員就任
　　30年　明治学院大学客員教授就任

＜主な著書・論文＞

著作

『注釈労働組合法』（上下）（共著，有斐閣），『第３版・労使関係の法律相談』（共著，有斐閣），『注釈労働時間法』（共著，有斐閣），『注釈労働基準法』（上・下）（共著，有斐閣），『労働法実務大系』（民事法研究会），『実務労働法講義』第３版上・下巻（民事法研究会），『労災民事賠償マニュアル　申請，認定から訴訟まで』（ぎょうせい），『論点・争点　現代労働法』改訂増補版（編著，民事法研究会），『判例にみる労務トラブル解決のための方法・文例』（編著，中央経済社），『会社と社員の法律相談（岩出誠ほか編著，学陽書房），『働く人のための法律相談』（編著，青林書院），『改正労働法への対応と就業規則改訂の実務』（日本法令），『労働事件実務マニュアル』（編著，ぎょうせい），『会社分割における労働契約承継法の実務Q＆A』（共著，日本法令），『雇用機会均等法・育児介護休業法』（共著，中央経済社），『労基法・派遣法の改正点と企業の実務対応』（日本法令），『詳解・労基法改正点と企業実務のすべて』（日本法令），『社員の健康管理と使用者責任』（労働調査会），『人材ビジネスの法務』（編著，第一法規），『職場のトラブル解決の手引き』（共著，日本労働研究機構・改訂），『労働安全衛生法・労災保険法等の改正点と企業の実務対応』（日本法令），『労働契約法・改正労基法の個別的論点整理と企業の実務対応』（日本法令），『労働契約法って何？』（共著，労務行政），『Q&A 労働契約法・パートタイム労働法等の要点』（共著，新日本法規），「変貌する労働と社会システム」（共著，信山社，所収『「過労死・過労自殺」等に対する企業責任と労災上積み補償制度』）他多数

論文

「従業員の健康管理をめぐる法的諸問題」日本労働研究雑誌441号12頁，「雇用・就職情報誌への法的規制をめぐる諸問題」ジュリスト850号82頁，「脳・心臓疾患等の労災認定基準改正の与える影響」ジュリスト1069号47頁，「パワハラによる自殺と企業の賠償責任」（ダイバーシティ21　2010/秋　第２号12頁），「派遣元・派遣先に求められる実務対応」（単著，ビジネスロー・ジャーナル2010年８月，29号38頁），「会社分割に伴う労働契約承継手続と同手続違反の効果」―日本アイ・ビー・エム事件―（商事法務1915号４頁），「偽装請負的態様で就労中の派遣労働者の過労自殺と企業責任」ジュリスト1414号252頁　他多数

最新通達・ガイドラインを踏まえた
働き方改革関連法・パワハラ対応の企業実務

2019年8月20日　第1版第1刷発行

著　者　岩　出　　誠
発行者　山　本　　継
発行所　㈱中央経済社
発売元　㈱中央経済グループパブリッシング
〒101-0051　東京都千代田区神田神保町1-31-2
電話　03（3293）3371（編集代表）
03（3293）3381（営業代表）
http://www.chuokeizai.co.jp/
印刷／㈱堀内印刷所
製本／誠製本㈱

＊頁の「欠落」や「順序違い」などがありましたらお取り替えいたしますので発売元までご送付ください。（送料小社負担）

ISBN978-4-502-29471-6　C3032